스웨덴 사람들의 라이프 스타일

# God morgon

굿 모른
Good morning

# 예테보리

글·사진 최정신

어문학사

　　스칸디나비아는 세계지도 어디에 있을까? 1년 중에 밤이 없는 백야와 낮이 없는 극야가 있다는 그곳의 날씨는 어떨까? 안데르센의 『성냥팔이 소녀』는 아직도 있을까? 소설에 많이 나오는 자작나무 숲은 어떻게 생겼을까? 하늘이 잘 보이지 않을 정도로 무성하고 깊은 숲 속에는 아직도 트롤이란 요정이 살고 있을까? 남성과 여성, 어른과 어린이, 노인과 젊은이, 장애인과 비장애인이 모두 동등한 대우를 받는 복지 국가 스칸디나비아는 과연 어떤 곳일까?

　　내가 처음 덴마크로 건축, 주택, 인테리어를 공부하러 떠났던 1994년, 스칸디나비아는 이처럼 우리에게는 정보가 거의 없는 미지의 세계였다. 책에서만 보았던 스칸디나비아의 모든 것에 갈증이 났던 나는 40살이 넘은 중년의 나이에 용감하게 혈혈단신 코펜하겐으로 짐을 싸서 떠났고, 그곳에서 공부를 마치고 곧장 스웨덴의 예테보리로 이주하여 샬머스 대학교에서 연구원으로 일하다가 1996년에 귀국하였다. 나는 그 후에도 여러 번 교환교수로서, 또는 연구비를 받아 연구를 수행하기 위하여 예테보리와 서울을 오가며 수년간을 보냈다. 이 시간 동안 나는 덴마크와 스웨덴에서 많은 친구를 만나게 되었고, 20년이 지난 현재까지도 연구와 더불어 개인적인 수준에서 꾸준한 교류를 이어오고 있다. 나는 그동안 스웨덴과 한국의 연구와 인적 교류를 하면서 스웨덴을, 특히 예테보리를 "또 하나의 고향"이라고 부를 정도로 친근감을 가지게 되었다. 이러한 스웨덴과의 오랜 인연 끝에 뜻밖에도 2013년 국제적으로 꾸준하게 코하우징과 노인주택을 연구해 온 건축부문의 공로를 인정받아 샬머스 대학교에서 명예 공학박사 학위를 받는 영광까지 차지하였다.

나는 이제 인생의 황혼기에 접어들어 무엇보다도 내 삶에서 지울 수 없이 중요한 부분을 차지했던 덴마크와 스웨덴에서 보낸 지난 세월의 추억을 회고하고자 하였다. 이 책은 형식상으로는 1년간의 일기로 되어 있지만 실제로는 오랜 시간 동안 스칸디나비아를 오가며 보낸 나의 생활과 꾸준히 사귀어 온 현지인 친구들과의 이야기를 상세하게 담고 있다. 그러므로 이 책은 단지 1년간의 이야기가 아니고 지난 20년간의 과거와 현재를 오가는 깊고 따뜻한 인간관계에 중점을 두고 있다. 나는 이 책에서 단기간의 여행에서 접하는 객관적인 사건보다는 매일의 일상생활 속에서 경험하는 진솔한 이야기를 문장 속에 녹여내고 싶었다. 독자들은 이 책을 통하여 아무것도 모르는 천진난만한 이방인의 눈에 비친 스칸디나비아의 자연, 풍경, 사회, 사람들, 그리고 그들의 사는 방식에 대한 이야기를 접할 수 있을 것이다. 주변에 한국인이라고는 거의 없는 낯선 곳에서 이방인으로서 혼자 풀어나가야 했던 현실적인 문제들, 사소한 실수, 우스꽝스러운 에피소드는 물론, 한편으론 홀로 살면서 마음속 깊이 파고드는 고독감, 그리고 눈물이 나도록 뜨거운 친구들과의 정감도 함께 느낄 수 있을 것이다.

이 책은 나의 자전적인 이야기를 담고 있으나 덴마크와 스웨덴에 궁금증을 가진 많은 독자에게도 실질적인 도움이 되리라 기대해 본다.

2015년 2월
한강 변 연구실에서 최정신

## 차례

PROLOG      02

△△△△△△△△△△△△△△△△△△△△△△△△△△

△△△△△△△△△△△△△△△△△△△△△△△△△△

△ △ △ △ △ △ △ △ △ △ △ △ △ △ △ △ △ △ △ △ △ △ △ △

**봄에 핀,
나의
예테보리 집**

△ △ △ △ △ △ △ △ △ △ △ △ △ △ △ △ △ △ △ △ △ △ △

△ △ △ △ △ △ △ △ △ △ △ △ △ △ △ △ △ △ △ △ △ △ △

△△△△△△△△△△△△△△△△△△△△△△△△△

## 겨울에 찾아온
## 진정한 자유

## GÖTEBORG MAP

스웨덴

핀란드

노르웨이

스톡홀름

에스토니아

모스크바

에테보리

라트비아

덴마크

리투아니아

영국

벨로루시

네덜란드

폴란드

벨기에

독일

체코

우크라이나

슬로바키아

프랑스

오스트리아

헝가리

루마니아

이탈리아

세르비아

# 또 하나의
# 고향,

예테보리

고생 끝에
도착한

예테보리

어느새 서울을 떠나온 지가 며칠이 지난 것처럼 느껴진다. 어젯밤, 눈이 쌓인 한밤중에 리스베스의 빈집에 혼자 들어왔다. 이곳은 온통 눈으로 덮였는데 경치가 아주 좋고 고요하며 기온은 영하 7도였다. 다행히 바람은 없으니 그것만도 감지덕지하다.

어제는 다른 때와 달리 비행에서 고생이 많았다. 네덜란드 암스테르담Amsterdam까지는 다행히 좌석에 여유가 있어서 4인용 좌석에 둘이 앉아서 다리를 펴고 약 11시간 동안 편히 왔다. 외부 기온도 2도라고 비행기에서 방송을 하기에 생각보다 포근하다고 여겨 별로 걱정하지 않았다. 그런데 암스테르담에서 예테보리

Göteborg로 가는 연결 항공편이 1시간이나 늦어 결국 3시간을 공항에서 기다렸다가 늦게 출발하는 일이 발생했다. 막상 예테보리에 도착하고 보니 눈이 너무 많이 와서 공항이 폐쇄된 상태라 비행기가 착륙 못 할지도 모른다는 방송이 나왔다. 만약 그런 일이 생긴다면 비행기가 암스테르담으로 다시 돌아간다고도 하였다. 휴대전화도 없는 내가 공항에서 자는 게 아닐까 내심 크게 걱정했는데 다행히 내가 탄 비행기는 미끄럼 길에 겨우 착륙하였다. 내리고 보니 이미 각국에서 오는 모든 비행기들이 한꺼번에 몰려 있었다. 예테보리는 워낙 작은 공항이라 오랜만에 인파로 북적대고 승객들은 오후 11시 반이나 된 한밤중에 집에 돌아갈 걱정을 하며 육지에 내렸다.

그런데 눈물 나도록 반갑게 이언이 예정보다 한 시간이나 훨씬 더 넘게 나를 기다려 주었다. 공항버스는 끊어진 지 오래고 공항에 눈은 산같이 쌓였는데 이 무거운 큰 짐 보따리를 끌고 우왕좌왕하는 건 아닌지 여간 걱정이 아니었는데, 이언의 친절에 말할 수 없이 고마웠다. 그는 눈길을 조심스레 운전하여 리스베스의 빈 아파트에 짐을 실어다 주었는데 그때가 이미 밤 12시 반이나 되었다.

이언은 예테보리에서
나에게 큰 힘이 되어준 친구다.

원래 서울을 떠날 때, 처음 2일은 카타리나 집에서 묵을 거로 생각하고 왔는데 카타리나가 사정이 안 되어 갑자기 리스베스의 집으로 가기로 한 것이다. 그런데 갑자기 리스베스의 동생이 다리를 다쳐 그녀는 동생에게 가고 이언이 열쇠를 전해 받았다고 한다. 리스베스는 여동생의 다리 부상 때문에 나를 첫날 혼자서 빈 집에 오게 하여 아주 미안하다고 이언 편에 인사말을 전해주었다. 늦은 한밤중에 낯선 리스베스 아파트에 혼자 남으니 기분이 이상하였다.

급한 짐만 풀고 곤하게 자고 나니 새벽 5시. 시차 때문인지 일찍 일어났다. 내일 화요일에는 리스베스와 같이 샬머스 대학교Chalmers University에 가서 내가 앞으로 정식으로 묵을 학생 아파트도 신청할 예정이다. 잘 된다면 4월 1일 입주라고 한다. 그러나 그것도 확신이 없으니 우선은 신청하고 기다려 봐야 한단다.

내일이면 찾아 갈 내 연구의 본산지
샬머스 대학교 정문

샬머스에서
내 아지트,

연구실을
얻다

어제는 집에서 혼자 쉬고 오늘 처음으로 샬머스에 갔다. 전에 왔을 때와는 다른 학과고 초청 교수도 다르지만 모두 반갑게 맞아주니 고마웠다. 특히 마리가 주체적으로 안내를 해주었고 여러 사람에게 나를 소개해 주어 여러 가지 실무적인 일들을 마무리해주었다. 연구실은 세 사람이 함께 쓰는 넓찍한 방이고 바로 앞에 화장실과 복사기가 있어 매우 편리한 위치다. 함께 방을 사용하는 동료, 오슬로에서 온 잉어 리세와도 인사를 잘 나누었는데 역시 친절하고 상냥하여 앞으로 잘 지낼 수 있을 것 같다.

샬머스에서
배정받은 내 연구실

이제 학교 컴퓨터를 사용할 수 있는 아이디도 얻었고 연구실과 책상, 책, 학용품 등의 기물도 얻었으니 공부만 하면 되겠다. 책상과 책장은 넓은데 서울에서 가져온 책이 한 권도 없어서 텅하니 비어 있다. 지난번 연구 휴가를 왔었을 때는 20kg의 수하물이었지만, 그래도 무언가 책을 좀 가져왔던 것 같은데 이번에는 달랑, 노트북 하나만 가져왔으니 이게 없으면 난 끝장이다.

오늘 하루 동안 많은 일을 하였고 새로운 사람들도 많이 알게 되어 처음 올 때 혼자서 외로울까 봐 걱정했던 일은 사라져 버렸다. 일단 서울 집을 떠나오니 모든 일이 걱정했던 것보다는 술술 잘 풀려서 다행이다. 오늘도 예테보리에는 종일 폭설이 쏟아져 내리는데 서울과 같은 교통체증은 없고 창문에서 내려다보이는 풍경은 참으로 아름답다. 아이들이 나와서 뛰어놀고 사람들은 아무 일 없는 것처럼 나와서 눈을 즐기는 모습이다.

얼음으로 덮인 예테보리 바다

## 오랜만에

### 코펜하겐으로

내가 서울을 떠나 예테보리에 도착한 지 일주일이 지났다. 이번에 내가 서울을 떠날 때 샬머스에서 숙소가 예약되어 있지 않았고 입국하여 신청하면 두 달 정도를 기다려야 한다고 했다. 그러므로 정식 숙소를 찾아 입주할 때까지 임시로 머물 곳을 찾아야 했는데 서울을 떠나기 전에 나의 다정한 친구인 리스베스가 이곳저곳을 알아보며 몇 곳의 숙소를 추천해주었으나 마음에 내키지 않았고 숙박비도 비쌌다. 그래서 고민하던 중, 리스베스가 우연히 내가 도착하고 곧 한 달 동안 인도로 여행을 가니 숙소가 결정될 때까지 자기 집에서 묵으라고 허락해주어서 난 리스베스 집에서 혼자 머물고 있다.

여기에서 혼자 머무는 동안, 그리고 샬머스에서 본격적으로 연구를 시작하기 전에 기분전환도 하고 오래된 덴마크 친구들도 만나고 싶어서 나는 이번 일주일 동안 덴마크를 여행하기로 마음먹었다. 스웨덴의 예테보리와 덴마크의 코펜하겐(쾨벤하운) København은 아주 가까운 데도 겨울에는 날씨가 나쁘니 오가는 데 생각보다 시간이 오래 걸렸다. 이곳은 왜 이리 눈이 많이 오는지

예테보리에서
코펜하겐으로

비행시간은 겨우 30분인데 시내에서 공항까지 나가고 체크인하고 비행기를 기다리는 일들이 쏠쏠히 시간을 잡아먹었다. 스칸디나비아항공SAS의 멤버십 보너스 티켓으로 받은 공짜 표라고 비즈니스석을 한번 타 보았는데 비행기가 워낙 작고 타는 시간도 아주 짧아서 기대했던 것보다는 별 감흥이 없었다.

코펜하겐에 마지막으로 다녀온 지가 2008년이었던가? 하여튼 몇 년이 안 되었는데도 덴마크는 그동안 더욱 부자가 된 것 같았다. 전에 없던 지하철도 생기고 새 건물도 많이 건설되었다. 국민이 600만 명 정도로 인구도 적은 나라에서 그 많은 아파트에 누가 다 들어가서 사는지 궁금해서 언젠가 마노에게 물었더니 자기도 그것이 이상하다고 했다. 그런데 덴마크가 그렇게 잘해놓고 사는 것을 보니 왠지 나는 조금 시샘이 나려고 한다. 내가 덴마크에도 살았지만, 덴마크보다는 스웨덴에 산 기간이 길어서인지 어느새 저절로 스웨덴 편이 되는 것 같다. 덴마크와 스웨덴의 관계는 아주 미묘하여 서로 비슷하면서도 자기들끼리는 시샘하는 것이

겨울의 코펜하겐
주택가

살짝~ 우리나라와 일본과의 관계와 비슷하다고나 할까?

코펜하겐에 도착하니 역시 그곳에도 눈이 많이 쌓여있고 바람도 세게 불었다. 올해는 스칸디나비아 전역에 유난히 눈이 많이 와서 코펜하겐 호스텔에 묵으면서 혼자 돌아다니려니 눈과 찬바람 때문에 여름처럼 여행하기에 좋지는 않을듯싶다.

오늘은 미리 예약해 두었던 호스텔을 지도를 가지고 찾아가 체크인을 하고 6인용 도미토리에 들어갔다. 6인용 도미토리는 컴파트먼트compartment 형태로 되어 있어 출입문을 들어서면 그 안에 별도의 욕실과 개인용 수납장까지 갖추어져 있고 카드 키로 출입하게 되어 있어 매우 안전하고 편리하였다. 비용은 국제호스텔회원증(1년에 3만 원 정도)을 사면 침대 당 하룻밤에 4만 원 정도다. 방에 들어가니 이미 다섯 명이 모두 다 자리를 잡은 터라 나는 마지막 하나 남은 2층 침대에 사다리를 타고 올라가 조심스레 3일간의 짐을

코펜하겐 호스텔의 아침 식사
-크루아상과 블랙 커피

17

풀어놓았다. 투숙객들은 세계 각국에서 온 젊은 여자들(약 20대)인데 각자 서로 모르는 사이니 어찌나 조용하고 말이 없는지 나도 소리를 내지 않으려고 무척 조심하며 지냈다. 그래도 이 호스텔은 위치와 시설이 좋아서 나중에 주거학 연구회 선생님들과 스터디투어를 하게 될 때, 6인용 방을 빌려서 함께 사용하면 가격도 싸고 깨끗하여 매우 좋을 듯하다.

짐을 풀자마자 다시 부지런히 걸어서 3시 약속 장소인 중앙역으로 나갔다. 이번 여행은 나에게 어쩌면 영화 「무도회의 수첩 Un carnet de bal, 1937」과 같은 의미의 여행이 될 것 같다. 그 영화는 아주 오래된 영화로 주인공 여자가 늙어서 혼자 남게 되었을 때, 자기가 젊었을 때 함께 춤추었던, 수첩에 적힌 사람들을 하나씩 찾아가 보는데 결국은 많이 실망하게 된다는 내용이었다. 나는 꼭 실망은 아니었지만 약 10년이 지나서 한 사람씩 옛날에 알던 사람들을 찾아가 보니 현재의 그들 모습을 보고 약간은 슬픔에 잠긴 날도

호스텔에서
보이는 눈 덮인
코펜하겐 시내

있었다. 그러나 모두들 나를 무척이나 반갑게 맞아주었고 우리들 사이에 지나간 세월이 없는 듯, 예전과 똑같은 정을 느꼈다.

예테보리를 떠나기 전 덴마크의 친구들과 연락하며 알게 된 사실인데, 그들은 하나 같이 예전과 똑같은 집, 똑같은 전화 번호, 똑같은 이메일 주소를 그대로 쓰고 있었다. 우리나라처럼 변화가 많은 세상과는 참으로 달랐다. 그들도 나를 보고 아마도 그렇게 생각했을지 모르지만, 결론은 우리 모두가 10년만큼 늙었다는 것이었다. 그동안 서로 가끔 이메일과 크리스마스 카드를 주고받았지만, 얼굴을 마주 대하기는 오랜만이었는데 역시 세월의 흐름은 막을 수 없었다.

이번 여행에서 처음으로 만난 사람은 군나 솔뱅이었다. 그는 1994~1995년에 걸쳐 내가 덴마크 왕립미술아카데미The Royal Danish Academy of Fine Arts에서 덴마크 민속가구에 대한 논문을 쓸 때 나를 많이 도와주었던 쾨게Køge 박물관의 직원이었는데 2년 전에 은퇴하였다. 군나는 고맙게도 중앙역까지 차를 가지고 나를 마중 나와 주었다. 군나와는 오랜만이라서 코펜하겐 중앙역 시계 밑에서 만나기로 해 놓고는 혹시라도 서로 못 알아보면 어쩌나 은근히 걱정도 했다. 그러나 '나 혼자만 동양인이니 그럴 리는 없겠지!' 하고 생각했다. 나도 그를 곧 알아보았고, 관광철이 아니라 그런지 동양인이라고는 눈을 씻고 찾아봐도 나밖에 없는 이곳에서 그도 곧 나를 알아보았다. 그동안 머리가 은발이 다 되었지만 얼굴은 서로 금방 잘 알아볼 수 있었다. 그의 부인 란디는 아직도 학교 도서 관에 근무한다며, 나를 자기 집에 초대하여 맛있는 저녁 식사를 대 접해 주었다. 군나는 그동안 자기가 쓴 책, 란디가 쓴 책 등을 보여

내가 오래전 선물한
한국의 색동 쿠션이
거실 중앙에서 눈을 끈다.

주고, 은퇴 후의 즐거운 생활을 이야기하면서 코펜하겐에서의 첫날을 반갑게 지냈다.

그들 부부는 대학에서 음악을 전공하는 아들을 하나 두고 있는데, 모두 정말로 마음이 천사 같은 사람들이다. 그 집에 처음 들어섰을 때 거실 의자에 아름답게 놓여있는, 내가 옛날에 선물했던 한국의 색동 쿠션이 나의 눈길을 끌었다. 20년이 되어도 오랫동안 내가 가져다준 선물을 집에서 가장 좋은 장소에 잘 보관하고 있다니…… 가슴이 뭉클했다. 그는 밤 10시가 되어서 차로 시내의 호스텔까지 데려다주었다.

군나는 내가 1995년 여름에 코펜하겐에 있다가 예테보리로 처음 이사했을 때, 낯선 곳에서 정을 붙이지 못하고 코펜하겐을 그리워한다는 편지를 썼더니 언제나 코펜하겐이 그리우면 자기 집에 와서 머물러도 좋다고 답신을 보내어 나를 감동시킨 적도 있었다. 그는 아직도 크리스마스가 되면 손수 만든 카드 사진을 이메일로 보내는데 거기에는 여러 가지 자기 가족들의 생활이 세세하게 적혀있다.

크리스마스 카드로 보내온
군나의 가족사진

# 마노와의 만남과
## 아마게르 지역의

## 새로운
## 건축물 탐방

오늘은 코펜하겐에서 공부할 때 나의 지도교수였던 마노 구딕슨을 만났다. 마노는 아카데미에서 은퇴한 지는 이미 오래되었고 그의 부인 리느는 아직도 코펜하겐 대학교 약학대학에서 교수로 재직 중이다. 마노는 언제나 덴마크 왕립미술아카데미를 그냥 "아카데미"라고 불렀다. 마노는 이제는 귀가 잘 안 들린다고 하여 내가 예테보리에서 만날 약속을 위하여 전화했을 때도 리느가 전화를 받아서 말을 전해주었다.

약속한 오후 1시에 마노가 고맙게도 나를 위해 호스텔로 일부러 차를 가지고 찾아와 코펜하겐 시내에서 좀 떨어진 신도시 지역인 아마게르^Amager에 데려가 여기저기 새로 지은 건축물들을 안내해 주겠다고 책자까지 준비해 왔다. 아마게르는 이제 새로 개발되는 지역이라 코펜하겐 시내와는 달리 최신형의 모던, 포스트모던의 건축물들이 넓은 대지 위에 수없이 지어지고 있어서 신건축의 현장이라고 할 수 있다. 마노는 아마게르에 가서 새로 지은 덴마크 라디오 하우스, 콘서트 하우스, 중국 전통주거 중의 하나인 원형 토루에서 영감을 받았다는 원형의 학생기숙사, 언덕처럼 들쭉날쭉한 스카이라인을 가진 브예르게트(언덕)<sup>Bjerget</sup> 공동주택단지까지 고루 안내해주었다. 나는 준비해 간 카메라로 새로운 건축물들의 사진을 많이 찍었다. 마노는 재학시절 내가 논문작성을 위하여 견학을 할 때 언제나 덴마크 지도를 가지고 내가 찾아가 볼 곳을 체크하며 가르쳐주었고 일일이 담당자에게 직접 전화를 하여 한국 유학생이 논문 준비 차 찾아갈 것이니 선처를 바란다는 내용을 꼭 말해주었다. 그 덕분에 찾아가는 곳마다 담당자들이 나를 친절히 맞아주었고 많은 정보를 제공해주었다. 그리고 그다음 주에는 마노와 만나 견학 결과에 대하여 보고하고 다음 일정에 대하여 의논하는 식으로 개인적인 세미나를 진행하였다. 덕분에 일 년 후에 나는 아카데미에서 출판보조금까지 받으며 「조선조 가구의 장식적 표현기법과 무늬의 특징 : 덴마크와 한국의 민속가구 비교를 중심으로」라는 논문을 완성할 수 있었다. 20년이 지난 지금도 마노는 나에게 건축과 지도교수이며, 그의 은혜를 잊지 못한다.

거기에서 그렇게 몇 시간을 보낸 후, 우리는 아마게르

언덕처럼 보이는
브예르게트 공동주택

를 떠나 코펜하겐 근교 훔레베크<sup>Humlebæk</sup>에 있는 루이지애나 미술관<sup>Louisiana Museum of Modern Art</sup>으로 갔다. 루이지애나 미술관은 코펜하겐에 살았을 때, 계절이 바뀔 때마다 혼자서 또는 민정이와 가거나 한국에서 친구들이 올 때마다 여러 번 갔던 곳이다. 루이지애나 미술관은 덴마크 사람들이 가장 자랑하는 현대 미술관 중의 하나다. 거창하지 않지만 숲 속에 나지막하게 요리조리 건물이 배치되어 있고, 대지 앞으로 발트 해가 탁 트여 있다. 그리고 갈 때마다 내부의 전시 작품도 좋았다. 특히 햇볕 좋은 여름날 저녁, 레스토랑에서 저녁을 먹거나 카페에서 커피나 와인을 한잔 사서 잔디밭에 앉아서 마시면 탁 트인 발트 해와 함께 소소한 근심거리로 가득 찼던 마음까지도 시원하게 트여 좋았다. 이번에 미술관의 입장료는 내가 지불하려고 했으나 굳이 마노가 내 준다고 하여 나는 대신 작품 관람 후에 미술관 카페에서 커피를 샀다. 덴마크와 스웨덴, 아니 스칸디나비아 나라들의 커피는 미국식인 한국 커피 맛에 비하면 굉장히 진한데, 추운 겨울날 오후에 마시는 뜨겁고 진한 커피는 유난히 맛이 좋았다.

이번에는 특별히 「Color in Art」라는 기획 전시 제목에 맞게 인상파 화가들의 강렬한 색채의 그림들이 세계 각국에서 수집되어 와 끝없이 많은 방에 전시되어 있었다. 그 색채들이 너무나 좋아서 마노와 둘이서 어찌나 감탄하며 보았는지 모른다. 리느가 퇴근하여 집에서 저녁 식사를 맛있게 준비하여 놓았다기에 미술관을 떠나 저녁 식사 시간에 맞게 집에 도착하였다. 전에 예테보리에 있을 때, 가끔 코펜하겐에 오면 마노가 자기 집에서 두어 번 정도 재워준 적이 있어서 그의 집에는 비교적 익숙하였다.

저녁 식사를 하면서 예전에 마노의 집에서 저녁 식사

마노, 리느, 나
셋이서 와인 세 병을 비웠던
마노의 집 식당

유명 디자이너 작품으로 가득 찬
마노의 2층 거실

에 초대받았을 때의 추억을 이야기하였다. 내 컴퓨터에는 그때 찍어둔 사진이 있었는데, 마노, 리느 그리고 나, 셋이서 와인 세 병을 마시며 웃고 떠들면서 식사했던 사진이 그대로 있어서 우리는 그 이야기를 하면서 웃었다. 그러나 오늘은 식사 중간에 리느가 저혈당인지 정신을 잘 차리지 못하고 갑자기 횡성수설하여 나는 몹시 당황하였다. 그러나 마노는 자주 있는 일인지 리느가 많이 피곤하면 인슐린 때문에 그렇게 된다고 설명해주고 침착하게 대처해주었는데, 참으로 안되었다. 우리 모두들 나이 먹는 모습을 실감하며 가슴 한편이 아팠다.

식사가 끝나니 이미 밤 10시가 지난 늦은 시간이라 마노가 시내까지 운전해 주기에는 미안한 마음이 들었다. 내가 혼자서 버스를 타고 가겠다고 우겨서 집 앞 버스 정류장에서 마노의 배웅을 받고 버스 종점인 시청 앞에 내려서 호스텔까지 약 30분을 천천히 걸어왔다. 이 버스 노선은 그전에도 몇 번 다녀 본 적이 있어서 나에게는 비교적 익숙하였다. 호스텔에서 나를 기다리거나 늦게 귀가한다고 나무랄 사람도 없으니 느긋하게 걸었다. 코펜하겐은 참으로 안전하고 좋은 도시다. 내가 코펜하겐에서 공부하며 논문 준비로 덴마크의 지방 도시들을 혼자서 많이 여행하였을 때, 기차를 타고 코펜하겐 중앙역에 내리면 깜깜한 한밤중인 적도 흔하였다. 때로는 외국에서 오는 인터시티intercity, 또는 로컬 기차도 탔지만, 중앙역에 내려서 다시 버스를 타고 새벽 서너 시에도 여자 혼자서 아무 문제 없이 반뢰세Vanløse에 있는 내 집으로 걸어서 돌아오곤 하였다. 그래서 그런지 세계적으로 유일하게 감옥이 비어있는 곳이 코펜하겐이라고 했던 것 같다. 그러나 15년이 지난 지금, 아마 코펜하겐도 변했을지 모른다.

# 백과사전 톰과의 만남,

## 그리고 에릭 한슨과의 해후

오늘은 학교 다닐 때 친구였던 톰 부룬을 만났다. 톰은 내가 아카데미 다닐 때 같은 대학생이었지만 이미 초등학교 교사를 한참 하다가 대학교에 새로 입학하였으므로 나이가 나와 비슷하여 친구로 지냈다. 그는 내가 무엇이든지 물어보면 "No problem!"을 외치며 척척 잘 해결해 주었으므로 나는 그를 "백과사전 Walking Dictionary"이라고 불렀는데 그도 수긍하였다.

　내가 톰을 처음 강의실에서 만났을 때 나는 그가 교수인 줄 알고 깍듯하게 인사하고 예의를 갖추었다. 그러다 나중에 나보다 1년 먼저 아카데미에 유학 온 일본인 여학생 다카코를 알게 되었고, 톰과 매우 친한 다카코를 통하여 그를 정식으로 소개받게 되었다. 그때야 비로소 나는 톰이 나와 같이 늙은 학생인 걸 처음으로 알게 되었다. 톰은, 내가 포기하기는 하였으나, 다카코와 함께 덴마크어를 개인 교습해 주겠다고도 했고, 내가 논문을 쓰느라고 자료수집 차 덴마크의 전국 방방곡곡을 돌아다녀야

백과사전 톰

했을 때, 전국에 흩어져 살고 있는 자기 친구들에게 나를 소개하여 그들이 자기 집에서 나를 무료로 재워주고 먹여주게끔 도와주었다. 그렇게 그는 나에게 덴마크의 많은 인맥을 만들어 주었다. 지금은 톰이 대학을 졸업하고 고건축을 보수하는 일을 하고 있어서 자기가 수행한 프로젝트들을 여기저기 데리고 가서 보여주었다. 그의 부인 잉에는 초등학교 교사고 아들과 딸은 대학생으로 항상 이메일로 자기 집과 부인, 아이들의 이야기를 많이 해 주어서 실제로 만난 적은 없지만, 그 가족까지 서로 잘 알고 있었다.

톰과 내가 공통으로 아는 사람으로 에릭 한슨 교수님이 계시는데 이제는 80세도 넘으셨다. 그분은 원래 톰의 지도교수셨는데 학교 다닐 때 나를 위해서 많은 논문자료를 제공해 주셨고 내가 논문을 쓸 때도 도시락까지 싸오셔서 코펜하겐의 야외 민속박물관에도 데려가서 덴마크의 전통주택에 대하여 전문적인 설명을 해 주시곤 하셨다. 에릭과 키칸은 단둘이서 100년이나 된 인형의 집 같은 곳에서 아기자기하게 꾸며놓고 비둘기처럼 다정하게 사셨는데, 그 모습이 매우 인상적이었다. 그분들은 무슨 날만 되면 다카코, 톰, 그리고 나를 초대하여 식사 대접을 해주셨다.
사랑스러운 요정 할머니 인상의 키칸은 스웨덴 남부 출신으로 모두에게 자상하고 친절하였다. 그녀는 항상 스웨덴 전통 의상을 입고 전깃불 대신에 촛불만 켠 아기자기한 거실에서 손수 만든 음식을 대접해 주었는데, 다카코나 나와 같은 외로운 유학생에게는 그 포근함이 꿈만 같았다. 게다가 내가 둘째 딸 서정이와 2003년에 예테보리에서 코펜하겐으로 여행왔을 때, 우리 둘을 3일간이나 그 집에서 재워주셨던 적도 있었다. 지금이나 그때나 마찬가지로 그 집에는 전화도 없고 전기도 없으며 컴퓨터도 물론 없었

덴마크 민속촌
전통주택의 내부

에릭 한슨 교수님이
안내해주었던
덴마크 민속촌의 전통주택

다. 집에 전기가 들어오지 않는 것은 아니었지만 그들은 가능한 한 문명의 이기를 거부하고 사셨다. 그래서 약속을 하려면 시일을 두고 미리 편지를 보내야 했다.

작년 봄에 부인인 키칸이 암으로 돌아가셨다는 소식을 톰 편에 전해 들었다. 게다가 에릭은 이제 눈이 잘 안보여 돋보기로 다섯 배 정도 확대하지 않으면 책을 잘 못 보신다고 톰이 귀띔해 주었다. 그분의 전공은 그리스의 고건축인데 그 분야에서 세계적으로 유명한 석학이시다. 이번에는 미리 연락할 수도 없었기에 톰과 나는 무작정 에릭의 집으로 찾아가 보기로 하였다. 우리는 조마조마한 마음으로 문에 달린 초인종을 눌렀다. 잠시 후 2층으로부터 삐거덕거리는 계단을 내려오는 발소리와 함께 에릭이 나오셨다. 우리의 갑작스런 방문에 처음에는 잘 못 알아보시는듯하더니 곧 나를 알아보시고 반갑게 맞아주셨다. 그는 우리를 이 층으로 안내했는데, 매우 익숙한 거실이었다. 그전에 왔던 거실은 항상 포근하고 아름다운 공간이었다. 그러나 이번에는 부엌에서 한꺼번에 만들어 두었던 "차갑고 맛없는" 커피를 냄비에 데워서 찻잔에 따라 주셨는데, 그 모습에 나는 그만 울컥 눈물이 날 것 같았다. 이제는 메마른 이마에 검버섯이 끼었고 키칸이 돌봐드리지 못한 식탁 위에 여기저기 빈 그릇이 쌓여 있었다. 창가에 놓인 물기 없는 메마른 화분과 나무들, 그리고 두터운 먼지가 쌓인 부엌…… 키칸이 오랜 세월동안 고운 손길로 다듬던 그 부엌과 거실은 이제는 안주인을 잃고 메말라 버렸다. 내가 그들을 처음으로 만났을 때 선물로 드렸던 한국의 나비매듭 한 쌍이 그대로 거실 문에 걸려있건만 그 고운 손길로 어루만지던 주인이 없어졌으니…… 나는 가슴이 너무 아팠다. 에릭에게 키칸의 이야기를 해야 하는지, 아닌지 한참 망설이다가 그래도 인사를 해야지 결심하고 조심스레 그녀의 별세에 대한 인사말을 했더니, 키칸이 그래도 병원대신 집에서 끝까지 함께 지내다가 마지막 날 저녁까지 큰 고통없이 평화롭게 돌아가셨다고 설명해주셨다. 그는 키칸과 45년간 둘이서 행복하게 결혼생활을 한 것을 다행으로 생각하고 둘이 살다가 언젠가는 누군가가 먼저 가게 되어 있으니 그걸 받아들여야 한다고 하셨다. 그래도 그 모습이 왜 그리 가슴을 에는지 난 그만 눈물이 날까봐 얼른 돌아섰다.

톰을 안 지는 오래되었지만 아직 톰의 집에는 가 본 적이 없었다. 그런데 오늘은 내가 호스텔에 일찍 들어가는 것이 싫다고 하였더니 자기 집에 가서 저녁을 먹자고 하였다. 코펜하겐에서는 기차로 40분 이상 걸리는 좀 먼 곳, 쾨게에 있는 그의 집에 함께 갔다. 그의 집은 바닷가에 있는 낡은 집인데 걸어가는 길에 하늘을 올려다보니 코펜하겐 시내와는 달리 차가운 겨울의 밤하늘에서 수많은 별들이 마치 보석처럼 영롱하게 쏟아져 내리는 것 같았다. 코펜하겐 시내를 떠나기 전에 톰이 집에 전화를 해두었음으로 "왈가닥 루시"를 연상시키는 그의 부인 잉에가 생선과 감자, 채소 샐러드로 이미 따뜻한 저녁 식사를 준비해 놓고 우리를 맞아주었다. 내가 톰의 동네 어귀의 작은 가게에서 사 가지고 간 화이트 와인과 아이스크림까지 곁들여 셋이서 함께 맛있는 저녁 식사를 하였는데 잉에는 다이어트 중이라고 조금만 먹었다. 원래 톰의 집에 좀 늦게 도착하였기 때문에 저녁을 먹고 나니 금방 밤 10시가 넘었고 다시 한 시간 기차를 타고 11시나 되어 코펜하겐 중앙역으로 돌아왔다. 거리가 춥고 어두워서 혼자서 호스텔까지 걷기가 싫어서 나는 좀처럼 타지 않는 택시를 타고 호스텔로 돌아왔다. 오늘은 많이 걸어서 피곤한 김에 남의 눈치 안 보고 오랜만에 푸욱~ 잤다.

슬픈
추억의

보른홀름
여행

호스텔에서 3일간의 마지막 밤을 지내고 아침에 조심스레 방을 나와 20분간 인터넷 사용권을 사서 지하에 있는 인터넷 라운지에 내려갔다. 라운지는 텅 비어있어 혼자서 오랜만에 밀렸던 이메일을 체크하였다. 경섭이가 보낸 이메일을 읽고 서울의 집안에 내가 없는 빈자리가 눈에 띈다는 모습이 떠올라 마음이 찡하였다. 컴퓨터에 한글 자판이 없어서 영어로 답장을 짧게 썼으나 보내려는 찰라, 이미 시간 초과라고 날아가 버려 전송하지 못하였다.

오전 9시 30분에 체크아웃을 하니 보른홀름Bornholm 행 기차가 떠나는 저녁 5시까지는 길고도 긴 시간이 남았다. 날씨가 추우니 딱히 어디 나가고 싶은 마음도 없었으나 이제는 체크아웃까지 하였으니 갈 곳이 없다. 우선 짐을 중앙역 로커에 40크로나 (8천 원)를 주고 맡겼다. 그전에는 20크로나였는데 두 배나 비싸졌다. 오전에는 뇌레포르트Nørreport 역 근처에 있는 국립미술관에 가고 오후에는 칼스버그 글리포테크 미술관Carlsberg Glypotek Museum에 갔다가 4시 반 경 중앙역으로 돌아와 짐을 찾아서 기차를 탈 마음을 먹었다. 그런데 중앙역 뒷문에 있는, 전에 묵었던 호텔들이 그대로 있는지가 궁금해졌다. 예테보리에서 코펜하겐에 오기 전, 숙소를 예약하려고 인터넷에서 검색해보니 역 주변에 3개나 있던 이비스Ibis 호텔이 하나도 나오지 않았다. 그전에 예테보리에서 가끔 코펜하겐으로 여행을 오면 이비스 호텔에서 곧잘 묵었었다. 이비스 호텔은 유럽 어느 나라에 가나 위치도 편하고 가격도 적당하면서 깨끗하여 곧잘 이용하던 곳이었다. 특히 코펜하겐 이비스 호텔은 더욱 그랬었는데…… 그래서 걸어가서 눈으로 직접 확인해보고 싶었다. 역시 이비스 호텔이 있던 자리에는 모두 새로운 호텔들이 들어서 있었다. 왜 그랬을까? 3개가 옹기종기 모여 있었는데…….

그러나 엑셀소르Exelsoir 호텔은 그 자리에 그대로 있었고 을씨년스런 주변 풍경도 그대로였다. 엑셀소르도 내가 곧잘 묵었던 곳이었다. 엑셀소르는 호화롭지는 않았지만 지하 1층에 있는 식당에는 언제나 풍성하고 맛있는 아침 식사가 준비되어 있었다. 나는 특히 그곳의 여러 가지 대니시 페이스트리(빵)Danish pastry와 삼각형으로 된 작은 휴대용 브리 치즈brie cheese를 좋아했다. 진한 덴마크 커피와 함께 곡물이 거칠게 혼합된 빵을 하나 집어 들어 가로로 자르고 그 위에 브리 치즈를 듬뿍 얹어 으깨고 홈메이드 산딸기 잼을 발라 먹으면 한 끼 식사로 그만이었다. 이런저런 여러 가지 추억들이 내 머릿속을 빠르게 스쳐 갔다.

국립미술관으로 가려고 중앙역에서 시청 앞을 지나 보행자 거리 스트뢰게Strøge를 거쳐 뇌레포르트 역까지 걸어가는 길은 춥고 멀었다. 지난 2002년 겨울에 나 혼자서 다시 이곳에 왔을 때 미술관 건물에 새로운 윙wing을 연결하여 보수하였는데 그 넓은 창으로 눈이 쏟아져 내리는 모습이 마치 그림처럼 아름다웠다. 오늘 눈은 쏟아지지 않았으나 넓은 공원에 겨우내 쏟아진 흰 눈이 이미 높게 쌓여서 마치 한 폭의 풍경화와 같았다. 천천히 그림을 보다가 다리도 쉴 겸 공원이 내려다보이는 카페에 혼자 앉아 커피 한 잔과 비엔나 브레드를 사서 먹으며 바깥을 내려다보니 어린아이들은 썰매를 타며 놀고, 산책 나온 노인들은 한가로이 벤치에 앉아 아이들이 노는 모습을 바라보고 있었다. 눈밭에서 어떤 중년의 남자와 막대기를 던지며 뛰어노는 즐거운 강아지의 모습을 보니 서울 집에 있을 우리 앵두와 오디가 몹시도 그리웠다. 그들은 내가 지금 이렇게 먼, 지구의 반대편에 와 있는 걸 알고 있을까? 말도 못하고 그들은 매일 저녁 현관 앞에 앉아서 돌아오지 않는 나를 무작정 기다리고 있을 것이다.

그렇게 미술관에서 2시간 반을 지내고 나는 다시 시내로 돌아왔다. 다음의 예정지인 칼스버그 글리포텍까지 다시 가려니 너무 춥기도 하고 다리도 아파 포기하고 중간에 쇼핑센터와 일룸스 볼리후스Illums Bolihus 백화점에 들어갔다. 거기에는 언제나 세련된 스칸디나비아의 디자인과 질 좋은 물건들이 산더미 같이 쌓여있는데 가격은 모두들 참으로 비쌌다. 스칸디나비아 디자인-덴마크 디자인, 스웨덴 디자인, 노르웨이 디자인…… 오래 보다 보니 순간적으로 내가 지금 어디에 와 있는지 헷갈렸다. 내가 처음 코펜하겐에 와서 아무도 아는 사람이 없어서 외로울 때, 가끔 나가던 장로 교회가 시청 앞에 있었는데 그 앞에 13외레13øre라는 재미있는 가게가 있었다. 거기에는 값싼 가격으로 먹는 것, 그릇, 가재도구, 문구, 옷까지 없는 것 빼고는 모두 다 있었다. 우리나라의 "천냥 숍"과 같은 곳이라고나 할까? 그전에는 참으로 재미있고 사고 싶은 것도 많았는데 이제는 그런 마음이 사라졌다.

이렇게 저렇게 돌아다녀도 기차 시각까지는 아직도 시간이 많이 남아 지루하였다. 중앙역 안의 카페에 들러서 여행객들 사이에 홀로 앉아 작은 투보르그Tuborg 맥주를 한 잔 주문하여 시간을 끌며 조금씩 마셨다. 서울 같으면 마음 놓고 큰 잔을 주문했을 텐데 나는 왜 외국에만 나오면 동전 한 푼에 쩔쩔매는지 모르겠다. 나중에 맥주잔이 너무 작아 조금 후회했지만 하여튼 작은 잔을 시켰으니 할 수 없었다. 그러면서 뢰네Rønne로 가는데 30분이나 더 기다려야 하는 버스 대신에 기차를 타기로 한 것이 얼마나 다행인지 모른다고 스스로 위안을 삼았다.

5시 출발 시각에 맞추어 10분 전에 기차에 탔다. 이제는 더 이상 춥고 어두운 길에서 헤매지 않아도 되니 참 다행이었다. 기차는 달랑 세 칸으로 짧은데 그래도 기차 안은 따뜻하고 사람도 별로 없이 조용하고 쾌적하였다. 이 기차는 코펜하겐에서 스웨덴의 남부도시 위스타드Ystad까지 갔다가 거기에서 다시 뢰네로 가는 페리와 연결된다고 한다. 그러니까 덴마크에서 스웨덴으로 들어갔다 다시 덴마크로 나오는 여정인데 나는 그것도 모르고 탔다. 다음에는 예테보리에서 스웨덴 기차로 직접 위스타드까지 와서 보른홀름으로 들어가야겠다.

2003년에는 서정이와 둘이서 예테보리에서 말뫼Malmö와 위스타드를 거쳐 뢰네로 함께 왔던 적이 있었다. 그때는 수줍음 많은 서정이가 낯선 한느의 집에 가서 자는 것을 부담스러워 해서 그들에게 알리지 않고 우리 둘이서 라디손 호텔Radisson Hotel을 예약하고 거기에서 조용히 묵었다. 그때는 민정이의 HDK(예테보리 대학교 디자인학과) 석사졸업 전시회를 보러 우리 가족 모두가 큰 맘 먹고 예테보리에 왔었는데, 우리 가족의 중요한 일원인 앵두까지 데리고 왔다가 스웨덴 세관에서 입국 심사에 통과하지 못하여 남편이 그다음 날 비싼 새 비행기 표를 사서 앵두를 데리고 다시 서울로 돌아가는 사건이 발생했었다.

스웨덴 세관원은 유럽 지역에서 들어오는 동물을 제외하고는 절대로 스웨덴에 입국할 수 없고 강아지는 보세 창고에 맡겨두었다가 그다음 날까지 주인이 찾아가지 않으면 안락사를 시킨다고 하였다. 우리는 한국에서 여기저기 물어서 예방접종 증명서와 입국 서류까지 모두 갖추어 가지고 자신 있게 스웨덴에 입국하였는데 이러한 청천벽력같은 통보를 받고 아연실색하였다. 나중에 알고 보니 그것은 전적으로 한국국립동물검역소와 우리가 타고 온 항공회사의 무지에서 발생한 실수였다. 그 때문에 항공회사, 검역소, 세관원과 투쟁하고 실랑이를 하느라고 민정이의 전시축하를 위해 기쁜 마음으로 출국했던 우리 가족들의 마음은 무척 암담하고 불행했었다. 우리가 그때 항공료로 쓴 돈이 거의 1,000만 원에 가까웠다. 우리 세 식구는 모두 각자 왕복 70만 원 짜리 아주 싼 비행기 표를 사 가지고 예테보리에 왔었는데 남편은 앵두 때문에 할수 없이 300만원이나 하는 비싼 왕복 비행기 표를 다음 날 아침 일찍 공항에 나가 다시 산 것이다. 남편은 아무리 비행기 표가 비싸다고 해도 우리가 앵두를 300만 원을 주고 살 수는 없다고 하였다. 그건 사실이었다. 그런 과정을 거쳐서 남편은 앵두를 서울에 데려다 놓고 며칠 후 다시 예테보리로 되돌아 왔다. 하룻밤 동안 우리와 헤어져 보세창고에 혼자 갇혀있던 앵두를 민정이가 창고 안에서 면회했을 때, 앵두가 밤새도록 너무나 많이 울어서 목이 잠긴 상태였다고 했는데 그 말을 듣고 우리 가족 모두도 울었다. 이 처럼 앵두는 우리 가족과 동고동락한 강아지 지금도 우리 가족 모두는 앵두를 그처럼 사랑한다. 2003년 서정이와 왔던 보른홀름 여행은 이러한 슬픈 추억이 깃든 여행이었다.

보른홀름 뢰네
바닷가의 서정

　별로 늦은 시간도 아닌데 낮이 짧은 겨울이라 그런지 차
창 밖은 이미 깜깜하고 고적하여 유리창에 외로운 나의 얼굴만 비
쳤다. 기차를 1시간 반 타고 위스타드에 도착하여 쾌속정 페리로
갈아타고 뢰네까지 다시 1시간 반을 더 갔다. 예전에 덴마크에서
페리를 타 보았던 기억이 되살아났다. 덴마크 유틀랜드<sup>Jutland</sup>와 셸
란섬<sup>Sjælland</sup> 사이에 다리가 놓이지 않았을 때는 코펜하겐에서 기차
를 타면 기차가 페리 안으로 들어가고, 바다를 건너는 동안 30분이
나 1시간 정도 승객들은 모두 기차에서 페리로 나와서 식당에서 식
사도 하고 커피나 맥주도 사서 마시곤 하였다. 코펜하겐에서 오르
후스<sup>Århus</sup>나 바일레<sup>Vejle</sup>를 갈 때도 그랬는데 나는 페리에서 종종 뜨
거운 굴라슈(고기와 감자를 넣어 끓인 헝거리식 수프)를 사서 빵, 맥주와
함께 먹었던 기억이 되살아났다. 나는 혼자서 페리 식당에서 투보
맥주 큰 잔 하나를 시켜서 천천히 마시며 밖을 바라보았다. 보른
홀름의 관광 안내방송이 텔레비전 화면에서 계속 방영되었는데 나
는 이미 다 가보았던 곳이다. 보른홀름은 여름에는 여행하기에 참

으로 좋은 곳인데 겨울에는 좀 그렇다. 나는 이번에 어디를 갈 것인지 전혀 생각 없이 떠났다. 그저 한느와 헨릭을 만나는 것이 이번 여행의 가장 큰 목표다. 그들은 얼마나 변했을까? 무사히 만날수 있을까? 중간에 풍랑이 심하여 페리가 너무 흔들려서 식탁 위의 맥주잔이 이리 저리로 날아갔다. 그러나 승객들은 그러한 상황이 익숙한지 놀라지도 않고 모두 태연히 자리에 앉아 있었다.

　　나는 페리 터미널에 예정대로 저녁 8시 15분에 도착하였다. 설레는 마음으로 페리를 내려와 두리번거리며 마중 나온 한느를 찾았으나 웬일인지 헨릭도 한느도 보이지 않았다. 며칠 전 군나의 집에서 한느에게 미리 전화했을 때 금요일, 어쩌고저쩌고 하더니 2월 11일을 아마도 금요일로 착각한 모양이었다. 승객들은 모두 뿔뿔이 흩어져 자기 길을 찾아가 버리고 나 혼자 남으니 불안해지기 시작했다. 나는 휴대 전화기도 없고 공중전화기가 어디에 있는 줄도 모르고 달랑 전화번호 하나만 가지고 왔는데 이 밤에 어쩌나? 두리번거리고 있는데 어느 친절한 가족이 도움이 필요하냐고 물어왔다. 어찌나 고맙던지!! 그들은 마침 내가 서울에서 왔다고 했더니 자기들도 서울에 가보았다며 반겨주었다. 김치 이야기도 좀 하면서 전화를 해주었는데 한느의 이름을 보더니 그 가족 중의 딸이 한느가 바로 자기 고등학교 때 선생님이었다고 했다. 사람의 인연은 참으로 어디에나 있는가 보다. 그런 우여곡절 끝에 마침내 한느와 전화연결이 되었는데 한느는 약속이 내일인줄 알았다며 10분 내에 나올 테니 나를 보고 그 자리에서 꼼짝 말고 기다리란다. 아무도 없는 어두운 터미널에 서서 허둥지둥 저만치 뛰어오는 한느를 보았다. 저녁을 먹다 말고 혼비백산하여 뛰어오는 한느!! 얼마나 오랜만인가? 길에서 둘이 한참을 껴안고 뛰었다. 한느가 나의 가방을 들고 눈길을 걸어 집으로 들어갔다. 밤이었지만 그녀의 집은 옛날 집 모습 그대로였다. 우리를 반기며 뛰어오르는 두 마리의 검정 사냥개도 똑같았다. 그러나 나중에 알았지만 이 개들은 모습은 똑같지만 그전에 내가 보고, 놀았던 개들과는 다른 개들이었다. 그 개들은 이미 죽었고 이 개들은 새로 유기견 센터에 가서 입양 받았다고 하였다. 그들은 개를 정말로 사랑한다. 헨릭이 말하길 먼저 기르던 개가 죽었을 때 자기는 저녁에 집에 돌아오면 뛰어오르며 반겨주던 개들이 없어서 그리도 적막하고 싫었다고 하였다. 그래서 인터넷을 뒤져서 이 개들을 발견했을 때 온 가족이 유틀랜드까지 차를 가지고 가서 두 마리를 다시 데려왔다고 했다. 나는 헨릭의 그 기분을 이해하고 동감한다. 동물을 좋아하는 사람 치고 성품이 나쁜 사람은 없다고 한다. 나는 그 진실을 믿는다.

한느 집의 두 마리
검정 사냥 개

집과 사람은 10년이 지났다고는 믿기지 않을 정도로 똑같았는데, 유일하게 변한 건 내가 잘 방이 항상 사용하던 1층이 아니라 2층에 있다는 것뿐이었다. 그전에는 항상 내가 여행 오면 1층의 문간에 있는 게스트 룸을 썼었는데 이번에는 토요일에 코펜하겐에서 두 명의 아가씨들이 오게 되어 있어 그들이 그 방을 쓰기로 했단다. 한느는 그들을 손녀라고 불렀다. 왜냐하면, 그 애의 엄마를 한느가 어렸을 때부터 알고 지냈기 때문에 그의 딸이니까 손녀라고 했다.

한느와 간단한 저녁 식사를 마치고 나자 헨릭이 돌아오는 소리가 들렸다. 그는 회의가 있어서 저녁에 나갔다 오는 중이라고 했다. 한느는 그를 놀라게 해주자며 나 보고 나오지 말고 가만히 식당에 있으라고 했다. 헨릭도 내가 내일 오는 줄 알고 있었으므로 나를 보고 정말로 놀랐다. 그러나 역시 반가운 포옹…… 아~ 이들과의 만남은 얼마나 오랜만에 느껴보는 포근함인가? 와인 한 잔과 늦은 저녁을 먹고 나는 2층의 내 방에 올라가 스르르 편안한 잠이 들었다. 이 방은 한느의 결혼한 작은아들 라스의 방이었는데 그의 모든 소지품이 그대로 있었다. 나는 코펜하겐에서 3일간 호스텔에서의 낯선 사람들과의 동침에서 겪었던 조심스러움을 벗어나 나만의 자유로움을 만끽하며 마치 내 집에 온 듯 두 다리를 쭉 뻗고 푸욱 잤다.

한느식

요리
방법

새벽부터 온종일 눈이 퍼붓는다. 눈보라도 많이 불어서 보른홀름의 학교가 전체 휴교라고 한다. 한느는 출근하였다가 일찍 학교에서 되돌아왔다. 그 대신 집에서 학생들과 전화와 이메일로 수업을 지도해야 한다고 오전 내내 자기의 서재로 들어가 나오지도 않았다. 그 방에는 아마도 컴퓨터와 전화기가 있고 한느의 모든 책이 있는 모양이었다. 나는 이 집에 여러 번 와서 지내면서 헨릭의 작업실에는 들어가 보았으나 아직 한느의 서재에 들어가 본 적이 없었다. 한느의 서재는 어떻게 생겼을지 궁금했으나 곧 보게 되겠지. 사실 이 집이 워낙 넓으니 나는 처음에는 어디에 서재가 있는지도 잘 몰랐다.

내가 한느와 헨릭 벤실을 처음 알게 된 것은 1994년 아카데미에서 논문을 작성하러 덴마크 전국을 방문하고 다녔을 때 쾨게 박물관의 군나를 통해서였다. 헨릭 부부는 원래 코펜하겐 출신이었으나 헨릭이 보른홀름 뢰네 박물관의 관장으로 오면서 이곳으로 이주하였고 한느는 뢰네에서 고등학교gymnasium의 역사 교사였다. 내가 전국의 박물관을 돌아다니며 덴마크의 전통가구에 대해서 견학하고 스케치도 하고 사진도 찍으며 자료를 수집하였는데 군나가 보른홀름에 자기가 아는 박물관 관장이 있으니 소개해 주겠다고 했다. 그들은 덴마크 전국의 박물관 관장 회의에서 종종 만나서 아는 사이라고 했다. 그런 인연으로 나는 코펜하겐에서 멀고 먼 보른홀름이라는 섬에 첫발을 디디게 되었고 그 이후 우리는 개인적으로 친해져 여러 번 이곳을 방문할 기회를 가지게 되었다.

보른홀름은 덴마크 영토지만 위치는 오히려 스웨덴에 더 가깝고 발트 해의 한가운데 떠 있는 섬인데 우리나라로 치면 제주도와 같은 섬이다. 섬의 경치가 아름다워 특히 여름에는 스웨덴, 독일 등지에서 많은 관광객들이 찾아오는 유명한 곳이다. 그러나 덴마크 사람 중에서도 아직 보른홀름을 못 가본 사람들이 많을 정도로 많은 사람들이 가보고 싶어 하는 곳 중의 하나다. 현재는 코펜하겐-스웨덴의 위스타드-뢰네의 코스가 개발되어 3시간이면 코펜하겐에서 뢰네까지 하루에 두 번씩 왕복할 수 있지만 1994년 당시에는 밤 10시에 코펜하겐 항구에서 페리를 타면 배에서 숙박하

여름철에는 관광객으로 붐비는
보른홀름의 구두헴 항구

보른홀름에는 갓 잡은 생선을
훈제해서 파는 훈제공장이
마을마다 있다.

야외에서 즐기는
훈제 생선과 생맥주

면서 다음 날 아침 7시경에 뢰네에 도착하는 일정으로 하루에 한 번만 통행하였다.

헨릭은 군나로부터 소개받은 나를 반갑게 맞아서 처음 보는 나를 자기 집에서 일주일간 무상으로 재워주고 먹여주며 나의 논문자료 수집을 도와주었다. 헨릭의 특별한 배려로 나는 아침에 그와 함께 출근했다가 저녁에 퇴근하면서 박물관 사무실에서 공부할 수 있는 책상까지 마련할 수 있었다. 박물관장인 헨릭이 일반인은 접근할 수 없는 귀중한 박물관 소장 자료들과 서류들까지 마음대로 열어볼 수 있도록 허락해 주어 그곳에서 많은 논문자료를 수집하였고 어떤 날은 어두컴컴한 박물관 전시실 바닥에 앉아서 온종일 덴마크의 전통가구와 소품들을 스케치하기도 하였다.

한번은 헨릭이 박물관 소장품 중에 아시아의 물건들이 몇 개 있는데 자기들은 그것이 중국, 일본, 한국, 태국의 어느 나라 것인지 정확히 모르니 내가 혹시라도 알면 분류해 달라고 부탁하

오래전 뢰네에서
한느와 헨릭을 처음 만남

였다. 나는 한국에 대한 충분한 지식이 없었던 덴마크 박물관에 소장된 유물들을 새로이 분류해 주었는데 어떻게 이렇게 멀고 먼 나라에 한국의 물건이 와 있는지 궁금해하였더니 보른홀름이 섬이므로 옛날에 배를 타고 아시아까지 항해한 선원들이 있어서 그들이 신기하여 간혹 가지고 온 물건들이라고 하였다. 개중에는 한자로 쓴 것을 거꾸로 놓아둔 것도 있었고, 무슨 용도의 물건인지 몰라서 궁금해하던 것도 있어서 나는 그들의 궁금증을 시원하게 풀어주는 작은 기여나마 할 수 있음에 감사했다.

헨릭의 도움 덕분에 나는 아카데미에서 좋은 논문을 작성할 수 있었고 그의 도움에 대하여 사사문에도 기록하였다. 이러한 헨릭의 도움에 나의 지도교수인 마노까지도 고마워하였고 지금도 내 논문에 실린 보른홀름의 가구 그림과 사진들을 보면 그 당시의 기억이 생생하게 떠오른다.

헨릭은 내가 자기 집에 체류하는 중, 아침에 자기 점심 도시락을 쌀 때 나의 도시락까지 함께 싸주었고 혹시라도 뢰네 이외의 다른 도시에서 회의가 있을 때는 관광 겸, 나까지 차에 태워 동행해주었다. 그 덕분에 나는 공부하는 짬짬이 보른홀름 섬의 이곳저곳을 여행할 수 있었고 그곳의 직원들과 보른홀름의 특별한 음식들을 맛볼 기회도 얻었다. 보른홀름에서는 생선이 흔하여 바닷가에 생선 훈제 공장이 많다. 여기에서 갓 훈제한 청어, 고등어, 연어, 캐비어를 시원한 맥주나 화이트 와인과 함께 바닷바람을 쐬며 먹는 게 별미였다. 또한 양파, 겨자, 식초, 설탕 등의 여러 가지 양념을 넣고 만든 청어 절임도 맛있다. 그들은 청어 절임을 오픈 샌드위치로 빵 위에 버터를 바르고 얹어 먹기도 한다.

헨릭의 부인인 한느 또한 매우 유식하고 명랑하며 마음

이 따뜻한 사람이었다. 역사가 전공인 그녀는 특히 아시아의 정세에 대하여 지식이 많았고 1950년의 한국 전쟁에 대해서도 내가 모르는 사안까지 깊이 알고 있어서 남북으로 분단된 한국의 실정에 대하여 수많은 질문을 했는데 대부분은 내가 잘 모르는 것들도 많았다. 나는 그때 한국 현지에서도 모르는 일들을 어떻게 이렇게 멀리 떨어져 사는 외국인들이 더 상세히 알고 있을까 몹시도 궁금한 반면, 한편으론 자기 나라의 실정도 잘 모르는 내 자신이 부끄럽기도 하였다. 그러면서 우리는 수많은 시사 토론, 서로의 집안 이야기, 가족 이야기, 농담 등을 나누며 개인적으로 친해져 점점 스스럼 없는 가족처럼 지내게 되었다. 이러한 관계는 내가 코펜하겐에서 공부를 마치고 예테보리로 이사한 이후에도 지속되었고 한느의 집에 나 혼자 뿐만 아니라 민정이, 조카 윤기 등을 데리고 간 적도 있었다. 한국으로 귀국한 이후에도 지금까지 우리는 때때로 크리스마스 카드나 편지를 주고받으며 서로의 사정을 알고 지낸다.

그들은 두 아들을 두었는데, 내가 그들을 처음 만났을 때에는 이미 장성한 두 아들은 코펜하겐에 공부하러 가 있어서 못 만났고 나중에 한국과 인연이 있는 작은아들 라스만 몇 번 만났었다. 내가 한번은 왜 초면부지의 외국인인 나를 맞아주었느냐고 물어본 적이 있었다. 그때 헨릭은 군나가 처음에 나를 소개했을 때, 한국인이라는 점이 마음에 끌렸다고 하였다. 알고 보니 그 당시 헨릭의 큰 아들이 동거하는 여자친구가 한국 입양아였고, 작은아들 라스도 한국에서 태권도를 배우느라 서울에서 일 년 간 거주하다가 다리 부상으로 갑자기 귀국하였으므로 그런 저런 인연으로 한국에 관심이 많았다고 하였다. 라스는 김치도 좋아하고 한국말도 약간 할 줄 안다고 하였는데 그 때문에 헨릭의 요청으로 내가 생전 처음으로 한국에서도 안 만들어본 김치를 덴마크에서 담가 보게 되었다. 사실 나는 한국에서 김치를 별로 먹지 않는데 외국에 나가면 김치가 한국 식품으로 워낙 유명하여 누구나 한국인은 김치를 담글 줄 안다고 생각한다. 나는 헨릭이 장난으로 한 말이지만 김치를 한번 만들어 보기로 결심하고 대강 생각나는 대로 주변에서 구할 수 있는 재료로 배추 한 포기, 소금, 파, 마늘, 태국산 생선 소스, 멕시코산 파프리카 가루를 구하여 적당히 섞어서 도자기 항아리에 버무려 넣은 후 비닐로 잘 밀봉해 주고, 일주일 지난 후에 열어서 먹으라고 하고는 코펜하겐으로 돌아왔다. 나는 실제로 김치를 처음 만들어 본 것이라 양념의 적당량을 도저히 알지 못하였고 또한 그 맛도 심히 궁금했지만 뢰네를 떠난 후 그만 그 김치에 대하여 잊고 말았다.

그러다가 일 년 후엔가 다시 한느의 집을 방문할 기회가 생겼는데 헨릭이 나에게 중요한 걸 보여주겠다며 지하실에서 무언가를 꺼내왔는데, 그건 바로 일 년 전에 내가 시험적으로 담근 그 김치였다. 나는 너무나 놀라서 여태 그 김치가 있느냐고, 맛이 어떠냐고 했더니 라스가 와서 한번 먹어보더니 맛이 좋다고 했단다. 나는 놀라서 직접 한번 먹어 보았더니 신기하게도 그리 짜지도, 또 맵지도 않으면서 시원한 김치 맛이 났다. 아마도 서늘한 지하실에서 일 년 간 서서히 숙성이 되어 그런가보다. 어쨌든 그 김치가 우연히 한국인, 더욱이 주부의 체면을 겨우 살려 주었다.

하여튼 실수지만 나는 오늘이 아니고 어제 뢰네에 도착하기를 참 잘 했다. 지금은 다리가 푹푹 빠지게 쏟아지는 눈을 바라다보며 벽난로를 핀 따뜻한 방 안에 앉아 있으니 참으로 행복하다. 오후에는 바람도 잔잔해져 하루 종일 고요하게 쏟아져 내리는 눈을 거실에서 바라보며 커피를 마시고, 책을 읽고, 맛있는 점심을 먹었다. 이 얼마나 행복한가!

점심 후에 한느와 눈 속을 헤치고 걸어서 5분 거리에 있는 슈퍼에 갔다. 한느의 집은 뢰네의 중심지인 스토어게이드 29번지Storegade 29에 있다. 빵집은 걸어서 2분, 슈퍼는 5분, 학교는 10분, 페리 터미널은 10분, 모두 다 걸어서 엎어지면 코 닿을 데 있으니 참으로 편리한 위치에 있다. 우리 학교도 이렇게 가까운 위치에 있다면 하루가 얼마나 길고 유용할까? "나도 대학근처 역곡에 집 하나 얻어볼까?" 혼자서 잠깐 생각해 보았다. 슈퍼에서 장을 본 후 빵집에 가서 빵을 사고 다시 꽃집에 갔다. 한느는 오늘 저녁을 위하여 집에 튤립 꽃을 꽂고 싶은 모양이었다. 내가 꽃을 선물하겠다고 했더니 처음에는 극구 사양하다가 고맙게 받았다. 오늘 저녁에는 식탁에 튤립을 꽂고 식사를 할 것이다.

저녁 식사 전에 간단한 간식으로 커피와 빵을 한 조각씩 먹었다. 빵은 보기에는 별로였는데 맛은 참으로 좋았다. 원래 한느네는 저녁 식사를 늦게 한다. 8시가 넘어야 시작하니까 그전에도 4시경에는 무언가 간식을 먹었었다. 저녁 식사 준비는 좀 늦게 시작하였다. 오늘도 식사 준비 전에 그전처럼 레드 와인을 마시며 요리를 시작하였다.

원래 헨릭은 화이트 와인을 좋아하지만 요즘 레드 와인이 더 건강에 좋다고 하여 레드 와인을 마셔보려고 시도하는 중이라고 했다. 셋이서 와인을 마시며 떠들면서 부엌에서 식사를 준비하는 시간은 내가 가장 좋아했고 또 그리워했던 시간이었다. 그전에는 부엌에 헨릭이 없었고 한느와 나, 둘이서만 요리했었는데 이제는 헨릭이 은퇴하고 시간이 있으니 셋이 되었다. 헨릭은 저녁 식사 준비시간이 되면 앞치마를 두르고 부엌으로 나오는데 실상 하는 일은 별로 없었다. 요리는 한느가 하고 식탁에 와인 잔, 포크와 나이프, 접시 놓는 일 정도였지만 앞치마를 두르고 나와서 와인을 마시며 떠들고 거드는 것이 참으로 보기에 좋았다.

오늘의 메인 메뉴는 새고기 요리. 나중에 알고 보니 갈매기 고기란다. 그리고 에피타이저로 연어를 가운데 넣어서 구운 작은 빵, 감자와 살구, 양파를 섞어서 오븐에 구운 익힌 채소, 사우어 크림sour cream에 무친 시금치, 그리고 비츠beets, 보라색 양배추, 당근, 건포도에 식초와 물, 그리고 꿀을 섞어서 만든 상큼한 샐러드였다. 이렇게 많은 요리는 처음이었다. 보통 코펜하겐에서 식사 대접을 받았을 때에는 언제나 세 가지 요리가 나왔었는데 여기에서는 다섯 가지 요리였다. 우리는 전작으로 마신 레드 와인 한 병을 빼고 디너에 셋이서 와인 두병을 비우고 맛난 음식을 먹으며 떠들었다. 한느의 집에서는 보통 저녁 식사에 셋이서 와인 4병 정도를 마신다. 그전에 내가 이곳에 왔었을 때 한창 프랑스 와인 불매 운동이 일어났던 때여서 내가 프랑스 와인 대신에 그리스 와인을 사다가 선물한 적도 있었다. 이렇게 와인을 마시며 떠들고 조리하는 방식을 나는 "한느식 요리 방법"이라고 불렀다. 이것은 내가 항상 한국에서 그리워했던 디너 풍경이었다. 내가 한국에 귀국한 후 직장에서 돌아와 지친 몸으로 저녁 식사 준비를 하기가 버거울 때면 언제나 한느처럼 우선 와인을 한잔 마시고 요리를 시작하면 곧 마음이 즐거워졌다.

우리는 서로 스스럼도 없고 체면도 안 차리는 자유로운 사이다. 저녁 식사를 마칠 때쯤이 되면 어느새 시간은 밤 11시 반이 된다. 와인을 마시고 식사하고 떠들다가 졸리면 스스럼없이 누구는 소파에 가서 자기도 하고, 누구는 방에 가서 자기도 하고, 그렇게 체면치레 없이 자유로운 것이 한느의 집에서의 저녁 식사 시간이었다. 설거지는 누군가 아침에 일찍 일어나는 사람이 조용히 한다. 집이 넓으니 이 층의 침실에서도, 문간의 손님방에서도 부엌에서 나는 물소리가 수면에 크게 방해되지 않는다. 어느새 나는 졸음이 쏟아져 그냥 방으로 올라와 버렸다. 나는 깊고 달콤한 잠에 빠져들었다.

겨울의 보른홀름

코펜하겐에서

다시
예테보리로

어제 저녁 식사는 한느와 헨릭이 앞치마를 두르고 준비해준 토끼고기 요리를 먹었다. 나는 아직 토끼고기를 먹어본 적이 없어서 어떤 맛일까 무척 기대되었다. 식탁에 채소요리, 샐러드와 함께 오븐에 구운 토끼고기 요리가 올라왔다. 먹기 좋게 토막을 내어 구워서 말하지 않으면 무슨 고기인지도 모르겠는데 그 맛은 마치 담백한 닭고기와 같았다. 또 다시 떠들며 와인과 저녁 식사, 후식…… 하도 맛있게 먹어서 무엇을 먹었는지도 모르겠다. 나는 오늘 새벽에 일찍 일어나야 했으므로 한느에게 5시에 깨워달라고 부탁하고 밤 11시쯤 잠자리에 들었다. 새벽 6시 45분 페리인데 너무 일찍 일어나는 건가? 긴장이 되어 그런지 깊은 잠이 들지 않아 어젯밤에는 밤중에 여러 번 깨어 시계를 보았다.

새벽 5시에 정확하게 한느가 내 방을 노크하였다. 옆방에서 잠을 깰까 봐 조용조용 세수를 하고 간단한 짐을 챙겨놓으니 5시 30분. 1층 부엌으로 내려오니 어느새 한느가 물을 끓이고 아침 식사로 빵을 준비했다. 게다가 점심으로 가져갈 샌드위치와 과일까지 싸 주었다. 나는 비즈니스석이라 비행기에서 간단한 빵과 커피가 나온다고 해도 한느가 걱정되어 한사코 점심을 싸주기에 받아서 가져왔다.

시간이 좀 남았는데 어젯밤에 헨릭이 나의 관심 주제인 에코하우징 ecohousing 을 개발하는 지역에 대한 인터넷 자료를 찾아서 프린트해 두었다고 한느가 전해주었다. 고마운 사람들!! 나는 헨릭을 깨우지 않으려고 조용조용 옷을 입고 집을 나오려는데 헨릭이 어느새 인사한다고 2층 침실에서 내려왔다. 한느가 앞으로 내가 1년 동안 예테보리에 있으니 꼭 다시 돌아올 수 있을 거라며 나와의 헤어짐을 섭섭해 하는 헨릭을 어린애처럼 달래 주었다.


아직 모두가 잠든 캄캄한 새벽인데 한느가 페리 터미널까지 내 짐을 들어 준다며 문을 나섰다. 다행히 바람도 없고 눈도 그쳐서 페리 운항에 큰 지장은 없을 거라고 한느가 나를 안심시켜 주었다. 워낙 하루에 두 번밖에 없는 페리라 그런지 새벽인데도 사람들이 이미 페리에 꽤 많이 타 있었다. 2층 송영대로 올라가 페리 속으로 사라지는 나에게 한느가 손을 흔들고, 또 흔들며 배웅해 주었다. 우리는 언제 또 다시 만날 수 있을까? 민정이에게 안부를 꼭 전해달라는 한느의 부탁과 함께 꿈에 그리던 나의 보른홀름 여행은 끝났다.

스웨덴어
문맹자로

살기

오늘은 집에서 쉬었다. 쉬는 명목은 간단하였다. 아침에 눈을 떠 보니 또 눈이 내린다. 밖에 나가기도 싫고, 또 학교에서 특별한 약속도 없으니 그냥 집에서 내 컴퓨터를 가지고 일하면 학교에 가나 안 가나 마찬가지기 때문이다. 단지 집에서는 학교보다 인터넷 접속이 원활하지 않고, 프린터 사용도 약간 불편할 뿐이다. 집에서 쉬면서 그동안 밀린 빨래도 세탁기를 이용하여 처음으로 해보았고 청소도 하였다.

공동 세탁실에 가서 세탁기 사용법을 리스베스에게서 미리 익혀두었기 때문에 그대로 조심조심 해 보았더니 성공이었다. 이곳에서 살면서 어려운 점은 컴퓨터를 비롯한 모든 기기들이 영어 없이 오로지 스웨덴어로만 씌어 있다는 것이다. 그러니 나와 같은 스웨덴어 문맹자에게는 대부분이 무용지물인 것이 많다. 그나마 2005년에 예테보리 평생교육원에서 스웨덴어를 한 학기 동안 이수한 적이 있었는데 그게 아주 조금 도움이 될 때도 있다. 그때 어학 코스를 계속했었다면 나도 지금쯤은 약간의 스웨덴어를 말할 수 있지 않았을까? 그렇지만 그 당시에는 일주일에 2일씩 저녁에 3시간 강의를 받으러 가고, 강의가 없는 날에는 숙제를 해가는 것이 연구직으로 있는 나에게는 매우 힘들었다. 더구나 다른 일과 겹쳐 한 번이라도 결석을 하면 그다음 진도를 도저히 따라갈 수가 없었다. 그래서 때로는 옆 연구실에 있는 이언에게 쫓아가 스웨덴어 숙제를 곧잘 묻기도 했었다.

나에게 스웨덴어 문맹자로서의 추억은 매우 많다. 내가 처음 1995년 여름에 코펜하겐에서 예테보리로 이사 왔을 때 샬머스 뒤쪽 숲을 지나 언덕을 올라 걸어가야 하는 굴드헤덴<sup>Guldheden</sup>의 닥터 포셀리우스바케<sup>Doctor Focelius backe</sup> 7번지라는 이상한 주소의 학생 기숙사에 혼자서 살았다. 나중에 카타리나에게 그 이상한 동네이름에 대하여 물었더니 그 동네 주변에 스웨덴의 유명한 샹글레스카 대학병원이 있어서, 유명한 의사들의 이름으로 거리 이름을 만들었다고 한다. 그래서 그 옆 동네의 이름도 역시 다른 의사의 이름이다.

당시 나의 아파트는 10층 정도 건물 4층에 있었는데 주변이 숲이고 지대가 높아서 방에서 동쪽 창을 통하여 예테보리 시내가 한눈에 내려다보이고 규모도 13평 정도니 혼자 살기에는 꽤 좋았다. 그 아파트는 새로 지은 최신형 건물은 아니었지만 엘리베이터도 있었다. 실내에는 유학생으로 혼자 살기에는 넉넉한 규모의 붙박이장 두 짝, 냉장고, 전자레인지, 전기레인지 등 모든 설비가 갖추어진 부엌, 그리고 화장실과 욕실이 구비되어 있었고 책상, 의자, 침대, 티 테이블도 한세트로 갖추어져 있어서 입주자는 트렁크 하나만 들고 가면 살 수 있었다. 스웨덴의 학생 아파트에는 이러한 시설이 공통적인 기본사항이다. 게다가 나는 직전에 코펜하겐에서 개인 단독주택의 반지하에 있는 방 한 개를 빌려서 다른 사람들과 부엌, 욕실을 나누어 쓰며 일 년간을 살다가 왔으므로 혼자서 이 모든 시설을 사용한다는 것이 무척이나 신이 났다. 나머지 스웨덴 정착에 필요한 것은 모두 샬머스 주택디자인학과의 조교인 마리안느와 나의 지도교수인 이언이 세심하게 도와주었다. 내가 도착하자 자잘한 꽃무늬가 있는 면 침대시트는 학과 비용으로 새로 구입해주었고, 부엌살림 중 여분의 플라잉 팬은 마리안느가, 작은 접시 등은 이언이 빌려주었는데, 특히 이언이 빌려준 구식 TV와 전기 청소기는 내가 한국으로 귀국하기 전까지 아주 유용하게 사용하였다.

그런데 어려운 점은 지하실에 있는 공동세탁기와 건조기의 사용이었다. 모든 것이 스웨덴어로 되어 있어서 어느 칸에 세제와 린스를 넣는지도 모를 뿐만 아니라 작동법을 혼자서 아무리 들여다보아도 가늠조차 할 수 없었다. 그런데 이 아파트는 하도 조

예테보리로 이사와 처음 살았던
굴드헤덴의 학생 아파트

모두가 스웨덴어로 씌어진
학생 아파트의 공동세탁기

용하여 복도에서 좀처럼 다른 입주자를 만날 수도 없었다. 그래서
하루는 큰맘 먹고 빨래를 가지고 지하실에 있는 공동세탁실에 내
려가 세탁기 앞에 쭈그리고 앉아서 누군가 다른 입주자가 나타나
기를 기다렸다. 한 번은 꼭 물어보고 작동법을 배워야 내가 그곳에
서 앞으로 문제없이 살 수 있기 때문이었다. 한참을 기다리니 드디
어 누군가 지하실로 내려왔는데 그는 중국인 남학생이었다. 나는
염치불구하고 그에게 세탁기 작동법을 자세히 물어서 익혔다.

　　　그러나 이번에 리스베스 집에 있는 공동세탁기는 또 다
른 제품이니 그때 그렇게 어렵게 배운 작동법도 소용이 없었고 리
스베스에게 새로 배워야만 했다. 나는 코펜하겐 여행에서 입었던
옷가지들, 침대 시트 등, 밀린 빨래를 하고 나니 속이 다 시원하였
다. 다음은 진공청소기로 집 안 청소를 시작했다. 그동안 매일 밤
중에 들어오고 더구나 전깃불이 어두워 잘 보이지 않았었는데 낮
에 잘 보니 온 집안이 먼지투성이였다. 가구 밑에는 거의 내 주먹
만 한 먼지 덩어리가 이리저리 몰려다녔다. 그동안 내가 이 먼지를
다 마시고 살았나 생각하니 갑자기 목구멍이 칼칼해 왔다. 진공청
소기로 말끔하게 먼지를 빨아내니 참으로 개운하였다.

내가 이곳 덴마크와 스웨덴에서 살면서 문맹자로서 겪은 우스꽝스러운 에피소드는 그 외에도 참 많아서 여러 번 나의 스웨덴 친구들을 웃겨주었다. 처음에 스웨덴에 왔을 때 혼자서 슈퍼에 가서 장을 보았는데 나는 모양만 보고 의심 없이 용기에 담긴 고운 흰 가루가 소금인 줄 알고 샀다. 나는 조리를 하다가 용기의 포장을 뜯고 의심도 없이 필요한 만큼 넣었는데 나중에 맛을 보니 그게 의외로 달달한 설탕이어서 그 음식은 먹지 못하고 모두 버린 적이 있었다.

또 한 번은 카타리나에게 한국식으로 삼겹살을 삶아준다고 큰 맘 먹고 혼자서 슈퍼에 가서 맛있게 보이는 삼겹살 덩어리를 사 가지고 그녀의 집에 갔다. 나는 의기양양하게 그녀에게 삼겹살 수육의 조리법을 설명하고 생강, 녹찻잎과 함께 충분한 양의 물을 붓고 한 시간 이상 오랫동안 끓였다. 집안은 솔솔 맛있는 냄새로 가득 차, 마침내 냄비의 뚜껑을 열고 큼직한 고깃덩어리를 찔러보고 냄새를 맡으니 돼지고기 냄새도 전혀 안 나고 맛있게 익었다. 도마에다 올려놓고 솜씨를 내어 얇게 썰어서 기대에 찬 카타리나에게 수육의 맛을 보라고 한 조각을 권하고 나도 한 조각을 집어 입에 넣었다. 그런데 아뿔사, 웬 수육이 이리도 짠가!! 우리는 둘 다 그만 깜짝 놀랐다. 내가 영문을 모르고 이상하다고 했더니 카타리나가 내가 사온 돼지고기의 포장지를 자세히 읽더니 깔깔대고 웃었다. 내가 사온 건 소금에 절인 돼지고기였다. 한국에선 소금에 절인 돼지고기가 없으니 나는 슈퍼에 그런 돼지고기가 있으리라곤 꿈에도 생각 못했던 것이다. 내가 왜 돼지고기를 소금에 절여서 파느냐고 했더니 스웨덴에선 이 고기를 사서 물에 담가 소금기를 적당히 뺀 후, 햄을 만드는 데 쓴다고 하였다. 결국, 우리는 그 수육이 너무도 짜서 하나도 못 먹고 버렸다.

이런 일은 샬머스에서도 마찬가지로 일어났다. 샬머스에서는 내 연구실에 개인용 컴퓨터와 공동 프린터를 제공해주었다. 그러나 연구실에서 사용하는 컴퓨터의 모니터와 자판, 프린터 등이 모두 스웨덴어로 되어 있어 나에게는 그야말로 "그림의 떡"이었다. 그래서 모든 작업을 처음으로 할 때는 일일이 이언에게 묻거나 기계담당 직원에게 묻거나 또는 공동 프린터를 사용하는 학생들에게 묻거나 하면서 어렵사리 학교생활을 하였다. 지금 생각하면 "맨 이마로 돌에 헤딩heading하기"라고나 할까? 그래서 다음에는 샬머스에 올 때 자판이 한글로 되어 있는 노트북 컴퓨터를 한국에서부터 사 가지고 왔는데 이것도 그리 만만한 일은 아니었다. 연구실에 들어와 처음으로 샬머스의 일원으로 네트워크를 연결하려면 학교 아이디와 인터넷 등을 담당 직원의 도움으로 설치해야 한다. 그런데 내 노트북이 한글로 되어 있고 컴퓨터의 시스템도 한국과 유럽이 달라서 이번에는 내가 직원에게 모든 걸 영어로 번역하여 알려주어야 하였고 게다가 대부분 전문용어니 쉽지가 않았다. 하여튼 이러한 우여곡절 끝에 나는 겨우 샬머스에 정착하고 연구에 정진할 수 있게 되었다.

이런저런 일들을 경험하면서 지금도 느끼지만 문맹자의 삶이란 얼마나 고단할까? 동정심이 간다. 문맹자들은 눈을 뜨고 있지만 마치 눈을 감고 매일 매일 복잡한 거리에 나가는 것과 같은 느낌일 것이다.

코펜하겐에서
분실한

카메라를
찾다

저녁에 학교에서 집으로 돌아오니 반갑게도 덴마크 루이지애나 미술관에서 돌아온 카메라가 기다리고 있었다. 카메라에 있는 사진을 되돌려보니 코펜하겐에서 마노와 함께 갔었던 아마게르의 사진들이 그대로 있었다. 무엇보다도 새 카메라를 사기 위하여 50만 원 정도의 돈을 쓰지 않아도 되니 참으로 다행스러웠다. 한국에서는 비교적 저렴한 가격으로 전자제품을 살 수 있지만 외국에서는 전자제품값이 꽤 비싸기 때문에 쉽게 사기가 힘들다.

이 카메라는 내가 지난번 코펜하겐에서 마노와 루이지애나 미술관에 갔을 때 분실했던 것이었다. 루이지애나에 가서 전시회를 보고 마노의 집으로 저녁을 먹으러 가려고 로커를 정리하여 내짐을 꺼낼 때 그날 내내 사진을 찍었던 카메라가 없어진 것을 알았다. 그러나 언제 어디서 잃어버렸는지 도무지 생각이 나지 않았다. 그 안에 종일 견학한 사진 자료들이 그대로 남아 있는 것이 몹시도 아쉬웠다. 어쩔 줄 몰라 하는 나에게 마노가 그만 마음을 접고 포기하라고 하였다. 세상을 살다 보면 이보다 더 귀중한 것을 잃어버리는 경우도 흔한데 카메라는 돈을 주면 다시 살 수 있으니 그래도 다행이라고 위로하였다. 그래서 할 수 없이 그 사건을 잊으려고 했지만 쉽게 잊기가 힘들었다. 그래서 다음 날 톰을 만났을 때 그 이야기를 했더니 왜 루이지애나에 연락을 해보지 않았느냐고 했다. 나는 사실 그 카메라를 루이지애나에서 잃어버린 것인지도 잘 몰랐고 설사 그렇다고 해도 그 많은 관람객 중에서 내가 잃어버린 카메라를 누가 챙길 수 있었을까 확신이 서지 않았다. 그래서 건성으로 듣고 톰과 헤어져 예테보리로 돌아온 후, 애써서 카메라 분실 사건에 대하여 잊어버리려고 하였다.

그러던 며칠 후, 톰에게서 뜻밖의 이메일이 한 통 왔는데 자기가 혹시나 해서 루이지애나 미술관 관리실에 전화해 보았더니 누군가 주차장에서 카메라를 한 개 주어서 관리실에 맡겼다는 것이었다. 여러 확인 절차 끝에, 작은 박스에 잘 포장된 카메라가 집으로 왔다. 나는 소포를 받고 매우 기뻤다. 아마도 그날 루이지애나에 도착하여 마노의 차에서 내릴 때, 코트 주머니에서 작은 카메라가 미끄러져 길 위에 떨어진 모양이었다. 미술관에서는 촬영을 못 하니 카메라는 사용하지 않아서 몰랐던 거다.

그동안 살면서 무슨 물건이든 간에 한 번 잃어버린 물건을 다시 찾는다는 것은 거의 기대하기 어려웠다. 그런데 이렇게 찾았고 게다가 친절히 집으로 우송까지 해 주다니…… 그리고 담당 직원의 태도도 매우 친절했는데, 전화를 하면서 영어로 버벅거리는 나를 전혀 주눅이 들지 않게 해주었다. 나는 나중에 이 분실 사건을 알고 있는 마노와 톰에게 이 일을 알려주었더니 마치 자기들 일처럼 반가워하였다. 또 한참 후에 카타리나에게도 이 일을 이야기하면서 감탄하였더니, 이런 일은 아주 예사로운 일인 듯, 이곳에서는 대부분의 분실물을 신고하면 거의 찾는다고 하였다. 나는 고맙고 기분이 좋아서 와인을 한잔 마시고 잤다.

## 건축학과에서

내
소개하기

건축학과에는 매주 목요일 3시에 전체 커피 타임이 있는데 마리가 그 시간에 나를 소개해준다고 하였다. 오늘이 바로 약속한 날이기에 오전 내내 기웃거렸지만, 마리도 피터도 사무실에 없었다. 점심은 집에서 싸온 샌드위치로 혼자서 간단히 먹고 3시가 되기를 기다렸다. 커피 타임은 학과 부엌에서 하는데 나 혼자 가야 되나 생각하니 좀 쑥스럽기도 하여 차라리 그냥 집에 돌아갈까 몇 번이나 망설였다. 그러나 3시가 되니 누군가 내 방을 노크하였다. 아, 마리였다! 이제 막 집에서 왔다며 반갑게 내 연구실에 들어서서 커피 타임에 가서 나를 소개해 주겠다고 했다. 예전과 다르게 이제는 좀 긴장이 된다. 나이가 들수록 남 앞에 나서는 것이 좀 꺼려지나 보다. 하여튼 서막은 올랐고 다행히 며칠 전 인사를 나눈 건축과 회계담당 비서인 리타가 나에게 아는 척을 하여 그 옆에 마리와 함께 앉았다. 낮에 커피를 하도 많이 마셔서 이번에는 차를 마시기로 하고 차를 찻잔에 가득 따른 후, 남들처럼 케이크 한 조각을 집어 들고 먹었다. 잠시 후 마리가 나를 소개하였고 나는 일어나서 내 소개를 하였는데 무슨 이야기를 했는지 긴장되어 기억도 안 난다. 아마도 내가 샬머스에 1995년에 처음으로 온 후로 이번이 3번째 방문이라는 것, 지난번에는 은퇴한 이언 폴손과 함께 노인주택, 노인용 코하우징에 대한 프로젝트를 공동으로 진행했었다는 것, 그리고 이번에는 피터 프뢰스트와 마리 스트리드의 초청으로 다시 이곳에 오게 되어 참으로 행복하다는 것, 등등을 이야기한 것 같았다. 그리고 나는 이미 여러 번 내 소개를 할 때마다 했던 말이지만, 이렇게 여러 번 스웨덴에 오다 보니 스웨덴을 제2의 고향이라고 생각한다는 말도 잊지 않았다. 그렇게 긴장되었던 자기소개 시간은 끝났고 사람들은 15분 정도 있다가 다시 각기 자기 연구실로 흩어졌다.

그때 모간 앤더손이 따로 나에게 인사를 하러 왔다. 자기는 노인주택에 대한 내 연구 주제에 관심이 많으니 나중에 서로 연락하고 지내자고 하면서 연락처를 주고받았다. 좀 쓸쓸하고 쑥스럽기도 하던 참에 반가웠다. 모간은 나중에 알고 보니 박사과정생이면서 노인복지시설의 책임자로 잉아 말름크비스트의 제자이고 마리와 이언하고도 개인적으로 연결이 많은 듯했다. 그는 인상이 깔끔하고 예의 바르며 좋아 보였다. 그리고 나중에 피터(나의 초청교수 피터와 다른 사람)라는 사람이 와서 자기는 미술을 가르치는데 서로 만나서 반갑다고 했다. 리타는 노르웨이 사람이라 그런지 내이름의 J 발음이 너무 어렵다며 나를 "정" 대신에 "영Jung"이라고 부르겠다고 했다. 그리고 내가 정말로 젊어 보이므로 "영young"이라고 부르는 것이 맞다고 하여 함께 웃었다. 이제 학과에 정식으로 신고식을 하였으니 부엌에서도, 프린터 실에서도, 복도에서도 지나치다 사람들과 마주쳐도 덜 어색할 것 같다. 오늘 샬머스에 정착하여 하나의 관문을 넘었다.

GÄSTPROFESSOR FRÅN SYDKOREA:

# Studerar svenskt äldreboende

*Jung Shin Choi, professor i Consumer & Housing och Interior design architect, vid Catholic University, Seoul, Sydkorea.*

TEXT
JOHAN TWEDBERG
är frilansjournalist och matfotograf.
Han har tidigare givit ut den lokala
näringslivstidningen Dialog och
skriver helst om teknik och sam-
hälle.

FOTO
JAN OLOF YXELL

Den svenska modellen kan vara lösningen på
Sydkoreas stora problem med en snabbt åldrande
befolkning som står utan boende och vårdformer.

I Sydkorea ser man inte många äldre personer ute på gatorna. Det beror till stor del på att det är ett ungt land med unga människor. Men ungdom varar inte för evigt och frågan om hur de äldre skall tas om hand efter pensionen, är en stor och brännande het fråga i Sydkorea.

– Det kommer att bli ett jätteproblem, inte bara i Korea, utan även i andra delar av Fjärran Östern. År 2000 var 7 procent av sydkoreanerna över 65 år och 2030 kommer den siffran att vara 14 procent. En mycket stor förändring på kort tid, säger Jung Shin Choi, professor i Consumer & Housing och Interior design architect, vid Catholic University, Seoul, Sydkorea. Hon har precis avslutat sin andra sejour som gästforskare vid Chalmers arkitektursektion, där hon bland annat studerat svenskt och danskt seniorboende.

– Jag reste till Danmark 1994, för att studera möbeldesign på Konstakademin. Från att ha varit professor blev jag plötsligt student, vilket var märkligt, men samtidigt mycket lärorikt. Min danske professor var intresserad av äldreboende och genom honom kom jag i kontakt med Jan Paulsson, arkitekt och docent vid arkitektursektionen på Chalmers.

Jung Shin Choi kom till Chalmers hösten 1995 och stannade ett halvår. Väl hemma igen, bjöd hon hem sina båda nordiska handledare till Sydkorea.

– De kom dit och föreläste om skandinaviskt äldreboende och höll lektioner under två veckor. Jag tror att internationellt utbyte av det här slaget är mycket bra för den gemensamma utvecklingen och förståelsen i världen.

I Sverige är standarden än så länge högre än i Sydkorea, som dock kommit starkt de senaste åren. Fortsätter utvecklingen i samma takt går de snart förbi.

– Jag blev mycket förvånad första gången jag kom till Skandinavien och såg alla singel- och parhushåll. I Korea har vi större lägenheter eftersom barnen bor kvar hos sina föräldrar ända tills de gifter sig. När föräldrarna går i pension flyttar de in hos sina gifta barn.

I Korea är kvinnorna "husband family oriented", det vill säga att de bryr sig mer om mannens föräldrar än sina egna.

– Det kan vara mycket svårt att först sköta ett jobb och sedan komma hem och ta hand om både hushåll, barn, man och mannens föräldrar. Men detta håller på att ändras. De som är över femtio vill inte längre bo hos sina barn. De vill klara sig själva.

Det är bland annat därför som Jung Shin Choi har gästat Chalmers och studerat svenskt äldrevård och äldreboende. Allt fler högutbildade klarar sig själva på pensionen i Sydkorea. De är inte längre beroende av sina barn när de blir gamla. Därmed växer också kraven på ett attraktivt och trivsamt boende, som ser till alla de behov äldre har i form av trygghet och funktionalitet.

**Gamla traditioner bryts**

Ett annat stort problem som fått mycket uppmärksamhet i Sydkorea, är alla äldre som drabbas av demenssjukdomar. Det råder akut brist på boenden och vårdformer för dem som lider av sjukdomen.

Chalmers magasin 3•2002

2002년,
Chalmers Magasine에
소개된 내 기사

*Jan Paulsson och Jung Shin Choi ser Solrosen i Kullavik som ett positivt exempel på äldreboende*

– Det är inte bara de dementa personerna som lider. De närstående känner sig ofta mycket skyldiga när de sätter sina släktingar på hem. De flesta klarar inte att både sköta sitt arbete och ta hand om en dement person. Men det är svårt att bryta traditioner. Jag tror att vi på sikt kommer att få en utveckling motsvarande Sveriges i de här frågorna. De gamla traditionerna försvinner och man går emot en mer öppen självständighet.

**Kvinnliga professorer samarbetar**

Varje månad samlas the "Housing Group" i Korea. Det är en informell studiegrupp som består av 14 kvinnliga professorer från olika universitet runt om Korea. Gruppen samarbetar med universitet i Japan, Australien, Europa och USA.

– Jag tror att det är rätt ovanligt att kvinnliga professorer med doktorsgrader från olika länder samarbetar med varandra. Syd, för män tenderar att fokusera mer på hårda värden. Kvinnor ser till de mjukare.

The "Housing Group" arbetar bland annat med boendefrågor och de förändringar som växer fram i familje- och samhällskulturen i Korea.

– Jag startade gruppen 1992 och vi har fått stor uppmärksamhet i Korea. Varje år brukar vi även åka på studieresa till ett annat land, vilken senare resulterar i ett antal böcker och rapporter.

När denna artikel går i tryck, är Jung Shin Choi tillbaka i Korea. Arbetet med de svenska och danska seniorboendena fortgår. Vissa delar sammanställs i Korea, andra på Chalmers. Resultaten kommer senare att presenteras i Korea, Sverige och internationella tidskrifter.

– Jag var redan en tacksam gästprofessor första gången jag var här. Att få komma tillbaka till min andra hemstad ytterligare en gång, känns mycket speciellt och hedrande för mig, säger Jung Shin Choi, som nu kommer att göra en liknande undersökning i Korea. Kanske kommer koreanerna att åldras i gruppboende för dementa och i seniorboende efter svensk modell?

Chalmers magasin 3•2002

2002년 Chalmers Magasine에
소개된 이언과 나의 연구 소개

# 겨울에도
## 따스한

# 나의
## 친구들

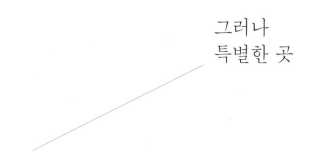

살벌한
홀멘

그러나
특별한 곳

이곳은 정말로 한없이 눈이 내린다. 매일처럼 쏟아지는 눈. 어느 하늘에서 그렇게도 많은 눈이 쌓여 있다가 내리는 것일까? 이곳의 눈은 우리나라와 달리 마치 떡가루처럼 고운 입자로 보슬보슬 내리고, 신기하게도 땅에 떨어지면 녹지 않고 그대로 쌓여 질척거리지도 않는다. 게다가 밟을 때마다 "뽀드득, 뽀드득" 소리가 나서 걷기에는 참 좋다. 처음에는 그런 눈이 신기하고 좋았으나 이제는 너무나 오래도록 계속 오니 좀, 질린다. 오후에 모처럼 예전에 민정이와 함께 살 때 곧잘 갔던 벨레뷰Bellevue에 가볼까 했는데 3층 창밖에서 내려다보니 어제 오후처럼 또 다시 눈이 내린다. 이번에는 얼마나 내리려나? 그런데 이곳의 눈은 하도 소리 없이 조용히 내리니 다니는 데 큰 지장이 없는 듯하다. 바람만 안 불면 외출하기도 괜찮고 그런대로 생활에는 지장이 없다.

2002년 큰딸 민정이와 예테보리에서 둘이서 함께 지냈던 반년 간의 시절이 다시금 그리워졌다. 그 애와 여기에서 함께 지냈을 때는 좋은 일도 많았지만 민정이가 HDK 석사과정 입학 준비로 포트폴리오를 준비하고 있었던 때라 스트레스를 많이 받아서 곧잘

민정이와 함께 살았던
샬머스 게스트하우스 외관

모든 것이 깔끔하게 갖추어진
샬머스 게스트하우스 실내

다투기도 하였다. 그러나 모녀지간이라 금방 풀어져 주말에는 여기저기 함께 다니며 쇼핑도 하고 산책도 하며 좋았었는데 이제는 결혼하여 자유롭지 못하니 아쉽다. 그때는 샬머스 부지 안에 있는 게스트하우스에서 살았으므로 평일에는 도보 10분 정도의 연구실로만 출퇴근하다가 유일하게 주말에만 시내에 나가서 걸었으니까, 시내에 나가 쇼핑하고 전통시장인 살루할렌Saluhallen에 들러 수프와 맥주도 사 먹고 돌아다니다 보면 보통 하루에 서너 시간은 걸었다. 평일에는 특별히 따로 하는 운동이 없었던 우리는 그때 그것을 운동이고 다이어트라 생각하며 스스로 위로하였다.

맥주와 샐러드로 간단한 점심을 먹은 후, 눈이 내리는 거리로 나섰다. 벨레뷰에 한번 다시 가 봐야지 하고 문을 나섰는데 막상 계속 눈이 쏟아지니 멀리까지 가는 게 망설여졌다. 이런 날씨에도 꼭 거기에 가야 되나? 그렇지만 이곳 사람들은 태연하게 다닌다. 모든 교통수단도 평상시처럼 다니고…… 벨레뷰에 가려면 16번 버스를 타고 중심지 브룬스파르켄Brunsparken에서 11번이나 7번 전차로 갈아타야 하는데…… 그런데 오늘은 시간이 있으니 버스 대신 모처럼 배를 타볼까? 여러 가지 생각이 교차하는데 마침 30분에 한 번 다니는 배 시간이 가까워 배를 타보기로 했다. 배를 탔으니 오늘은 벨레뷰 대신 배의 종점인 홀멘Holmen으로 가봐야지.

홀멘은 겉에서 보면 전혀 빈티지 숍이 있을 것 같지 않은 커다란 빨간 벽돌 건물로 마치 공장같아 보인다. 그런데 홀멘에 가면 오늘 같은 날에 사람이 있으려나? 나 혼자인 건 아닐까? 홀멘을 찾아가 들어가 보니 다행히 사람들이 꽤 있었다. 더욱 좋았던 것은 홀멘은 토, 일요일에 열지 않는 다는 것이다. 나는 그것도 모르고 주말에 오려고 했었는데 하마터면 허탕 칠 뻔 했다. 다른 때와 달리 오늘은 시간도 많으니 처음부터 차근차근 물건들을 훑어 보기로 하였다. 이 상점은 어디에서 그리도 많은 물건들을 가져다 놓은 것일까? 내가 만일 여기에 정착하여 산다면 싼 값에 사고 싶은 가구들도 많았고 예쁜 그릇들도 많았다. 그러나 나는 한국에 돌아갈 때 짐을 만들지 말아야 하니 꾹 참고 꼭 필요한 것들만 사야 한다고 미리 다짐하였다. 오늘은 여기에서 전기 커피메이커를 하나 사고 싶었다. 나는 커피 마니아인데 리스베스는 커피를 잘 안 마시는지 집에 커피메이커가 없어 아쉬웠다. 내가 사서 쓰다가 내 아파트로 가지고 가야겠다. 여기저기 찾아보다가 커피메이커, 여분의 손님용 침대시트, 작은 핸드백, 또 면 셔츠 두 개와 면 니트, 보기 좋은 머그잔 두 개를 골랐다. 내가 꼭 필요한 물건들인데 여기에서는 신상품에 비해 너무나 쌌다. 전체 165크로나(28,000원)를 내고 사서 기쁜 마음으로 집에 돌아와 우선 옷도 입어보고 커피메이커도 잘 씻어서 커피를 만들어 보았다. 커피메이커는 45크로나(7,600원)밖에 안 주었는데 참 잘 작동되는 멀쩡한 기계였다. 이것은 주황색으로 1970년대에 한창 유행했던 디자인이었다. 내가 필요했던 것들을 이렇게 싼 값에 얻고 보니 매우 기분이 좋았다.

오랜만에 모처럼 이 옷, 저 옷, 갈아입어 보고 혼자서 패션쇼를 해 보았는데 문제는 리스베스 집에는 전신 거울이 없어 내 모습이 어떤지 볼 수가 없었다. 할 수 없이 세면기 위에 붙어 있는 얼굴용 작은 거울 앞에 사다리를 놓고 올라가서 보았다. 옷을 입은 내 모습이 참 보기 좋았다. 내가 스웨덴에 온 이후로 춥기도 하고 한국에서 가져온 옷도 몇 개 없어서 매일 같은 옷만 입고 다녔더니 한참 지루하던 터였다. 기분이 좋아 오늘은 맥주를 마시려다가 마지막 남은 화이트 와인 두 잔을 채소 샐러드와 살라미, 빵과 곁들여 먹었다. 남이 보면 우습겠지만 작은 행복이 밀려왔다.

겉에서 보면 마치 공장같은
홀멘 세컨드핸드 숍

모든 것이 다 있는
홀멘 세컨드핸드 숍

## 카타리나와의

### 어려운
### 해후

드디어 카타리나와 스텐쿨렌 숲 속의 집에서 하루를 함께 보내기로 얼마 전부터 약속한 날이 왔다. 원래 내가 예테보리에 도착한 첫 주 주말에 카타리나의 집에 가기로 약속했었는데 바로 전날인 금요일에 카타리나에게서 전화가 왔다. 눈을 치우다가 허리를 다쳤는지 침대에 누워 꼼짝할 수 없으니 약속을 연기하자고. 정말로 심각하게 아파서 딸 프리다와 손자들이 집에 와서 번갈아 도와주고 이웃 사람들이 청소도 해주고 강아지의 산책도 시킨다고 했다. 그렇게 있기를 2주일. 그동안 직장도 꼬빡 빠졌는데 이제 좀 나아졌으니 만날 수 있다고 하였다. 나는 그 전화를 받고 얼마나 기뻤는지 모른다. 카타리나의 집은 언제나 나에게는 특별한 안식처였다. 처음 약속했을 때, 나는 이미 카타리나의 집에 갈 때면 항상 그랬듯이 3리터짜리 레드 와인 한 박스를 사다 놓고 가져가려고 기다리고 있었다. 내일은 드디어 카타리나와 만날 수 있다는 것이 설레어 밤에는 잠까지 설쳤다.

그런데 오늘 아침에 눈을 뜨고 하늘을 쳐다보니 다시 눈이 쏟아져 내리는데 심상치가 않았다. 오후 1시 17분 기차를 타기로 미리 약속해 둔 터라 어쩌나 걱정하고 있는데 카타리나가 산속에 너무나 눈이 많이 쌓여 운전을 할 수 없으니 나중에 눈 치우는 사람이 다녀간 후에 오는 것이 좋겠다고 전화를 했다. 그래서 그 후에 전화를 몇 번이나 주고받다가 드디어 4시 17분 기차를 타기로 결정하고 그래도 기차가 안 다닐지도 모르니 기차 타기 전에 꼭 카타리나에게 확인 전화를 하면 스텐쿨렌Stenkullen 역에 차를 가지고 마중 나오기로 약속하였다.

동네 버스 정류장에 나가니 길은 눈에 파묻혀 엉망진창이고 버스는 운행 시간이 되어도 오지 않으니 4시 17분 기차를 타야 하는 나는 난감하였다. 버스정류장에 쓰인 스웨덴어로 된 안내판을 읽을 수 없으니 무슨 말인지도 모르겠고 난처해 하고 있는데 한 동양 여자가 걸어오기에 체면 불고하고 그 안내판의 내용을 물어보았다. 그녀는 친절하게 대답해주면서 중앙역에 가려면 16번 버스는 안 오는 것 같으니 99번 버스를 타라고 하였다. 자기도 브룬스파르켄에 있는 중국 식품점에 간다며 내가 내릴 곳을 알려주겠다고 하였다. 어찌나 친절한지, 고마웠다.

나이는 30대 초반 정도로 보이는데 옷차림이나 생김새가 참으로 아름답고 세련되어 보였다. 나를 보고 어디에서 왔느냐고 물어서 한국 서울에서 왔다고 했더니 자기는 중국 베이징에서 왔는데 스웨덴에서 16년째 살고 있다고 했다. 그 여자가 스웨덴에서 무슨 일을 하는지 궁금했지만 너무 프라이버시를 침해하는 것 같아 묻지 않았다. 그러나 그녀는 나를 보고 왜 여기에 왔느냐, 무엇을 하느냐고 묻기에 나는 곧이곧대로 1년간 샬머스에 객원 연구원으로 왔다고 대답했더니 왜 1년만 있다가 가느냐고, 여기에서 스웨덴 남자를 만나서 결혼해서 오래 살면 더 좋을 텐데 하고 얘기하여 나는 그냥 대답 없이 웃었다.

브룬스파르켄에서 내리니 기차 시각이 얼마 남지 않아 뛰었는데, 가까스로 출발 2분 전에 기차에 올라탔다. 휴대 전화가 없는 나는 카타리나에게 전화할 시간도 없어서 그냥 탔는데 내심 걱정되었다. 그러다 기차가 40분으로 연기되었다고 방송을 하기에 얼른 다시 내려가 공중전화로 카타리나에게 이를 알리고 다시 기차에 탔다. 그러나 기차는 40분이 되어도 떠나지 않고 폭설이 계속 쏟아져 출발이 몇 번이나 연기되었다. 그 사이에 나는 또 역에 뛰어가 카타리나에게 다시 전화를 하고…… 그러기를 몇 번 반복하다가 2시간이 지나서 겨우 기차가 출발하였다. 폭설은 계속 내리고 이미 바깥은 어두워졌는데 조금 가던 기차가 첫 번째 역에 도착하기도 전에 파르틸레Partille역 근처에서 또 섰다. 이를 어쩌나 꼼짝없이 기차 안에 갇혀서 못가는 것인가? 여기에서 계속 서 있으면 나는 오늘밤 어디에 가서 자야 하냐? 휴대 전화가 없으니 연락도 못하고 여러 가지 고민을 하면서 이런 험한 날씨를 무릅 쓰고 카타리나에게 가겠다고 집을 나선 것을 후회했다. 그러다가 다시 기차가 출발하여 20분 걸리는 스텐쿨렌까지 두 시간 만에 도착했는데, 눈을 피할 역사 건물도 없이 기차만 잠시 섰다 가는 스텐쿨렌 역에서 하염없이 나를 기다릴 카타리나가 걱정되었다.

드디어 역에 내리니 저쪽에서 카타리나가 뛰어왔다. 우리는 무척 반가워 부둥켜 안고 뛰었다. 역에서 오래 기다리게 하여 미안하다고 했더니 카타리나는 자기는 차 안에서 히터 켜놓고 라디오를 듣고 있어

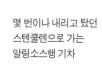

몇 번이나 내리고 탔던
스텐쿨렌으로 가는
알링소스행 기차

카타리나의 비밀의 음식
인스턴트 타코

서 괜찮았다고 오히려 고생하고 왔다고 나를 위로하였다. 그런 우
여곡절 끝에 산골 집에 도착하니 세상은 온통 눈에 파묻혀 한밤중
인데 사실은 7시 반밖에 안 되었다.

　　예전처럼 거실에 벽난로를 켜고 따뜻한 방에 앉아 타코
에 채소와 볶은 고기를 싸서 먹으며 레드 와인을 마시니 참으로 행
복하였다. 카타리나는 언제나 나에게 인스턴트 타코를 해주는 것
을 "비밀의 음식"이라고 하며 인스턴트 음식을 해주는 것을 미안
해 하지만 사실 우리 둘이는 그것을 참 재미있어 한다. 꼼꼼하고
복잡한 것보다는 약간은 게으르고, 웬만큼 간편한 것을 좋아하는
성격이 둘이서 참 잘 맞는다. 지난번 내가 마지막으로 여기에 왔던
것이 최소한 1년 반은 지난 것 같은데 우리는 마치 훌쩍 세월을 뛰
어넘어 어제 만났던 것 같았다. 카타리나는 민정이와 서정이의 결
혼 이야기와 사진 등을 보고 좋아했고, 나는 작년 여름 프리다의
결혼 사진을 보며 즐거워했다. 카타리나의 딸인 프리다는 나의 큰
딸 민정이보다 나이가 몇 살밖에 더 많지 않으나 그동안 세상을 살
아간 이야기를 들어보면 파란만장하다.

나도 한번 만난 적이 있는 프리다의 첫 번째 남자친구 존은 포르투갈 사람으로 키가 큰 프리다와 달리 작고 아담한 체구에 조용하고 섬세해 보이는 인상의 청년이었다. 프리다는 존과 4~5년을 동거하는 중에 식스톤과 빅토르, 두 아들을 낳았는데 카타리나는 이 두 손자를 끔찍하게 사랑한다. 그러나 그 둘은 몇 년간 살다가 헤어졌다. 카타리나는 프리다의 결별을 보고 자기의 가슴에서 피눈물이 난다고 나에게 이메일을 보냈었다. 우리나라와 달리 스칸디나비아에서는 결혼하지 않고 동거하는 남녀가 많고, 그들 사이에서 태어난 아이들도 결혼한 부부 사이에서 태어난 아이들과 동등한 법적 권리를 인정해 준다. 그들은 이러한 동거 형태를 "삼부Sambo"라고 일컬으며 공식적인 가족 유형의 하나로 인정해 주기 때문에 내가 처음 덴마크에 입국비자를 신청했을 때 가족 유형에 미혼, 동거, 결혼, 이혼의 네 가지를 체크하는 빈칸이 있었던 게 특별한 인상을 주었었다. 타인에게 자기의 가족을 소개할 때, 법적으로 결혼 한 경우에는 남편husband, 또는 아내wife라고 부르지만 동거하는 경우에는 파트너partner라고 부른다. 존과 헤어진 후 프리다는 한 동안 혼자서 두 어린 아들들을 키우며 경찰학교를 졸업하고 지금은 어엿한 여자 경찰관이 되었다. 어린 시절 아버지가 경찰관이었고 어머니는 초등학교 교사였다는 카타리나는 프리다가 외할아버지에 이어 경찰관이 된 것을 매우 자랑스러워하였다.

그러다가 프리다는 두 번째 남자친구 헹케를 만났는데 그는 연하에, 미혼이면서 아이가 없는, 거대한 체구를 가진 청년이었다. 그들은 카타리나의 산골집 근처에 단독주택을 사서 프리다의 두 아들을 기르며 잘 살았는데 헹케는 특히 아이들에게 잘하여

집 앞마당에서 거행된
프리다와 헹케의 결혼식

부자 간의 관계가 매우 좋았다. 그전에 프리다가 일하던 직장에 비
하면 경찰관은 안정된 공무원이긴 하지만 낮 근무 외에도 야간근
무가 많아서 여자 혼자 어린아이들 양육을 지속하기에는 쉽지 않
은 직장이다. 카타리나와 프리다는 야간 근무를 하는 동안 아이들
을 든든하게 맡아주는 헹케와 함께 산다는 게 여간 안심이 되지 않
았다. 그래서 그들은 3년 정도 동거를 하다가 정식으로 결혼을 하
기로 결정하고 스텐쿨렌 역 바로 옆에 큰집을 사서 수리하고 이사
하였다. 나는 카타리나를 따라서 그 집에 가본 적이 있는데 집도
컸지만 마당이 매우 넓고 사과나무가 많았다. 그들은 어느 여름날,
자기네 집 마당에서 결혼식을 올렸는데 하얀 웨딩드레스를 입은
신부, 슈트를 입은 거구의 신랑, 들러리를 선 두 아들, 그리고 즐거
워하는 하객들의 모습이 지나가는 기차 안에서 손에 잡힐 듯 가까
이 보여서 기차의 승객들이 모두 환호성을 지르며 그들의 결혼식
을 축하해 주었다고 했다. 카타리나의 이메일로 보내온 그 이야기

와 사진이 마치 영화의 한 장면처럼 스쳐 갔다. 오늘 우리는 그 이야기 속의 결혼 사진을 보면서 함께 웃었다.

내가 혼자 사는 카타리나를 처음 만난 것은 1995년 8월 중순 코펜하겐에서 샬머스 대학교 건축대학의 객원연구원으로 온 때였다. 나를 초청해준 교수가 이언이었고 그때 이언의 제자인 카타리나가 치매 노인 그룹 홈group home에 대한 프로젝트를 진행하며 논문을 작성하는 중이었다. 카타리나의 프로젝트가 그 당시 나의 연구주제와 같았으므로 스웨덴의 여러 곳, 알링소스Alingsås, 말뫼, 스코네 등의 치매 노인 구룹홈의 견학과 답사도 셋이서 함께 이언의 차를 타고 자주 다녔다. 이언이 스코네까지 운전할 때 스웨덴의 지리도 잘 모르는 내가 조수석에 앉아서 네비게이터 역할을 하며 지도를 읽어주었고 무엇이 그리도 재미있었는지 지금은 기억도 안 나지만 셋이서 그렇게 깔깔대며 웃고 떠들며 다녔던 생각이 잊혀지지 않는다. 아마도 내 평생에 그처럼 많이 웃고 떠들며 다닌 적은 그전에도, 그 후에도 없었을 것이다.

그 무렵 카타리나가 낯선 외국에서 외롭게 지낼 나를 배려하여 어느 날 저녁 식사초대를 해주었다. 그것이 내가 최초로 초대받은 스웨덴 가정이라 더욱 잊혀지지 않는다. 그 초대 이후 우리는 급격히 친해져서 카타리나는 자기의 신상과 가족에 대하여 세세하게 모든 이야기를 해 주었고, 나도 나의 가족뿐만 아니라 서로의 개인적인 속 깊은 고민거리까지도 감추지 않고 나누는, 비밀이 없는 사이가 되었다.

그 후 몇 년이 지난 후, 내가 다시 샬머스로 돌아왔을 때 카타리나는 이미 논문이 끝나서 다른 직장으로 가 있었다. 그 후 내가 샬머스에 와서 8개월, 6개월 등의 연구 휴가를 보내거나 방학을 이용하여 한, 두 달씩 와서 논문을 쓰며 지낸 적이 많았는데 그때마다 항상 카타리나가 차를 가지고 공항에 마중을 나와 주었다. 서울에서 예테보리로 오는 항공편은 최근에 개항된 핀에어를 제외하고는 무슨 항공을 타든지 밤 10시 또는 11시가 넘어 한밤중에 도착한다. 여름에는 그래도 낫지만 특히 밤이 긴 겨울에는 밤 10시가 넘어서 공항에 도착하면 정말로 을씨년스럽고 차편도 거의 끊어져 깜깜 절벽이다. 다정한 카타리나는 외국에 도착한 첫날 밤에는 낯선 집에 들어가서 혼자 지내기가 서먹할 거라고 미리 내 마음을 헤아려 의례 자기 집에 데려가 재워주었고, 하루나 이틀 후에 마음이 안정되면 다시 차로 내가 살 집으로 짐을 싣고 데려다주곤 하였다. 평소에도 내가 객지에서 혼자 사니 외로우리라 생각하고 특별한 날이나 날씨가 좋은 날에는 으레 나를 자기 집에 불러서 먹여주고 재워주며 챙겨주었다.

오늘도 카타리나는 나의 서울 생활을 듣고 스웨덴에 오기를 참 잘했다고 격려했다. 카타리나는 항상 이 층에 내 침대가 준비되어 있으니 언제든 휴식이 필요하면 이곳으로 탈출해 오라고 웃으며 이야기하였다. 둘이서 떠들고 와인과 맥주를 마시다 보니 어느새 12시가 되었다. 그러다 우리는 이 층에 올라가 스르르 잠이 들었다. 내일이 또 있으니 내일 더 놀자! 거위 털 이불을 덮은 침대가 어찌나 따뜻한지 한겨울인데도 나는 땀까지 흘리며 잤다. 이렇게 험한 날씨에도 불구하고 여기에 오기를 얼마나 잘했는지 모르겠다.

카타리나 집 다락방에
언제나 준비되어 있는 내 침대

카타리나 집의 거실

내 생전
처음으로

산골에서
스키 타기

카타리나는 언제나 밤에는 잠을 잘 못 이루어 잘 때 약
간의 수면제를 먹고 잔다. 그래서 침대에 눕기만 하면 곧장 곯아떨
어지는 나를 무척 부러워한다. 그래서 알람을 해 놓고 자도 아침에
는 9시, 또는 10시가 지나도 약 기운 때문에 잠을 잘 못 깬다. 그러
나 나는 평상시처럼 아무리 오래 자도 8시에는 일어나니 혼자서 아
래층에 내려와 조용히 집안 사진도 찍고 커피도 만들어 마시고 또
여름에는 마당에도 나갔다 온다. 그러나 오늘 아침에는 바깥 온도
계를 보니 영하 14도라서 차마 나갈 엄두를 못 내고 조용히 거실에
앉아 카타리나가 일어날 때까지 2010년도 이케아<sup>IKEA</sup> 카탈로그를
보았다.

카타리나와 나는 이케아를 참 좋아한다. 그전에도 카타
리나가 자동차를 가지고 와서 나를 이케아에 데리고 간 적이 자주
있었다. 우리는 특별한 것을 사지 않아도 그곳을 여기저기 돌아다
니며 조그마한 아이디어 소품을 사는 것조차도 즐거워했다. 지금
도 카타리나는 내가 오래전 예테보리에 처음 왔을 때 이케아에서
물건을 너무 많이 사서 카트가 무거워져 저 혼자서 언덕길로 굴러
내려가는 바람에 둘이서 뛰어가서 억지로 끌어 왔던 일을 기억하

며 웃는다. 그때는 이케아가 한국에 들어오지 않았을 때였으므로 매장에 갈 때마다 '이처럼 좋고 싼 물건이 어디에 또 있을까?' 감탄하며 미친 듯이 물건들을 사곤 했었다. 그 덕분에 한국에 돌아갈 때 배로 짐을 부치느라고 고생도 많이 했고 비용도 만만치 않게 지불했었다. 지금도 우리 집에서는 1996년 내가 귀국하며 이케아에서 사 간 가구며 침대 커버, 커피 잔, 유리그릇 등의 물건들을 추억에 잠겨서 즐겨 쓰고 있다.

　　9시 반이 다 되어 카타리나가 잠이 덜 깬 얼굴로 이 층 계단에서 내려왔다. 언제나처럼 짧게 커트한 머리카락은 모두 하늘로 치솟아, 손자인 식스톤과 빅토르가 "마녀"라고 부르는 머리 스타일을 하고서…… 그러나 나는 언제나 그녀의 마녀 머리 모습이 정겹다. 어느새 부엌의 빵 기계에는 어젯밤에 잘 때 이스트에 밀가루를 반죽하여 오늘 아침 9시에 완성되도록 타이머를 맞추어 예약해 놓았던 식빵이 구수하고 맛있게 익어 있었다. 갓 구운 따끈한 빵에다 커피와 우유, 주스, 요구르트로 아침 식사를 하고 털이 긴 강아지 벤노와 함께 셋이서 산책을 나가기로 하였다. 카타리나는 스키를 타고 가자고 하는데 나는 생전 스키를 타 본 적이 없다고 하였더니 자기가 털 장화를 신고 갈 테니 나보고 자기 스키를 타고 가란다. 미끄러지면 어쩌나 겁이 잔뜩 나 있는데 평지를 걷는 것부터 가르쳐줄테니 해 보란다. 마침 카타리나의 스키가 내 발 사이즈와 같아서 스키가 잘 맞았다. 나는 두꺼운 코트에 목도리, 모자, 털장갑으로 중무장을 하고 스키를 신고 눈길을 나섰다. 길에는 우리 밖에 없었고 푹푹 빠지는 길인데 벤노는 좋아라 저만큼 앞서 가며 계속 우리를 뒤돌아보았다. 카타리나가 말해주는 대로 조심조심 양손에 막대기를 짚고 걸으니 걸을 만했고, 나보고 초보자인데 참 잘 걷는다고 했다.

눈 속의
카타리나의 강아지 벤노

마치 진짜 스키선수처럼
사진 한 장

그러나 조금 가니 손이 너무 시려서 손가락이 아플 정도였다. 카타리나와 장갑을 바꿔 끼었는데도 마찬가지였다. 그녀는 내가 너무 긴장하여 그렇다고 하였다. 긴장하면 아마 손끝까지 혈액 순환이 잘 안 되는 모양이다. 하여튼 조금 걷다가 할 수 없이 몸을 녹이려고 다시 집으로 되돌아 왔지만 좋은 경험이었다. 다음에는 좀 더 연습해서 평지 대신에 슬로프를 걸어보겠다는 야무진 꿈까지 꾸어보았다. 카타리나가 요즘 캐나다 밴쿠버<sup>Vancouver</sup>에서 동계올림픽이 한창인데 나보고 거기에서 스키부문 우승자처럼 한번서 보라기에 카타리나의 집을 배경으로 스키를 들고 서서 가짜 증명사진을 몇 장 찍었다. 참으로 우스꽝스러웠지만 우리는 어린애들처럼 깔깔대며 재미있게 놀았다.

집에 돌아와 거실 벽난로에 불을 지펴서 몸을 녹인 후 이번에는 강가로 산책을 나갔다. 그 강가는 여름에는 수영도 하는 곳이지만 지금은 깊은 눈 속에 발이 파묻혀 걷기도 힘들 정도였다. 산책하는 내내 강물소리가 귀가 멍할 정도로 크게 들려왔다.

저녁이 되어 카타리나가 나를 예테보리까지 자동차로 데려다주겠다기에 사양하지 않고 고마운 마음으로 차를 탔다. 평소에는 카타리나와 함께 천천히 스텐쿨렌 역까지 걸어나와서 나 혼자 기차를 타고 돌아오곤 했었다. 그런데 어제 저녁에 스톡홀름과 예테보리 사이를 운행하는 X2000 고속기차가 폭설에 갇혀서 250명 정도의 승객이 기차에서 밤을 새웠다는 기사가 오늘 아침 뉴스에 나왔다고 한다. 그래서 내가 아마 혼자서 기차를 타고 예테보리로 돌아가다가 또 어떤 일이 일어날지 몰라서 걱정스러워 태워다 주는 것 같았다. 고마운 카타리나! 나는 카타리나와 집 앞에서 헤어져 어느새 깜깜해진 3층의 리스베스의 집으로 돌아왔다.

지붕 위로 눈이 두껍게 덮인
카타리나의 집

셀프
머리 염색

도전기

아침에 침대에 누운 채 바깥을 보니 모처럼 하늘이 파랗고 해가 반짝 떴다. 학교에 가지 말고 산책을 해볼까? 정말 여기에 와서 이렇게 파란 하늘을 보기는 참으로 오랜만이었다. 나는 이제 나 스스로의 규칙을 좀 만들었다. 일주일에 월, 수, 목요일 3일은 학교에 가서 열심히 공부하고 나머지 날들은 내 맘대로 자유롭게 지내기로 하였다. 금요일은 빨래, 청소를 하고 주말은 쉬거나 쇼핑 또는 어디 여행을 가거나 할 작정이다. 내 평생에 언제 이러한 슬로우 라이프slow life를 즐길 수 있으랴? 그전에도 몇 번이나 살머스에 연구하러 왔었지만 이렇게 느긋하게 생활하기로 한 것은 이번이 처음이다. 그건 아마도 이번이 내 직장 생활 중 마지막의 연구 휴가이기 때문이리라. 나는 지난 세월 동안 항상 서울에서 지낼 때보다 살머스에 왔을 때 더 열심히, 그리고 더 성실하게 연구 활동을 하였다. 이곳에 항상 동반가족 없이 혼자서 왔었고, 또 수업이나 업무 부담도 없었기 때문이다. 나는 보통 월요일부터 금요일 10시부터 6시까지 연구실에서 지냈다. 이번에는 공동실을 사용하지만 그동안 살머스의 내 연구실은 이언과 리스베스의 배려로 언제나 설비가 좋았고 개인용 연구실을 배정받아 사용하였다. 살머스 건축학과의 동료들은 언제나 친절하였고 행정실에서는 연구에 필요한 나의 모든 요구사항을 아낌없이 제공해주었다. 그러나 미국, 영국, 호주 등지로 연구 휴가를 갔던 동료들의 이야기를 들으면 독립된 연구실에서 나처럼 모든 설비를 무료로 받고, 연구비용은 한 푼도 내지 않으면서 지원을 받은 경우는 거의 드문 듯했다. 게다가 그들은 학과에 따로 아는 사람도 없으니 1년 내내 거의 영어 한마디 안 하고, 학과에서 누구와도 접촉 없이 혼자서 자기 연구실에만 조용히 왔다가, 조용히 사라지는 일이 허다하다고 하였다. 더욱이 가족을 동반한 남자 교수들은 흔히 학교에 나와 연구실에서 지내기보다는 자녀교육, 골프나 여행 등으로 1년간을 어영부영 소일하다가 귀국하여 한국 대학교수의 연구 휴가에 대한 이미지를 나쁘게 하고, 그로 인해 다음에 후배 교수들이 그 대학에 연구 휴가를 신청할 때에는 한국에서 오는 교수는 안 받아주겠다거나 아니면 연구 휴가 동안 반드시 며칠을 정기적으로 학교에 나오고 학과활동에 적극적으로 참여하겠다는 각서까지 요구하는 경우를 보았으니 교환교수로서는 부끄러운 일이다.

점심때까지 집에서 게으르게 이것저것 하다가 나는 간단히 점심을 먹고 오늘은 벨레뷰에 가봐야지 하고 큰맘 먹고 나섰다. 그전에도 벨레뷰에 여러 번 가보기는 했었지만 몇 년이 지나 이제는 기억이 잘 나지 않았고 그동안 예테보리 교통 시스템이 변경되어 교통편을 인터넷에서 미리 찾아서 알아두고 자신 있게 집을 나섰다. 벨레뷰의 가게들이 주말이 아닌 평일에도 열까? 잘 모르겠으나 하여튼 가보자고 나섰다. 잘 모를 때에는 망설이는 것 보다는 직접 부딪쳐보고 시행착오를 겪는 것이 속이 시원하다. 그것이 내가 홀로 외국에 살면서 터득한 이론이다. 집에서 나와 16번 버스를 타고 브룬스파르켄에서 내려, 11번 전차로 갈아타고 20분 정도 지나니 눈에 익숙한 벨레뷰의 풍경이 나타났다. 아름다운 언덕이 있고 그다음에 조금은 을씨년스런 풍경과 건물들이 있는 벨레뷰가 나오는데, 원래 "아름다운 곳"이라는 뜻의 이름과는 정 반대다. 예전에 방문했던 미국 시애틀Seattle에도 같은 이름의 벨레뷰가 있어서 그 이름은 잊혀지지 않는다. 벨레뷰는 시내 변두리라 그렇겠지만 이곳에 오면 스웨덴 사람은 별로 없고 터키, 중동, 아프리카 등지에서 온 이민자들이 많이 살아서 거리에도 온통 이민자들뿐이고 옆에서 들리는 말도 스웨덴어보다는 아랍어 또는 아프리카식의 영어가 많이 들린다. 게다가 그 외국인 중에 나도 한몫 끼었으니 나는 이곳에서 유일한 동양인이다.

겨울이라 그런지 주변에는 사람들도 별로 없었고 한산하였다. 2002년의 기억을 더듬어 길을 찾아가 보니 예전 그대로의 길이 나타나 꿈속에서 찾아온 듯 신기하였다. 하여튼 세계 각국의 모든 이방인들이 모인 이곳에 나도 한 몫을 차지하고 걷기 시작하였다. 이곳에선 온갖 물건을 싸게 파는데, 예전에 무거운 중고 싱거Singer재봉틀을 사서 끙끙대며 굴드헤덴의 전차 종점부터 닥터 포셀리우스 바케Doctor Forcelius backe의 아파트까지 걸어왔던 기억이 살아났다. 당시 기억을 되새기며 "벨레뷰 마르크나드Bellevue Marknad"에 가보았다. 찾아가 보니 실망스럽게도 그곳은 토, 일요일 오후에만 연다는 간판이 붙어 있고 문은 굳게 닫혀 있었다.

할 수 없이 그곳을 떠나 가까이에 있는 오리엔탈 푸드Oriental food라고 쓴 슈퍼에 들렀다. 이 슈퍼는 그전에 민정이와 가끔 와서 들르던 곳이었다. 밖에서 보면 별로 커 보이지 않는데 막상 안으로 들어가 보면 가게가 어마어마하게 커서 한국의 대형 슈퍼마켓을 연상시키는 규모인 데다가 이 지역에 터키 이민자들이

어렵게 찾아갔으나
문이 닫힌 벨레뷰 마르크나드 입구

많이 사니까 터키 식품이 많아서 우리에게는 오히려 시내의 슈퍼보다 구미에 당기는 물건들이 더 많았다. 커피, 잼, 오이피클, 올리브, 터키식 양젖 치즈, 채소, 빵 등, 여러 가지 물건들을 사고 나니 335크로나(60,000원)나 되었다. 가격이 예상보다 많이 나왔으나 전부터 사고 싶었던 물건들이라 그냥 사기로 하였다. 그런데 문제는 짐이 너무 무거워 배낭과 준비해 온 헝겊 가방에 가득 채웠는데도 들고 가기가 쉽지 않았다. 게다가 전차를 탔다가 버스를 한번 갈아타야 하는데 어깨가 무거웠다. 혼잡한 퇴근 시간 전에 버스를 타려고 나는 가게에서 조금 일찍 출발하였다.

집에 돌아와 오늘은 며칠간 벼르던 머리 염색을 한번 해보기로 하였다. 2005년 내가 예테보리에 왔을 때와 지금의 가장 큰 차이는 이제는 내가 흰 머리카락이 많이 생겨 정기적으로 머리 염색을 해야 하는 나이에 접어들었다는 것이다. 서울을 떠날 때 염색한 머리가 한 달이 되니 어느새 흰머리가 나기 시작해 추레해 보여서 걱정이긴 한데 여기에는 한국에서 사용하던 튜브에 든 크림식의 간편한 염색약이 없을 뿐만 아니라, 슈퍼에 가면 다양한 머리 염색약들이 비치되어 있지만 사려고 해도 설명이 모두 스웨덴어라 무슨 말인지 도무지 알 수가 없었다. 하는 수 없이 버리는 셈 치고 지난번 슈퍼에 갔을 때 하나 사두었던 염색약이 있었는데, 마침 나처럼 검은 머리인 프리다에게 물어 보았더니 같은 제품을 추천해 주었다. 그래서 용기를 내어 한번 머리 염색을 시도해 보기로 하였다. 글씨를 모르니 대강 설명서에 있는 그림을 보고 눈치로 시도해 보았다. 색깔은 무슨 색이 나오려나? 이상한 색이 나오면 어떡하지? 시간은 30분을 두라고 한 것 같은데 맞을까? 45분인가? 10분인가? 모든 것이 아리송하였다. 왜냐하면 설명서에 10, 30, 45, 모든 숫자가 다 쓰여 있었기 때문이었다. 그래서 고민하며 한번 시도해 보았다. 어차피 이곳 사람들은 가지각색의 머리 색깔을 가지고 있고 내가 원래 어떤 색깔의 머리색이었는지 아무도 아는 사람이 없으니 혹시 이상한 색이 나오더라도 크게 걱정하지 말자고 스스로 위로하였다. 그러나 이 약은 한번 개봉하면 두었다 사용할 수 없으니 부분 염색이 필요해도 할 수 없이 염색약을 머리 전체에 바를 수밖에 없었다. 걱정하면서 30분이 지나서 머리를 감고 거울을 보았더니 뜻밖에 잘 되었다. 아! 다행이다. 원래의 내 머리 색깔 그대로이니 이제 안심해도 되겠다. 다음에도 그대로 하면되니 한 달에 한 번씩 정기적으로 염색할 때마다 큰 걱정을 덜었다. 나는 이곳에서는 비싼 미장원에 안 갈 예정이므로 모든 것을 스스로 해결할 생각이다.

좀 이른 저녁에 벨레뷰에서 새로 사온 싱싱한 로만 샐러드와 캐슈넛, 삶은 감자와 계란 등을 넣고 맛있는 샐러드를 만들어서 맥주와 함께 먹으니 참으로 행복하였다. 리스베스의 집에는 체중계가 없으니 체중이 늘었는지 줄었는지도 모르겠고, 게다가 전신 거울도 없으니 내 모습을 볼 수가 없다. 매일처럼 맥주와 와인을 마시니 아마도 늘었을지도 모르겠다. 그러나 한편으론 매일 동물성 식품 대신 채소 샐러드만 먹고, 많이 걸었으니 줄었을지도 모르겠다. 하여튼 체중에 대해 그리 큰 신경은 쓰지 않기로 했다. 그래도 다음부터 맥주는 톡 쏘는 맛은 별로 없지만 3.5% 대신 2.8%로 바꿔봐야겠다. 스웨덴 사람들은 체중이 는다고 많이 걱정하여 몸 크기에 비해 참으로 조금 먹는다. 그래도 항상 자기들보다 많이 먹는 나를 보고 날씬하다고 부러워한다. 나는 네 시경부터 일찍 어두워지는 저녁 시간이 무료한 데다가 텔레비전도 없고 라디오도 없으니 혼자서 심심하여 밤에도 무언가를 자꾸 먹는 버릇이 생겼다. 때로는 평소 즐겨 먹지 않았던 단 것조차도 많이 입에 당긴다. 그래도 리스베스 집 찬장에는 단 것이 전혀 없다. 하다못해 커피에 탈 설탕조차 없다.

이언과의
반가운 만남,

끝없는
나의 질문

　　오늘은 지난주에 미리 이언과 약속한 대로 학교에서 만나 점심을 함께하기로 한 날이었다. 한밤중에 예테보리에 도착한 날, 이언이 눈 속에서 나를 리스베스의 집까지 태워다 주었는데 그날 이후로 따로 감사의 인사를 하지 못했었다. 그래서 내가 언제 샬머스에 오거나 시내에 나올 일이 있으면 한번 만나서 점심을 함께하자고 했었다. 나는 이언에게 고마움을 표시하고 싶었으나 수하물 무게 때문에 서울에서부터는 변변한 선물을 준비해 오지 못하였다. 대신 지난번 코펜하겐에 갔을 때, 큰맘 먹고 공항에서 독일의 전통 스피리트spirit를 한 병 샀다. 오늘 그걸 전해주려고 일부러 만나자고 한 것이었다. 한국과 일본에 다녀간 적이 있는 이언은 스웨덴에서는 한국 소주나 일본 사케를 구할 수 없다고 아쉬워했다. 그럴 줄 알았으면 소주를 사 올 걸 그랬나?

　　이언과 나는 12시에 만나서 오랜만에 건축대학 뒤편에 있는 아인슈타인Einstein 레스토랑에 가기로 하였다. 그곳의 음식이 학생 식당보다 1,000원 정도 더 비싸지만 음식의 질이 높았다. 주요리로 생선과 고기 두 가지 중 하나를 선택하고, 그 외에 샐러드,

빵, 음료, 커피, 쿠키를 포함하여 70크로나(12,000원)였다. 오늘 우리는 롱피쉬Långfish라는 생선을 택했는데 대구와 비슷한 흰 살 생선이었다. 생맥주와 함께 먹은 음식이 모두 맛이 좋았다. 요즘 혼자서 매일 샐러드와 빵, 맥주 또는 와인만으로 식사를 하다가 생선을 먹으니 오랜만에 균형 잡힌 식사를 한 것 같아 흐뭇하였다.

이번에 스웨덴에 와서 지난번 체류와 크게 다른 점은 내 연구실 가까이에 무엇이든지 쉽게 물어보고 도움을 청할 수 있는 동료가 없다는 것이다. 내가 처음 스웨덴 땅을 밟았던 1995년에는 이언과 한 연구실을 사용하였고, 이언 이외에도 카타리나와 가까운 연구실에 있었다. 두 번째와 세 번째로 온 2002년과 2005년에는 나만의 독립된 연구실을 사용했으나 바로 옆방이 이언의 방이어서 무엇이든지 어려운 일, 모르는 일이 있으면 쪼르르 달려가서 묻고, 그러면 언제나 그가 척척 모든 일을 쉽게 해결해 주었는데 지금은 이언이 은퇴하여 떠났을 뿐만 아니라, 몇 방 건너에 있었던 리스베스 마저도 올해 2월을 기점으로 은퇴하여 일부러 전화를 하지 않으면 만날 수가 없었다. 할 수 없이 급한 일은 내 연구실 옆방의 리타에게 묻고 지낸다. 그래서 그동안 아무에게도 마음 편히 이것저것 소소한 것들을 물어볼 수가 없었던 차에 이언을 만나니 무척이나 반가웠다. 버스를 타고 내릴 때 교통카드 이용법, 은행 이용법과 송금 수수료 따위의 전혀 학문적이지 않지만 내 생활에 무척 필요한 소소한 질문들을 많이 하였다.

점심 후에 우리는 학과 부엌에 들러서 커피를 마시고 나의 프로젝트에 대한 이야기를 하기로 하였다. 마침 부엌에는 아무도 없어서 자동커피머신에서 커피를 따라서 내 연구실에 가서 이

살머스에서
이언과의 재회

야기하려다가 이언이 지난번 학과 커피 모임에서 잠깐 인사하였던
모간을 만나보겠다고 하여 그의 방을 노크하니 우리를 반갑게 맞
아 주었다. 그는 스웨덴 노인요양시설의 담당 부서인 메디큐스<sup>Medi-</sup>
<sup>cus</sup>라는 기관에 소속되어 있어서 거기에서 50%, 살머스에서 50%
일한다고 하였다. 그는 박사학위 논문을 준비 중인데 특별부양시
설<sup>special care unit</sup>에 사는 노인들을 관찰 조사하고 특별부양시설에 대
한 스톡홀름, 예테보리, EU의 규정을 비교 검토하는 주제로 논문
을 쓰는 중이라고 하였다. 관찰조사 한 번에 드는 시간이 8시간 정
도로, 전체 120시간 정도 관찰조사를 하고 그 내용을 정리한다고
하는데, 내가 그 피험자 중에 치매 노인도 있느냐고 물었더니 피험
자 16명 중 7명이 치매 노인이라고 하였다. 그 김에 내가 한국에서
의 치매 노인 간병에 대한 이야기를 꺼냈더니 그는 아시아 국가는
아마도 가족들이 치매 노인을 돌봐야 하는 규범이 비슷한가 보다
고 자기의 필리핀 친구에게서 들은 이야기도 해주었다.

어려운

스웨덴
은행 업무

오늘은 은행에 가서 5월 스톡홀름에서 열리는 세계코하우징학회 참가비를 부칠 생각으로 가까운 거리에 노디아 뱅크<sup>Nodea</sup> bank가 있는지 2층에 사는 리스베스의 집 주인인 비르깃타에게 물어보았다. 비르깃타가 그 은행은 집 근처에는 없고 99번 버스 길을 따라 30분 정도 걸어가면 있다고 상세하게 주소를 적어주었다.

오늘은 걷기 운동을 하기로 작정하고 나선 길인데도 의외로 걷기가 힘들었다. 어제 오후에 눈이 많이 내렸는데 밤에는 기온이 풀려서 비가 좀 내렸다. 그러더니 오늘 아침부터는 온도가 영상으로 올라 눈이 몽땅 녹더니 길이 물바다가 되었다. 이틀 전까지만 해도 그렇게 산처럼 쌓여있던 눈과 꽁꽁 얼었던 길바닥의 얼음이 순식간에 녹아버린 것이다. 길은 어디나 발걸음을 피할 수도 없이 텀벙텀벙 빠지고 미끄럽기까지 하니 여간 조심스러운 것이 아니었다. 그래서 대강 느낌으로 두리번거리며 비르깃타가 알려준 장소를 찾아가니 30분 예정하고 떠난 길이 1시간이나 걸렸다.

저만큼 앞에 드디어 노디아 뱅크가 보였다. 아, 그런데 은행에 들어가 보니 웬 사람이 그리도 많은지? 20명도 더 넘는 사람들이 좁은 공간에 가득 차서 기다리고 있었다. 계속 서서 기다리다가 30분이나 지나서 가까스로 내 차례가 왔다. 나는 일부러 간단하게 처리한다고 학회 참가비 240유로를 스웨덴 크로나 대신에 정확하게 유로로 준비해 갔더니 자기네는 유로로는 돈을 받지 않는다고 한다. 그러면 240유로가 얼마인지 스웨덴 돈으로 환산해서 내 신용카드로 받으면 되지 않느냐고 했더니 유로가 얼마인지 자기는 환산할 수 없으니 나 보고 직접 시내에 있는 환전소에 가서 스웨덴 돈으로 바꿔서 다시 그 근처의 노디아 뱅크에 가서 부치란다. 이렇게 난감할 수가!!

　　　이런 경우에 우겨봤자 소용없으니 나는 하는 수 없이 버스를 타고 시내로 나와 환전소를 찾아갔다. 그런데 환전소에도 어찌나 사람이 많은지 사무실도 없는 길에 선 채로 30분은 더 기다렸다. 가까스로 240유로(408,000원)를 다시 스웨덴 돈으로 바꾸어 또 근처의 노디아 뱅크에 갔더니 거기에도 20여 명이나 기다리고 있어서 30분을 더 기다렸다. 게다가 가는 곳마다 무슨 수수료를 그리도 많이 받는지 한국에서 유로화로 바꾸느라고 수수료를 냈는데 여기서 다시 스웨덴 돈으로 바꾸느라고 이중으로 수수료를 냈고 은행에서는 또 150크로나(25,500원)나 송금 수수료를 내라고 한다. 같은 노디아 뱅크 지점으로 송금하는데 무슨 수수료를 150크로나나 받는 것일까? 도저히 이곳의 은행 시스템을 이해할 수 없었다. 이렇게 종일 은행 탐방을 하다가 해가 저물었는데 다리도 아프고 종일 눈 녹은 미끄러운 길을 오래 걸어서인지 몹시도 피곤하였다. 앞으로 매달 집세나 생활비를 지로로 내야 하는데 걱정이다. 한국에서는 은행에 갈 시간이 없어서 인터넷뱅킹만 했었는데, 그리고 은행에 가도 이렇게 줄줄이 서서 기다리지 않아도 되었는데 앞으로 살 일이 걱정이다. 무슨 좋은 방법이 없을까?

혼자
보낸

내 생일

　　오늘은 나의 생일이다. 짐작은 했었지만 역시 아무도 축하해주지 않는 혼자 보내는 생일이 되었다. 아무에게서 전화도 없고, 축하카드도 없고, 축하선물도 없는…… 더구나 항상 그렇듯이 무뚝뚝한 남편은 정말로 서울에서 생일 축하한다고 전화 한 통을 못한다. 내심 무척 섭섭하고 야속하였다. 오래전이지만, 1995년 내가 한국을 떠나서 코펜하겐에서 처음으로 맞이한 생일에도 그랬었다. 그때는 더구나 외국에 처음으로 나왔고 정말로 인터넷도, 이메일도, 아는 사람도 없어서 너무나 외롭던 때였다. 나는 순진하게도 한국과 덴마크의 시차 때문인지 모르겠다고 스스로를 위로하며 이제나저제나 온종일 집에서 전화가 오기를 기다렸다. 그러나 하루가 다 지나가도록 연락이 없어서 드디어 길가 공중전화에 가서 집으로 국제전화를 하면서 슬퍼서 펑펑 울었던 생각이 난다. 남편의 그 무뚝뚝하고 재미없는 성격은 세월이 지나도 변하지 않는다. 이번에도 내가 일부러 연락하기는 싫으니 그냥 두기로 하였다.

　　아침 일찍 눈을 뜨니 하늘이 어찌나 청명한지 눈이 부실 정도였지만, 기온은 의외로 차가웠다. 민정이가 지난 일요일에 전화하여 생일에 혼자라고 섭섭해 하지 말고 맛있는 것도 사 먹고 잘 지내라고 했는데 이번에는 정말 서운해 말고 혼자 잘 지내야지 하고 마음먹었다.

날씨가 추우니 딱히 갈 곳도 없고 햇살이 퍼지기를 기다려 산책이라도 할 생각으로 낮에 집을 나섰다. 우여곡절 끝에 31번 버스를 타고 종점인 "HJ(??)"라는 곳에 도착했다. 나는 그 정거장 이름이 너무도 길어서 도저히 외울 수가 없어 지금도 스웨덴 친구들에게 그 정거장을 이야기할 때는 그냥 "HJ Something"이라고 말하면 누구나 알아듣는다. 나중에 카타리나가 알려주기를 그 정거장 이름은 유명한 의사의 이름을 딴 것인데 너무 길어서 현지인들도 그냥 박카플란Backaplan이라고 부른단다.

박카플란에 내리고 보니 의외로 버스노선도 많고 정거장도 여기저기 흩어져 있어서 매우 번화한 환승센터였다. 나중에 알고 보니 이곳이 히싱엔Hisingen이라는, 이민자들이 많이 사는 지역의 중심지였다. 더구나 그곳은 넓은 쇼핑센터 지역이어서 이케아만 빼고 내가 본 스웨덴의 모든 브랜드 상표가 다 모여 있었다. 슈퍼, 구둣가게, 옷가게, 화장품가게, 액세서리가게, 전자제품가게…… 이것이 웬일인가? 나는 집에서 이처럼 가까운 곳에 이렇게 큰 쇼핑센터가 있는 줄 몰랐다. 반가워서 오늘은 여기에서 시간을 지내봐야겠다 생각하고 가게를 하나씩 들어가 보기 시작하였다.

나는 쫓아올 사람도 없고, 시간이 늦어도 무어라 나무랄 사람도 없는 자유로운 몸이므로 선물은커녕, 생일 축하 전화 한 통 없는 남편을 섭섭해 하지 말고 이 상황을 그대로 즐기자고 마음먹었다. 화장품 가게에서 견본 화장품도 발라보고, 옷도 이것저것 뒤져서 입어보고, 악세서리도 걸어보고, 구두도 신어보면서 천천히 시간을 보냈다. 스웨덴에서 좋은 점은 상점에서 우리나라처럼 점원이 손님을 절대로 쫓아 다니지 않는다는 것이다. 종일 옷을 몇 벌을 입었다 벗었다 해도, 몇 시간을 보내도 아무도 눈치를 주지 않고 상관도 하지 않는다. 오히려 손님이 필요하여 점원을 찾아도 그 조차도 쉽지 않을 때가 많다. 그것이 나는 참으로 마음 편하다. 옷의 가격도 생각보다 싸고 디자인도 좋았지만, 귀국할 때 비행기에 초과되는 짐을 만들면 안 되기 때문에 나는 또 사고 싶은 마음을 꾹 참았다.

그래도 나를 위해서 무언가 선물을 하고 싶은데 무엇이 좋을까 고민하다가 겨우 머리를 올리거나 뒤로 묶을 때 쓸 큰 머리핀 한 개와 머리 묶는 고무줄을 한 묶음 샀다. 근처에 시스템볼라옛(술가게)도 있어서 나중에 나를 위해서 와인 한 병과 꽃 한 다발을 살까 생각하고 우선 슈퍼에 들어갔다. 아! 그런데 그 크기에 나는 또 놀랐다. 인구도 적은데 이 많은 물건들은 누가 다 사는 것일까? 나는 스웨덴보다 인구가 훨씬 많은 우리나라의 24시간 여는 창고형 대형 슈퍼마켓이 더 큰 줄 알았더니 그게 아니었다.

스웨덴의 가게들은 흔히 밖에서 보면 그 크기를 짐작하기가 어렵다. 겉에서는 커 보이지 않는데 안으로 들어가 보면 생각보다 훨씬 더 공간이 넓기 때문이다. 이 슈퍼 "코업 포름Co-op Forum"도 마찬가지였다. 걸어도, 걸어도 물건은 끝이 안 보이게 많았다. 스웨덴어를 모르니 이것들이 모두 어디에 어떻게 쓰는 것인지도 모르겠다. 먹는 건지, 바르는 건지, 씻는 건지…….

나중에는 다리가 너무 아파서 결국 한꺼번에 보는 것을 포기하고 다음에 다시 와 보기로 하였다. 오늘은 무엇을 해먹을까? 고민하다가 무언지도 모르니 대강 그림으로 보아서 데워서 먹을 수 있는 즉석 냉동 파스타를 한 개 샀다. 그리고 몇 가지 잡동사니들을 사 가지고 걸으려니 짐이 무거워서 처음에 계획했던 와인도 꽃도 포기하였다. 우선 집에 따놓은 화이트 와인이 있으니 오늘은 자축으로 그걸 대신 마시기로 하고 집으로 돌아왔다. 리스베스 집에 이사 와서 처음으로 전기오븐을 켜보았다. 전자레인지가 있으면 10분이면 될 것을 오븐을 사용하니 그깟 냉동 파스타 하나 데우는 데 1시간은 족히 걸렸다. 나는 샐러드를 만들고 음료를 맥주로 할까, 와인으로 할까 망설이다가 오늘은 그래도 와인으로 하자고 마음먹고 음식을 모두 차려놓고 식탁에 앉았다. 집이 마침 서향이라 식탁에서 바라보니 해가 막 넘어간 하늘빛이 붉게 타올라 무척 아름다웠다. 항상 샐러드와 같은 찬 음식만 먹다가 모처럼 한 달 만에 처음으로 따뜻한 음식을 마주 대하고 와인 잔을 들고 황혼을 마주 보고 앉았다. 나는 외로운 것인가? 자유로운 것인가? 나는 혼자서 이 말을 영어로 소리 내어 읊어보며 소박한 음식을 먹고 기분 좋게 스르르 잠이 들었다.

　　　　나는 전부터 이상한 버릇이 하나 있는데, 그건 내가 술에 취하거나 꿈을 꿀 때 영어로 "술술" 말을 한다는 것이다. 아마도 처음 스웨덴에 와서 영어를 배울 때 술에 취하여 배운 탓일까? 꿈을 꿀 때도 종종 영어로 잠꼬대를 한다고 옆에서 자던 사람이 이야기를 해주어 비로소 알게 되었는데 그럴 때는 아마도 꿈속에서 스웨덴 아니면 덴마크 사람을 만나고 있었나 보다. 어쨌든, 나의 생일은 스웨덴에서 이렇게 홀로 자축하며 지나갔다.

모처럼 오븐을
사용하여 만든 생일 식사

메디큐스
견학과

리스베스
린달과의
만남

오늘은 샬머스에 와서 처음으로 견학을 가기로 한 날이다. 이언이 주선하여 모간이 다니는 메디큐스에서 전시하고 있는 노인주택 모델과 노인용 기계 보조장치technical aids를 보러 가기로 하여 아침 8시 반에 학교에서 셋이 만나 모간이 자기 차로 우리 둘을 전시회에 데리고 가 주었다. 학교에서부터 외곽에 있는 메디큐스에 가려면 시내를 통과해서 가야 하므로 모간이 자세하게 시내 건물에 대한 안내까지 곁들여 가며 운전을 해주었다. 사실 나는 이미 알고 있는 지역도 많았지만 내가 이미 알고 있는 곳이라는 이야기는 하지 않고 처음 온 사람처럼 흥미롭게 들었다.

전시회에는 1970년대 초의 노인홈을 그대로 재현해 놓고 거기에 최신형의 기계 보조장치를 전시해 놓았는데 담당 직원이 자세하게 1시간 정도 시범을 해 보이면서 설명을 해주었다. 전시품 중에는 노인뿐만 아니라 당장 나에게도 있으면 좋겠다 싶은 기구들이 많았다. 가장 인상 깊게 본 것은 전화기였는데 전화번호 대신에 가족사진을 6장 정도 크게 붙여놓아 그 사진의 얼굴만 누르면 그 사람과 전화연결이 되도록 한 것으로, 치매 노인과 같이 인지능

력이 많이 떨어져 숫자를 잊어버린 사람에게 요긴한 전화기였다. 또한 컴퓨터 사용에 서투른 노인세대의 특성을 고려하여 인터넷으로 오는 메일이나 사진, 문자 메시지 등을 TV 화면에 연결하여 리모컨으로 쉽게 조절하여 볼 수 있게 만든 장치도 있었다. 그리고 주택의 각 방에 있는 열쇠가 잠겼는지 모니터 하나로 확인할 수 있는 장치, 노인이 외출해서 길을 잃었을 때 위치를 추적할 수 있는 GPS 장치 등도 있었다. 대단히 어렵지 않으면서 일상에서 필요한 장치여서 우리나라에서도 전자제품 회사들이 개발한다면 바로 사서 쓰고 싶은 그런 제품들이었다. 특히, 관심 있게 본 것은 모든 시범용 LCD 모니터가 삼성제품이어서 그걸 보며 나는 몹시 우쭐해졌다. 요즘에는 스칸디나비아 지역에서 텔레비전, LCD 모니터, 휴대 전화, 컴퓨터, 노트북 등, 한국 전자제품의 위력이 대단하다. 덴마크와 스웨덴에서는 어디를 가나 삼성전자나 엘지전자의 제품이 많이 보급되어 있어 한국의 국력 신장을 느낄 수 있다.

　　오후에는 또 다른 약속이 잡혀 있었다. 3시에 리스베스 린달과 만나기로 이언이 미리 약속을 해놓아서 시내에 있는 그녀의 사무실에 함께 가서 최근의 프로젝트에 대한 결과물의 이야기를 듣기로 하였다. 리스베스는 심리학자로서 노인부양의 연구주제로 일하다 보니 국제학회나 스웨덴 국내세미나가 있을 때마다 같은 세션의 멤버로 종종 만났다. 더구나 이언과는 전부터 잘 알고 있는 사이고 공동 프로젝트도 진행하는 중이라서 셋이서는 연구주제가 같으니 이야기가 잘 통했다. 리스베스를 캠브리지 국제학회에서 2004년에 처음 만났는데, 나는 그녀가 한국 입양아인줄 알았다. 머리가 검정색인 데다가 멀리서 보면 꼭 한국 사람처럼 생겼는데 스웨덴어를 유창하게 말하니 한국입양아가 아닐까 오해하고 이언에게 물어보니 아니라고 했다. 그래서 나중에 리스베스와 인사를 나누었을 때, 나는 한국사람이라고 했더니 반가워하며 자기는 어머니는 일본 사람, 아버지는 스웨덴 사람이라고 했다. 스웨덴에서 태어나 자랐는데 부모가 일찍 이혼하여 독립하기 전까지는 아버지와 함께 살았다고 한다. 그런데 생김새는 유심히 보지 않으면 영락없는 동양인인데 단지 키와 골격이 커서 스웨덴 기질이 있어 보인다. 그녀는 성품이 참으로 따뜻하여 만날 때마다 나에게 살갑게 대해주었다.

리스베스의 이번 연구 프로젝트는 3개의 일반 주택단지에 사는 노인들의 접근성 개선요구에 대한 조사인데 의외로 노인은 물론 주택회사에서도 접근성 개선에 관심이 적은 것으로 나타났다고 서운해 하였다. 스웨덴은 워낙 유니버설 디자인universal design이 잘 보급되어 있는 나라이니 그런 결과가 의외였으나 스웨덴 전문가들도 접근성 개선에 문제가 많다고 인식하고 있는 듯하다. 리스베스는 나를 위하여 성의 있게 파워포인트 자료를 만들어서 영어로 발표해주었는데 참으로 고마웠다. 그리고 2008년 10월에 내가 샬머스에서 노인시설에 대한 세미나에 초청강연자로 와서 한국의 치매 노인시설에 대하여 발표하였을 때에도 나의 발표를 들으러 왔었다. 그 후 잠깐 개인적으로 만났을 때, 자기가 최근에 남편과 이혼하고 혼자 살고 있다고 하였다. 집도 서로 가까우니 날씨가 풀리면 언제 슬로츠코겐 공원에서 만나서 함께 산책하자고 하였다. 그녀는 딸이 30살로 손녀가 하나 있고 아들은 아직 결혼하지 않았는데 각기 따로 사니 자기 혼자 살고 있다고 한다. 내가 리스베스에게 참으로 젊은 할머니라고 했더니 스웨덴 사람들은 결혼을 일찍 하니까 아이도 일찍 낳아서 그렇다고 했다. 하여튼 오늘은 오랜만에 사람들도 많이 만나고 공부도 많이 하였다.

# 민, 민정, 안의

## 스웨덴
### 엄마, 아빠

인도에서 리스베스가 돌아오자마자 인도에서부터 피부에 무언가 나서 좀 신경이 쓰인다고 하였다. 크게 아프지는 않으니 얼마 있으면 나을 거라면서 오른쪽 옆구리에 빨갛게 띠 모양의 종기가 난 것을 보여주었다. 접촉성 피부염같이 보였으나 그리 심각해 보이지는 않아서 우리는 그만 피부병에 대한 생각을 접었으나 리스베스가 간호사에게 보이기 위하여 전화로 오후 2시에 만나기로 약속해 두었다. 스웨덴에서는 의사를 만나기 전에 아마도 전담 간호사를 먼저 만나는 것 같다. 그리고 그 후에 의사를 만날 필요가 있으면 의사와 약속을 한다고 한다.

오늘은 리스베스가 인도로 떠나기 전부터 아들 톰의 생일이 3월 4일이고 나의 생일이 3월 2일이니 합쳐서 3월 5일에 저녁 식사를 준비하여 함께 축하하기로 한 날이었다. 느지막한 아침 식사를 끝내고 시내에 있는 프렌치 카페에 가서 점심을 먹은 후, 2시에 간호사를 만나고 장을 보아 들어올 예정으로 둘이서 집을 나섰다. 저녁 식사에는 고민정과 폴, 레나와 볼프강, 그리고 트래드를 초대하기로 하고 시내로 장을 보러 나갔다. 그러나 톰이 나중에 전화하여 이번이 자기의 25회 생일이라 친구들을 저녁 식사에 초대하여 우리와 함께 식사할 수 없다고 하였다. 그 대신 좀 일찍 5시에 자기 집에 와서 여자친구인 에밀리와 트래드, 리스베스, 나까지 다섯이서 함께 식사를 하자고 하였다. 그리고 우리 어른들끼리는 토요일에 다시 리스베스 집에 모여서 식사하기로 일정을 변경하였다.

그러나 시내에서 간호사를 만나고 나온 리스베스는 대상포진이라는 병명을 듣게 되었다. 대상포진은 몸이 너무 피곤하거나 스트레스를 심하게 받으면 바이러스가 척추를 타고 침투하여 온몸에 띠 모양의 종기를 만드는 증세인데 통증이 무척 심하다고 들었다. 아마도 인도에서 한 달 동안 여러 가지 다른 생활방식과 문화적 차이로 스트레스를 많이 받았고 몸도 피곤했기 때문이 아니었을까? 하여튼 리스베스도 과로하지 말고 안정해야 되니 토요일의 저녁 식사 초대 계획은 취소하고 톰의 집에서 간단한 저녁 식사만 한 후 다시 시내에 나가 의사를 만나기로 하였다.

톰이 혼자서 살고 있는 집은 리스베스가 사 둔 집으로 한동네에 있어 걸어서 5분 정도면 갈 수 있는 곳이었다. 아파트의 겉모양은 리스베스가 현재 살고 있는 집과 똑같은 스타일로 3층짜리 목조주택인데 지은 지는 10년 정도밖에 안 되었다고 하여 내부는 훨씬 새로운 평면이었다. 리스베스의 집과 마찬가지로 역시 3층의 다락방 같은 형태였다. 25평 정도의 실내에는 그런대로 전망이 좋은 커다란 침실 1개와 자그마한 거실, 그리고 부엌 겸 식당, 워크인 옷장walk-in closet, 널찍한 욕실이 1개 배치되어 있었다. 대학생이 혼자 살기에는 호화로울 정도로 좋은 집이었다. 리스베스는 현재 비르깃타의 집에 세 들어 살고 있는데 나중에 비르깃타의 집을 비워주어야 하면 이리로 이사 올 예정인 것 같았다.

트래드와 나는 무척 오랜만에 만나서 여러 가지 인사말을 나누고 마치 가냘픈 코스모스를 연상시키는 에밀리와도 처음으로 인사를 나누었다. 그녀는 어찌나 청순해보이면서 아름다운지 참으로 사랑스러웠다. 정확히 묻지는 않았으나 톰과 사귄지는 꽤 된 것 같은데 원래 예테보리 출신이지만 지금은 웁살라 대학교에서 법학을 전공하여 둘이서 자주 만나지는 못한다고 한다. 아마도 톰의 생일이라 특별히 주말을 이용하여 온 것 같았다. 톰은 요리를 꽤 잘하는 듯 익숙해 보였고 에밀리는 그 옆에서 보조를 하고 있었는데 둘이서 서투르나마 음식을 준비하는 모습이 참으로 귀여웠다. 그들이 준비한 음식은 숙성시킨 연어 회, 채소 샐러드, 빵, 그리고 화이트 와인이 전부였으나 준비 시간은 적지 않게 걸렸다. 나는 톰의 생일축하로 튤립을 한 다발 사 가지고 갔다. 트래드는 길고 긴 올 겨울이 지루하고 싫다며 혼자 사는 노인의 어려움을 이야기했는데 연금 이외의 수입은 스웨덴어를 영어로 번역하여 생긴다고 한다. 트래드는 전에 만났을 때보다 몸도 많이 수척하고 늙어 보여 측은한 생각이 들었다.

리스베스도 그렇지만 트래드는 지훈이와 민정이를 마치 자기 친 자식처럼 챙기고 사랑한다. 특히 트래드의 지훈이에 대한 사랑은 더욱 각별하다. 리스베스 부부와 민정이, 지훈이, 또 다른 고민정이 서로 알게 된 것은 2002년 내가 예테보리를 떠나면서부터였다. 나는 2001년에 샬머스 대학교로 연구 휴가를 왔고 스칸디나비아 여러 대학의 석사과정 입시를 준비하는 민정이와 몇 달간 함께 지냈다. 다행히 민정이가 HDK 석사과정에 입학하게 되었고 반년간의 연구 휴가가 끝나서 나만 혼자 서울로 귀국하게 되었다. 서울로 귀국하는 나에게 리스베스가 민정이를 자기 딸처럼 돌보아

줄 테니 아무 걱정 말고 돌아가라고 하였는데 그 후 정말로 리스베스는 민정이의 스웨덴 엄마가 되었고 그 남편 트래드, 딸 미아 킴, 아들 톰과도 가족같이 지내게 되었다. 아이들끼리 나이도 그만그만하고 정이 많아서 그들 부부는 한국인이 거의 없는 스웨덴에서의 외로운 유학생 민정, 그녀의 친구 고민정, 지훈이를 자기들의 친자식처럼 챙겨주었다. 게다가 지훈이는 학교의 기숙사 배정이 어려워지자 미아 킴이 덴마크로 떠난 후에 그 방을 빌려 리스베스 부부와 한 집에서 살게 되었다. 그때 트래드는 지훈이를 "안Ahn"이라 부르며 마치 자기의 친아들처럼 따뜻하게 보살펴주었다.

지훈이와 민정이의 인연은 처음 민정이가 서울의 스웨덴 대사관에 대학원 유학생으로 입국비자를 신청하러 갔을 때 시작되었다. 그들은 그곳에서 우연히 만나게 되었는데, 더욱이 둘 다 한국 학생이 비교적 많이 가는 스톡홀름이 아니고 예테보리, 그리고 같은 예테보리 대학교에 경영학과와 디자인학과의 석사과정으로 유학을 가는 길이었다. 나중에 만난 고민정은 민정이의 기숙사 앞 방에 거주하여 우연히 만난 한국인 친구인데, 같은 예테보리 대학교 박물관학과 석사과정 유학생이었다. 이들은 한국학생이 없는 예테보리에서 삼총사로 서로 의지하며 친하게 학창시절을 보내면서 민정이를 통하여 자연스레 리스베스와 트래드에게 연결되었다. 결국 그들 부부는 민정Min, 고민정, 안 3명의 한국인 자녀를 가지게 되었다. 이 삼총사 중, 고민정은 나중에 스웨덴 청년 폴 헤닝손과 결혼하여 예테보리에 정착하여 아들 필립을 낳고 살고 있으며 민정이와 지훈이는 공부를 끝내고 서울로 귀국한 후 나중에 결혼하여 부부가 되었다. 지금도 예테보리에 가면 나의 모든 스웨덴 친구들, 리스베스, 트래드, 이언, 셔스틴, 헬레나, 카타리나, 레나,

볼프강, 비르깃, 라스 등이 민정, 고민정, 지훈이와 공동으로 친구
가 되는 것은 그러한 이유에서다. 이처럼 사람의 인연은 세상 어디
에 숨어 있는지 모른다.

그 후 리스베스와 트래드는 이혼을 하여 지금은 헤어져
살고 있다. 이곳 사람들은 리스베스와 트래드처럼 이혼을 하고도
친구처럼 자주 만나서 이런저런 시시콜콜한 이야기도 나누고 어려
울 때는 서로 SOS도 치면서 생활하는 것이 나 같은 한국인의 눈에
는 좀 이상해 보인다. 그러나 그들에게는 이런 관계가 참으로 자연
스러우니 나로서는 그리 손해될 것은 없다. 왜냐하면, 그들 부부가
이혼한 후에도 내가 좋아하던 사람들을 모두 한 자리에서 자유롭
게 만날 수 있기 때문이다. 그들은 현재 리스베스의 덴마크인 남자
친구에 대해서도, 그리고 트래드가 사귀는 여자친구들에 대해서도
이혼하기 전의 친구들과 함께 만나는 자리에서 스스럼없이 대화를
나눈다. 나에게는 새로운 경험이지만 좀 지내다보니 이쪽, 저쪽에
게 따로 숨기고 가릴 이야기가 없으니 한편으론 마음이 편하다.

민, 민정, 안의
스웨덴 엄마, 아빠
리스베스와 트래드

비스앵아를
설계한

여성 건축가
릴레모와의
만남

스웨덴에도 어느새 봄이 왔는지 기온은 아직 차갑지만 날씨가 무척 맑고 하늘이 저만큼 높이 올라가서 새파랗고 청명하다. 이런 날은 반드시 만사를 제치고 밖으로 나가 산책을 해야 하는 것이 긴긴 겨울 동안 실내에만 갇혀서 지내던 이곳 사람들의 생활방식이다. 리스베스와 나는 지난 2월에 나 혼자서 걸어보았던 눈 쌓인 길을 다시 걸어갔다. 그때는 너무나 눈이 많이 쌓이고 흐리고 추워서 산책하는 사람도 없었다. 그런데 오늘은 바닷가의 햇볕이 좋아서 그런지 사람들이 길가 벤치에 참새들처럼 나란히 앉아서 해 바라기를 하는 것이 신기해 보였다. 카페 실내에 있는 따뜻한 자리보다는 밖에 놓인 의자에 사람이 더 붐비니 아직도 춥다고 느끼는 나에게는 신기해 보였다. 나 같으면 돈을 주고 앉으라고 해도 아직은 추워서 밖에 있는 자리는 사양할 텐데…….

에릭스베리Eriksberg 수상버스 정거장을 지나서 바닷가를 끝까지 따라가니 리스베스가 추천하던 이탈리아 카페가 나왔다. 거기서 커피를 한 잔씩 마시기로 하고 안을 들여다보니 면적은 작은데 사람들이 하나 가득 차서 어디에 앉을 수 있으려나 걱정하며 들어갔는데 마침 구석에 둘이 앉을 수 있는 좁은 자리가 있어서 일단 들어가 보기로 하였다. 이번에는 내가 커피 두 잔과 함께 단맛이 강한 페이스트리를 두 개 주문했다. 커피 두 잔을 사는데 줄이 한없이 길어서 한 20분은 족히 걸린 것 같다. 한국에서 우리는 워낙 빠른 속도로 살아온 사람들이라 이런 문화가 처음에는 익숙하지 않았는데 나도 점점 느긋하게 사는 법을 익혀야겠다.

좁은 자리에 잠시 앉았는데 운 좋게 창가 자리가 나서 다시 옮겨 앉았다. 유리창 너머로 들어오는 따뜻한 햇볕을 눈부시게 바라보며 바다를 마주하고 앉아 커피를 마시고, 달고 단 페이스트리를 씹으니 행복하였다. 바쁠 것도 없고, 집에 급히 들어가 살림해야 할 부담도 없고, 또 기다리는 사람도 없으면서 내가 하고 싶은 대로 살고 있는 요즘의 내 생활에 무척 감사하다.

오늘 저녁에는 리스베스의 오랜 친구인 릴레모가 온다고 한다. 스웨덴에서 유명한 여성 건축가인 릴레모는 스웨덴 북쪽 지방인 달라나Dalana에서 1주일간 니아Nia 라는 힐링 프로그램에 참여하고 남부의 스코네Skåne에 있는 자기 집으로 돌아가는 길의 중간 지점인 예테보리에서 하룻밤 묵어간다고 한다. 집에 돌아와 리스베스는 시간이 걸리는 오븐에 익히는 채소 요리를 만들고 나는 할 줄 아는 게 샐러드밖에 없으니 그걸 만들었다. 주식은 빵 대신 흰색과 초록색의 두 가지 브로콜리와 감자를 찐 것이다. 저녁 준비가 다 되어 갈 무렵에 릴레모가 들어섰다. 나는 릴레모를 개인적으로는 잘 모르지만 거의 10년 전에 치매 노인 구룹홈에 대한 연구재단의 프로젝트를 진행할 때 스웨덴 남부 위스타드 근처에 릴레모가 설계한 유명한 비스앵아Vigs Ängar 노인홈을 견학한 적이 있었다.

그때 이언의 소개로 인사를 한번 나누었고 그 이후로는 리스베스를 통해서 가끔 이야기를 들었을 뿐이다.

릴레모는 리스베스와는 고등학교, 샬머스 대학교 건축학과 동창이라서 35년간 매우 절친한 친구사이라고 한다. 릴레모는 리스베스를 통하여 민정이도 알고 있어서 내가 민정이의 엄마라는 사실만 간접적으로 알고 있었다. 릴레모는 노인홈 설계의 권위자일 뿐만 아니라 엔트로포소픽 이론Antroposophic theory에 따라 비스앵아를 직접 설계하고 운영하면서 세계 각국에서 많은 방문객들이 찾아왔다고 한다. 그녀는 시설 운영에 대한 일가견이 있어서 무슨 조직이든지 위에서부터 지시하는 통치 방법이 아니라 사용자와 직원의 입장에서 필요로하는 리더십을 실천하는 것이 중요하다는 철학을 직접 실천하여 평판이 대단히 좋았다. 이제는 비스앵아를 다른 사람에게 물려주고 자신의 건축회사를 운영하는데 엔트로포소픽 이론에 의한 건강 프로그램에 관심이 많아 종종 프로그램에 합숙하면서 참여하고 식품도 리스베스와 마찬가지로 오가닉organic 식품만 먹는다. 그들 둘이서 먹는 음식을 보면 채소, 요구르트, 녹차, 물 위주다. 게다가 먹는 분량도 매우 적어서, 한국에서는 나를 보고 식사량이 적다고 하지만 이들과 비교하면 나는 대식가다. 그들 앞에 있으면 나는 동물성 식품, 비 오가닉 식품, 커피, 맥주나 와인 등 음주를 자주하고 식사량이 많은 야만적인 식생활을 하고 있는 듯한 느낌을 받는다. 그래서인지 나는 우습게도 요즘 항상 배가 고프다. 정말로, 배가 고프다.

릴레모는 영어를 잘 못하므로 최소한의 의사소통만 영어로 하는데 모처럼 만난 친구 사이에 내가 끼어서 셋이서 영어로 이야기하려니 불편하고, 그렇다고 스웨덴어로 말하자니 내가 꾸어다 놓은 보릿자루 같고…… 이러한 상황이 나에게는 여러 가지로 좀 난감하였다. 그리고 또 잠은 셋이서 어떻게 자야 하나? 카타리나에게 전화하여 주말에 하루 재워달라고 할까? 그것도 그리 마음이 내키는 일은 아닌데 내 입장이 하도 곤란하여 마음이 불편하였다. 그래서 솔직하게 리스베스에게 셋이서 자는 게 불편하지 않겠느냐고 물었더니 자기는 셋보다 더 여럿이 자본 적도 많으니 전혀 불편하지 않다고 하였다. 그러면 하룻밤 지내보자 생각하고 못 이기는 척, 셋이서 자 보도록 하였다. 릴레모는 코를 골기 때문에 혼자 자는 것이 좋다고 하여 내가 사용하던, 방에 있는 침대를 그녀에게 내어주고 나는 여분의 메트리스를 거실에 펴놓고 리스베스의 소파베드 옆에 방향을 달리하여 잠자리를 마련하였다. 걱정과는 달리 낮에 많이 걸어서 그런지 피곤하여 의외로 쉽게 깊이 잠이 들었다. 오늘 같은 날에는 내 집이 없으니 참으로 마음이 불편하다. 어찌해야 좋을까? 그렇다고 달리 갈 곳도 없으니 리스베스도 그렇겠지만 약간 내 신세가 서글퍼지려고 한다.

## 카타리나와의

# 이케아
# 나들이

오늘은 리스베스의 일정이 바뀌어 덴마크에도 안 가기로 하였고 릴레모도 와있어서 주말을 꼬박 셋이서 함께 지내자니 참으로 내가 난처한 입장이 되었다. 어쨌든 오늘은 눈치껏 내가 외출을 해주는 것이 좋겠다고 생각했다.

아침 10시가 되기를 기다려 내가 카타리나에게 전화하여 오늘 이케아에 가자고 하였더니 고맙게도 카타리나가 자기 차를 가지고 리스베스 집 앞까지 와서 나를 데리고 가겠다고 한다. 한참 스트레스를 받던 차에 그녀가 어찌나 구세주 같았던지! 둘이 만나 카타리나가 친구들과 함께 곧잘 간다는 이케아 근처의 박케볼 Backebol 쇼핑센터의 한 식당에서 우선 점심을 먹고 이케아에 가기로 하였다. 이케아 안에도 식당이 있기는 한데 주말에는 워낙 사람이 많고 시끄러워서 카타리나는 친구들을 만날 때 이 식당을 자주 애용한다고 한다. 주변이 변두리다 보니 식당이 그다지 고급스럽지도 않고 손님들의 수준도 높지 않지만 이케아 식당보다 더 널찍하고 밝고 조용하여 이야기하기에는 더 낫다고 한다. 이곳을 카타리나와 그 친구들은 농담으로 "안티 미들클래스 식당anti-middle class restaurant"이라고 부른다고 한다. 언제나 들어보면 카타리나의 친구들은 우스운 이야기도 잘하고 참으로 명랑하다.

지난주에 카타리나는 내 생일을 3월 3일로 잘못 알고 그날 축하 전화를 해 주었었다. 그런데 내가 생일은 이미 하루가 지났고 혼자서 박카플란이라는 쇼핑센터 지역을 찾아내어 그곳에서 하루 종일 돌아다니다가 내 선물로 머리핀 하나를 샀다고 했더니 웃으면서 미안하다고 하였다. 그래서 오늘은 늦었지만 생일축하로 자기가 점심을 사겠다고 하여 둘이서 연어요리를 주문해서 먹었다. 나는 또 왜 그리도 배가 고팠던지 연어는 물론, 사이드 디쉬로 따라 나온 수북한 삶은 감자까지 싹싹 다 먹어치웠더니 카타리나가 먹은 분량의 두 배는 더 먹은 것 같았다. 카타리나는 언제나 나에게 자기보다 많이 먹는데 날씬하다고 하여 우리는 또 각자의 음식 먹은 접시를 보고 웃었다.

그러나 며칠 동안 리스베스와 함께, 게다가 릴레모까지 합세하여 건강식으로 채소 샐러드와 삶은 감자 작은 것 한두 개, 그리고 물만 마셨더니 참으로 배가 고팠다. 그들은 빵조차 푸짐하게 먹지 않는다. 그러나 난 카타리나에게 그런 이야기는 하지 않았다. 하여튼 스웨덴 여성들은 체격 크기에 비하여 생각보다 적게 먹는다. 내가 살이 찌려는 것일까? 왜 계속 배가 고플까? 뱃속에 거지가 들어앉았나? 그래도 어쩌다 욕실에서 나의 배를 거울에 비춰보면 살이 찌기는커녕 갈비뼈가 아른거리게 보인다. 이렇게 갈비뼈가 아른거리기는 내 평생에 처음이다. 한국에서보다 더 많이 먹는 것 같은데 덜 먹나? 참으로 이상하다.

스톡홀름
학회

참가 준비와
스카겐 여행

한국에서 친구들이 보내온 이메일을 보니 요즘 이곳은 모처럼 기온이 좀 풀려가고 있는데 한국은 거꾸로 추워졌다고 한다. 기온이 풀린다고 해도 아침에는 영하 2~3도고 낮에는 약간 영상으로 올라가는 정도지만 한 달 전에 비하면 얼마나 큰 변화인지 모른다. 햇볕이 좋았던 지난 주말에는 모처럼 영상 6도까지 올라가서 길에 몇 달 동안 산더미같이 쌓여 있던 눈이 어느 정도 녹아서 비로소 길바닥이 보였다. 하도 오랫동안 눈이 쌓여 있어서 나는 여기에 와서 여태 원래 도로가 어떤 모습인지 알 수가 없었다. 그래도 아직 인적이 드문 곳에는 여전히 눈이 산더미같이 쌓여 있다.

나는 요즘 주거학연구회의 멤버인 교원대학교의 조재순 교수님이 5월 초에 이곳 스톡홀름에서 열리는 세계코하우징학회에 참석하기 위해 오기로 되어 있어 그 준비로 신이 나 있다. 그녀의 대학원 학생인 김미향 선생이 코하우징을 주제로 한 석사학위 논문 준비로 학회에 동참한다고 하여 세 명이 함께 학회에 참석하기로 하였다. 마침 2009년에 미국 시애틀에서 열렸던 코하우징 학회에서 만난 일본인 친구 후미 구로다Fumi Kuroda도 남편과 함께 그 학회에 온다고 메일이 와서 그들도 스톡홀름에서 다시 만나기로 하였다. 올해가 연구 휴가인 조재순 교수님은 미리 4월 초에 한국에서 맨체스터로 떠났다가 거기에서 예테보리로 오고, 김미향 선생은 서울에서 직접 오는데 도착 시각을 비슷하게 맞추어 예테보리 공항에서 셋이 만나기로 하였다. 그들이 도착하는 4월에는 내 아파트가 있으므로 셋이서 예테보리에 머무르는 5일 동안 좁더라도 한 방에서 함께 끼어서 자 볼 생각이다. 그 일행은 학회 시작 전인 4월 28일에 미리 예테보리로 와서 스톡홀름으로 가기 전 5월 2일까지 5일간 이곳 구경도 하고 스텐나라인Stena Line 페리를 타고 덴마크 북부 프레데릭스하운Frederikshavn과 스카겐Skagen으로 당일 여행도 계획하였다.

북부 덴마크 여행코스는 1995년 처음으로 나의 외국인 친구와 함께 갔던 곳인데, 그는 19세기의 유명한 덴마크 화가인 미켈 앵커Michael Ancher와 안나 앵커Anna Ancher 부부의 작품을 좋아하여 그들의 고향인 스카겐에 있는 미술관에 가보고 싶어 하여 갔었다. 그 후 2002년 여름에 민정이와 둘이서 또 다시 같은 일정의 여행을 갔었는데 그때는 스카겐 해변에서 점심을 너무나 맛있게 먹었던 생각이 난다. 한여름의 청명하고 따끈따끈한 태양 아래에서 시원한 바닷바람을 쏘이며 옛날 생선 창고를 개조하여 만든 빨간 목조 건물 식당의 야외 식탁에서 먹었던 고소하고 바삭한 피쉬 앤 칩스fish and chips와 시원한 투보 생맥주의 맛은 그 후 어디에서도 다시 찾아볼 수 없었다.

그때 프레데릭스하운에서 스카겐으로 가는 기차를 탔는데 깨끗한 기차 안에 승객이라고는 민정이와 나 둘밖에 없어서 기

바삭거리는 생선튀김이 맛있는
스카겐의 피쉬 앤 칩스 레스토랑

우리가 독차지한
텅빈 스카겐 기차

시원한 스카겐의
바닷바람을 맞는 민정

차 안에서 마음대로 떠들며 사진도 찍으며 기차 한 칸을 전세 낸
것처럼 즐겼었다. 우리는 스카겐에 도착하여 덴마크의 땅끝마을
그레넨Grenen을 향하여 계속 바닷가를 걸어갔는데 오후에 날씨가
흐려져 빗방울이 떨어지면서 바람이 매우 세게 불었다. 해변에 우
리 둘 이외에는 아무도 없었고 바람이 심하여 우산이 날아갈 것 같
았고 모래밭에 발이 푹푹 빠져서 걷기가 몹시 힘들었었다. 잔뜩 흐
린 날씨에 바람은 세게 불고 모래밭 언덕 위에 해당화가 여기저기
무리지어 피어 있던 을씨년스런 풍경은 미켈 앵커와 안나 앵커의
그림에 자주 나오는 스카겐 바닷가의 고단한 어부들의 생활모습을
그대로 떠올려 주었다.

　　　그날 저녁에 프레데릭스하운에서 예테보리로 돌아오는
페리를 타려고 여권검사를 받았는데 세관원이 우리를 보고 어느

나라 사람이냐고 묻기에 남한 사람이라고 했더니 무식하게도 그가 우리를 북한 사람인 줄 알고 계속 비자가 필요하다고 우겼다. 우리는 여권에 보면 분명히 Republic of Korea<sup>ROK</sup>로 되어 있으니 잘 보라고 해도 듣지를 않아서 그 직원과 실랑이를 하다가 결국 페리를 놓치고 말았다. 그 후에 가까스로 사태가 해결되어 마지막 페리를 겨우 탔던 기억이 난다. 2002년의 일이니 벌써 8년 전의 일이다. 그러한 일은 내가 탈린을 여행할 때 에스토니아와 핀란드를 이어주는 헬싱키의 탈링크 페리<sup>Tallink Ferry</sup>에서도 있었기 때문에 이곳 스칸디나비아에서는 남한과 북한을 정확히 구별하여 말하는 것이 매우 중요하다. 현지인들에게 물으니 사실 스칸디나비아에서는 남한보다는 북한과의 수교가 먼저 이루어져서 북한의 인지도가 더 높기 때문이라고 한다.

# 혼자
## 먹는

### 식사

　　전에 연구 휴가를 왔을 때는 이언의 연구실이 바로 옆방이어서 그가 항상 점심시간에 나를 챙겨서 함께 여기저기 식당을 번갈아 다녔다. 그런데 이번에는 주로 점심을 연구실에서 혼자 먹는다. 학과에 공동부엌도 있고 학교 식당도 있지만 친하지도 않은 사람들과 함께 앉아서 식사하는 것이 부담이 되고 어색하여 기회를 봐서 사람이 적을 때 얼른 부엌에서 커피를 따라다가 내 연구실에 가져가 집에서 싸 온 샌드위치와 함께 먹는다. 식사시간도 5분이면 끝나고 한국 음식처럼 냄새도 안 나니 간단하다. 주로 그렇게 간단한 점심을 먹는데 배가 아주 고플 때는 가끔 혼자서 학교식당에 갈 때도 있다. 식당에도 다른 사람과 특별한 약속이 없으면 좀 덜 붐비는 시간에 미리 가거나 좀 늦게 다녀온다. 학교에 1만 명 정도의 인구가 있으니 12시에 가면 앉을 자리도 없거니와 주문할 때 줄을 길게 서서 기다리는 게 별로 마음에 안 든다.

　　샬머스 캠퍼스 안에는 식당이 세 군데나 있어서 이곳, 저곳으로 바꾸어 가며 사 먹는데 보통 우리 돈으로 만 원 정도에 샐러드, 빵, 메인디쉬(고기나 생선 중 택일), 음료(물, 주스, 라이트 맥주

중 택일), 그리고 커피와 쿠키까지 포함된다. 학교식당이니 셀프서비스지만 일품요리로 파스타도 있고 채식주의자 식사, 샌드위치까지 있다.

또 고기를 먹고 싶을 때는 10분 정도 더 걸어서 바로 학교 문밖에 있는 그리스 식당인 귀로스<sup>Gyros</sup>에 가서 양고기 케밥과 터키식 난, 샐러드, 음료로 된 식사를 사 먹기도 한다. 이 식당의 주요리는 양고기 케밥으로 전혀 냄새도 안 나고 약간 짭짤한데, 잘게 썬 호배추(양배추와 구분하여 여기에서는 Chinese cabbage라고 부른다)와 올리브를 넣어 만든 간단한 샐러드와 함께 먹으면 간이 딱 맞는다. 가격도 학교 식당보다 좀 더 싸서 65크로나(8,000원) 정도다. 이곳은 내가 샬머스에 처음 왔을 때부터 이언의 소개로 알게 된 식당이다. 오래되었는데도 그리스 사람인 주인도 안 바뀌고 메뉴도, 맛도 그대로다. 단 한 가지 불편한 것은 주인과 영어가 안 통하여 그림을 보고 대강 손가락으로 메뉴를 짚어서 주문해야 한다는 것이다. 혼자 가서 주문할 때 말이 안 통하면 손님 중에서 영어를 알아듣는 사람이 통역을 도와주기도 한다. 스웨덴의 다른 식당과는 달리 연중무휴로 늦은 시간까지 여니까 일요일에도 올 수 있어서 좋았다. 학생들을 대상으로 하는 식당이니 값도 싸고 양도 푸짐하여 점심시간에는 특별히 뜨끈한 수프와 난을 20크로나(3,400원)의 커피한 잔 값으로 파는 날도 있다. 나는 특히 작은 바구니에 듬뿍 담아주는 따끈한 난을 좋아하는데 분량도 푸짐하여 정규 분량을 주문하면 남기기에 보통 반 분량짜리를 주문한다.

요즘에는 기름기도, 설탕도, 단 음식도 전혀 안 먹으니 오히려 그런 음식이 입에 당긴다. 그런데 리스베스는 식이요법인지 고기, 계란, 전지우유로 만든 요구르트, 단 음식, 단 과일, 설탕, 동물성 식품을 전혀 안 먹으니 어떤 때에는 한국에선 입에도 안 대었던 달콤한 과자, 달콤한 커피, 그리고 달콤한 요구르트까지도 그렇다. 리스베스의 식단이 건강식이기는 하지만 나는 그 식단을 따라가자니 항상 배가 고프다. 그렇다 보니 일기에도 자꾸만 원초적으로 여러 가지 먹는 이야기를 하게 되어 내가 생각해도 우습다. 4월에 내 아파트로 이사가면 한번 혼자서 푸짐하게 닭고기도, 돼지고기도, 쇠고기 요리도 해먹어 봐야겠다.

　　내가 코펜하겐 반뢰세에서 혼자 살았을 때는 개인이 세를 주는 집이라 그런지 냉장고에 냉장실만 있고 냉동칸이 없었다. 그래서 고기를 먹고 싶어도 아무리 적게 사도 남아서 냉동을 해야 하는데 그럴 수가 없어서 아예 1년간 집에서 고기 요리를 해먹지 않았다. 그 대신 주말에 집 앞에 있는 슈퍼 부룩센<sup>Super Brugsen</sup>에 가면 즉석에서 전기오븐에 돌려가며 구워서 파는 로스트 치킨, 로스트 포크, 또는 후추와 허브를 잔뜩 뿌려서 훈제한 고등어구이가 있었다. 노릇노릇하게 구워지고 살짝 기름기가 흐르는 로스트 포크 한 덩어리를 사다가 도톰하게 썰어서 투보 맥주와 함께 먹으면 그렇게 맛있을 수가 없었다. 그 후 서울에 돌아가서도 그 로스트 포크의 맛은 잊지 못하였다. 그런데 예테보리로 이사 오니 여기에는 그런 음식을 파는 슈퍼가 없다. 육류는 대부분 신선한 것, 아니면 냉동식품으로 파니 혼자 사는데 조리기구도 마땅치 않고 부산스럽게 냄새 피우며 조리하기도 싫어서 사다 먹지 않았다. 이런 생각을 하니 침이 막 나오는 것 같다.

린드홀멘의

## 동네 영화관
## 구경하기

저녁에 집에서 걸으면 5분 안에 갈 수 있는 극장이 있어서 영화를 보러 갔다. 리스베스와 아래층의 비르깃타가 영화클럽 멤버라고 하는데 영화 상영일에는 돌아가면서 자원봉사를 하는 것 같았다. 비르깃타는 오늘 커피 당번이라며 영화 상영 시각인 7시 반보다 한 시간 일찍 집을 나섰다. 영화관은 옛날 문화재와 같은 오래된 건물이라 거의 황폐해져 못 쓰게 된 것을 동네의 뜻있는 사람들이 후원회를 만들어 재건시킨 것이라 한다. 이 건물은 무척 오래되고 낡았지만 운치가 있고 영화 상영뿐만 아니라 회의 장소, 파티, 그 외의 여러 가지 문화 활동을 한다고 한다. 그러므로 이 동네에서 일종의 커뮤니티 센터 역할을 하는 셈이다.

영화 상영도 영화클럽 자원봉사로 운영하므로 곁에서 보면 전혀 영화관 같지 않게 출입문도 작고 영화 광고 포스터도 안 붙이고 간판도 없어서 보통 건물과 똑같다. 그래서 영화는 홍보 없이 아는 사람만 알음알음 찾아오는 듯하다. 동네 게시판 어디엔가 영화 제목과 시간을 조그만 용지에다 프린트하여 붙여놓았던 것 같기는 한데 스웨덴어니 나는 잘 모르고 지나다녔다.

실내에 들어가니 천장이 높고 널찍한 공간에 자연스러

운 천연 목재로 만든 큼직한 테이블과 의자들을 배치하여 동네 사람들이 편하게 와서 커피와 차, 간단한 소프트드링크, 또는 케이크를 사 먹으며 쉴 수 있는 검소한 카페가 있었다. 케이크는 그날의 자원봉사 당번이 손수 집에서 만들어다 팔고 커피도 시내보다 싸게 파는데 맛도 있고 촛불 밑에서 먹는 분위기가 아주 좋았다. 평소에는 2주에 한 번 월요일 저녁 7시 반에 주 1회 영화 상영을 한다. 오늘이 바로 그날이라 영화는 무엇인지도 모르지만 한번 재미삼아 가보기로 하였다. 일찍 집에서 간단한 저녁을 먹고 영화 시작 30분 전쯤 미리 카페에 가서 후식으로 커피와 케이크를 사 먹으러 갔는데 봉사자들은 물론 관객들도 거의 동네 사람들이니 서로 다 아는 사이라 분위기도 좋았다. 봉사자들은 모두 시간적으로 여유있는, 나이 든 여자들이었고 영화 관객들도 노부부나 할머니 친구들이 많았다. 케이크 한 조각과 커피 또는 차 한 잔을 합하여 20크로나(3,400원)니 시중보다는 매우 싼데도 홈메이드 케이크는 맛까지 좋았다. 영화 입장료도 70크로나(10,000원)니 시중보다는 싸다.

　　영화 상영 시각이 되어 우리는 2층의 영화관으로 들어갔는데 전깃불 없이 깜깜하여 깜짝 놀랐다. 무대에 촛불을 켜고 그날 상영할 영화를 사회자가 나와서 짧게 소개를 하고 들어가더니 선전도, 예고편도 없이 직접 본영화로 들어갔다. 실내가 어두우니 옆에 앉은 사람의 얼굴도 안 보이고 한편으론 마음이 편하였다. 객석은 약 200석 정도 되는 것 같은 아담한 곳인데 어두워도 분위기는 좋았다. 오늘의 관객은 50명 정도밖에 안 되어 평소보다 적다고 하는데 어떤 때는 영화관이 가득 차기도 한단다. 사람들은 편하게 여기저기에 흩어져 앉아서 영화를 보았는데 다행히도 내가 지난번 시내에서 지루하게 보았던 국제 필름 페스티벌 때와는 달리 이번에는 영어로 된 다큐멘터리 영화라 내용 이해가 수월했다.

　　「줄 타는 남자Man on Wire」라는 영화인데 한평생을 줄타기에 전념하며 보낸 어느 프랑스 사람의 일대기를 다룬 다큐멘터리였다. 스토리 위주의 영화가 아니고 다큐멘터리니 별로 큰 재미는 없었지만, 이렇게 슬로우 템포로 사는 스웨덴 사람들의 모습을 보는 것이 재미있었다. 리스베스와 집에 돌아오니 밤 아홉 시. 영화관에 가기 전에 집에서 미리 채소 샐러드로 저녁을 먹으며 레드 와인도 한잔 마셨겠다, 카페에서 커피 한잔과 함께 맛있는 케이크를 두 조각이나 먹었겠다, 오랜만에 포만감이 있어서 배도 부르고 기분이 좋았다. 내가 서울에서 매일 저녁 동동거리며 지친 몸으로 직장에서 돌아와 외출복도 못 갈아입은 채 저녁밥을 준비하고 살았던 일들이 마치 딴 세상일처럼 아득하게 느껴졌다.

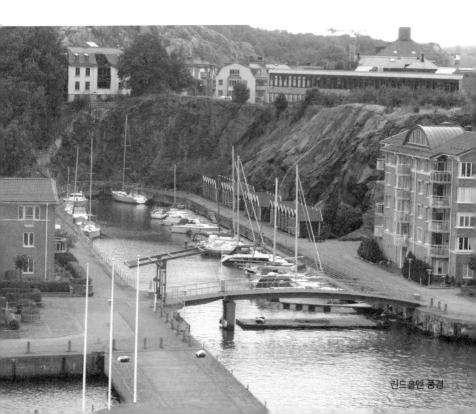

린드홀멘 풍경

샬머스 교수
할머니 클럽과의

저녁 식사

　　오늘은 내가 리스베스의 집에서 혼자 지내는 동안 신세를 많이 진 아래층의 비르깃타를 저녁 식사에 초대하기로 하였다. 그런데 리스베스와 나는 수요일에 시간적 여유가 없어서 간단한 오븐 생선 요리와 찐 감자, 샐러드를 곁들이기로 하였다. 각자 맡은 재료를 사 오고 비용도 나누어서 지불하기로 하였는데, 나는 3kg들이 화이트 와인 한 박스, 그리고 리스베스는 생선을 사기로 하였다.

　　저녁을 초대하는 김에 리스베스와 친하게 지내는 오래된 샬머스 건축과의 여교수 두 명을 더 불렀다. 은퇴한 카타리나 이크발은 내가 잘 모르는 사람이었고 솔베이 슐츠는 현재도 근무 중인 교수로 학교에서 가끔 만나서 서로 아는 사이다. 카타리나 이크발은 이번에 샬머스에 나를 초대한 피터가 자기의 학생이었는데 그가 이제는 샬머스의 교수가 된게 놀랍다며 어느새 제자들이 50대니 세월이 많이 흘렀다고 하였다. 솔베이는 겉보기에 교수보다는 아주 순박한 시골 할머니 같은 모습인데 말하는 것을 들으면 역시 교수답게 꽤 예리하다. 솔베이의 나이는 정확히 모르겠으나 겉보기에는 리스베스보다 더 많아 보이는데 아직도 근무하는 걸 보니 여기에서는 정년이 65세 이상인 경우도 있는가 보다. 비르깃타는 은퇴한지 오래되었는데, 내가 1995년에 처음 샬머스에 왔을 때 내가 소속된 주택디자인과의 교수로 있어서 나도 그녀의 강의를 한 과목 신청해서 들었었다.

나는 그동안 스웨덴 사람들은 남의 집에 초대받아서 갈 때 무엇을 사 가지고 가는지 내심 궁금했었다. 오늘 한 사람은 레드 와인 한 병, 또 한 사람은 튤립 꽃 한 다발, 그리고 나머지 한 사람은 작은 히아신스(이스터 릴리) 화분을 들고 왔는데 거기에 여분으로 집에서 만든 작은 케이크 한 조각을 비닐봉지에 싸서 들고 왔다. 모두들 소박한 선물인데 우리나라에서는 주로 과일이나 케이크 등, 먹는 것을 선물하는데 이들은 꽃을 많이 선물하는 것이 달랐다. 나도 그동안 스웨덴에서 남의 집에 초대받을 때 주로 와인이나 꽃을 사 가지고 갔으니 큰 실례는 안 했던 것 같아 다행이었다.

이들 세 명이 모이더니 자기들끼리 스웨덴어로 한참 떠들기에 의아해했었는데 나중에 나에게 영어로 이 나이에 모이면 모두 여기저기 아픈 이야기들을 하는 거라며 웃었다. 역시 할머니들은 어느 세상이나 마찬가지인가보다. 무슨 약이 좋고 어디가 어떻게 아프고 등등…… 눈치로 보니 아마도 그런 이야기들을 하는 것 같았다. 나는 상관할 바가 아니니 오히려 스웨덴어라 못 알아듣는 것을 고마워하며 마음 편히 와인을 마시고 식사를 하였다.

오늘 우리가 준비한 메인 요리는 송어 세 마리를 통째로 오븐에 구운 것인데 리스베스가 만드는 것을 보니 참 간단하였다.

생선가게에서 배를 가르고 내장을 다 빼어 손질해 온 송어는 마치 대구 같아 보였다. 그 뱃속에 잘게 썬 양파를 조금 넣고 레몬즙을 뿌리고 소금과 후추를 약간 뿌려서 200도 온도의 오븐에 넣고 약 1시간 정도 익히니 생선에서 약간의 즙이 나오면서 부드럽게 익힌 요리가 되었다. 송어의 생선살은 날 것일 때는 흰색이었으나 익히고 나니 연한 핑크색이 되었다. 맛도 비린내가 없이 담백하여 살만 각자 먹을 만큼 떠다 먹으니 아주 간편하고 좋았다. 나는 딱히 할 줄 아는 것이 없으니 채소 샐러드를 만들었다. 그 외에 감자, 당근과 브로콜리를 찜통에 넣고 찐 것이 메뉴였다. 우리는 한국에서 채소 샐러드에 항상 흰색 양배추와 보라색 양배추를 생으로 얇게 채를 썰어서 넣는데 내가 이번에도 보라색 양배추를 채 썰어서 넣었더니 솔베이는 생 양배추를 씹는 느낌이 아삭거려서 좋다고 새로워 하였다.

나는 흰색과 초록색 브로콜리를 사 와서 모두 생으로 샐러드에 넣으려고 했더니 리스베스가 놀라면서 자기네는 브로콜리를 생으로 먹지 않는다고 했다. 그다음부터는 반드시 익혀서 먹기는 하지만 나는 흰색 브로콜리는 익힌 것보다 아삭아삭 씹히는 생 브로콜리가 더 맛있다. 전에 여행했던 네팔에서는 흰색 브로콜리로 튀김을 해서 먹었는데 같은 식재료를 가지고도 나라마다 참으로 다르게 사용하는 것 같다.

세 명의 할머니들은 와인도 아주 잘 마시고 식사를 매우 잘한다. 그동안 리스베스와 릴레모가 먹던 식사 분량을 생각하니 그들의 2~3배는 더 먹는 것 같았다. 한편으로는 내가 항상 제일 많이 먹는다고 속으로 좀 부끄러워했었는데 이 할머니들이 먹는 양을 보니 나도 평균적인 사람인 것 같아서 마음이 편해졌다. 푸짐

한 식사에다 후식으로 아이스크림과 케이크, 커피, 차까지 마시고 나니 시간은 어느새 밤 10시가 되었다. 나이가 들어서도 이렇게 오래된 친구들이 있다는 것은 참으로 행복한 일이다.

나는 오늘 초록색 익힌 브로콜리를 먹으며 그 줄기를 얇게 썰어 끓는 소금물에 살짝 데쳐 주면 그렇게 잘 먹던 우리 집 강아지 오디 생각이 나서 보고 싶은 마음에 눈물이 났다. 나는 이렇게 오랫동안 외국에 나와서 생활할 때에는 사람에 대한 그리움 못지않게 강아지에 대한 그리움에 사무친다. 우리 집 앵두와 오디는 사람들처럼 말을 하지 못하니 전화도 못하고, 편지도 못하고 그저 왜 주인이 이렇게 오랫동안 안 돌아오나 궁금해하면서 매일처럼 현관 앞에 앉아서 나를 기다리고 있을 것이다. 이 동네에서 언제나 주인들과 산책하는 강아지들을 많이 본다. 그때마다 나는 앵두와 오디가 몹시도 그립다. 브로콜리를 보니 오디가 더욱 그립다.

보고 싶은 오디

# 비르깃과
# 라스의

## 저녁 식사
## 초대

저녁에 비르깃과 라스 부부가 리스베스와 나를 식사에 초대해서 다녀왔다. 그들은 내가 샬머스에 처음으로 오게 되었던 때에 같은 건축과에 연구원으로 있었다. 둘 다 매우 조용하여 복도에서 마주치면 가볍게 인사할 정도였고 나는 그동안 비르깃이나 라스와 그다지 친숙하게 지내지 못했었다. 그 후에도 내가 샬머스에 다시 돌아왔을 때나 귀국할 때 이언이 나를 위해 학과 전체적으로 모임을 추진하면 항상 그들 부부가 참석하였고 그때도 멀찌감치 앉아서 서로 인사나 하고 개인적인 이야기를 나눈 적이 없었다.

그런데 내가 없는 동안 민정이와 고민정이 예테보리에 살면서 오히려 리스베스를 통하여 그들과 더 친하게 지내게 되었다. 며칠 전 비르깃이 나에게 연구실로 전화를 하여 자기가 얼마 전부터 샬머스에 직원으로 다시 나오게 되었다고 점심시간에 학생 식당에서 만나자고 하여 둘이서 함께 점심을 먹은 적이 있었다. 그녀가 현재 학교에서 하는 일은 연구나 가르치는 일이 아니고 학부 학생을 대상으로 국제 교환학생 연결, 교환학생 학점인정, 건축대학 학생 대상 리더십 프로그램 개발 등의 학생지원 서비스 업무를 맡고 있다. 매일 아침 8시부터 저녁 5시까지 근무하고, 더구나 집에서 학교까지의 거리는 걸어서 갈 수 있는 거리니 이보다 더 좋은 조건의 직장은 그리 흔하지 않을 것이다.

비르깃과 라스, 레나와 볼프강, 그리고 리스베스와 트래드는 모두 아이들을 둘씩 가진 부부로, 예전부터 한동네에 살면서 같은 보육원의 학부모로서 알게 된 사이라고 한다. 이제 아이들은 모두 커서 대학생, 또는 이미 대학을 졸업하고 사회에 진출하게 되었지만 아이들은 아이들끼리, 부모들은 부모들끼리 다정한 친구가 되어 수십 년을 서로 왕래하고 지내니 참으로 보기 좋은 사이다. 그 부모들 세 커플 중에서 리스베스와 트래드 부부만 이혼하였으나 이혼 후에도 여전히 모두들 같이 만나고 왕래하며 지낸다. 이번에도 리스베스가 내가 1년간 샬머스에 오게 되었다고 모두에게 알린 모양이었다.

나는 비르깃과 라스 부부 집에 처음으로 가 보았는데 어쩌면 그리도 아기자기 예쁘게 해놓고 사는지 깜짝 놀랐다. 아마도 최근에 내가 가본 집 중에서 가장 예쁘다고 생각한다. 이 동네는 원래 1940년대 노동자들의 주거단지였다고 하는데 오래된 빨간 벽돌의 외장 재료가 무척 아름다웠다. 주거 공간의 전면이 좁고 그 대신 한 가구가 2~3층까지 한꺼번에 사용하도록 만든 노동자용 연립주택으로, 옛날에는 방 하나에 부엌과 거실 한 개의 단위 주택당 한 가구씩 거주하여, 한 라인에 4가구가 살았고 화장실도 밖에서 공동으로 사용했다고 한다. 지금은 외관을 그대로 두고 내부를 개조하여 한 가구당 방도 몇 개씩이고 화장실도 실내에 설치하였고 한 라인에 두~세 집이 산다고 한다. 비르깃의 집은 두 개 층을 사용하는데 밖에서 보면 오래된 빨간 벽돌의 색이 무척 아름답

오래된 붉은 벽돌이 아름다운
비르깃과 라스의 집

다. 그 안에 조그마하면서도, 옹기종기 있을 것은 다 있는 것이 참
으로 인상적이었다. 아래층에는 원래 있었던 현관, 거실, 부엌이
있고 뒷집을 터서 부부 침실로 개조하였는데 침실 안쪽으로 비르
깃의 서재가 있었다. 위층에는 라스의 서재가 따로 있었고 그 앞의
방들은 다른 가구가 산다고 하였다. 방 사방으로 전망이 참으로 좋
았는데 특히 뒤쪽으로 바라다보이는 언덕 겸 작은 숲은 자작나무
로 가득하여 여름에는 정말로 경치가 좋다고 하였다. 시내 한복판
에 이렇게 조용하고 오래된 주거단지가 있다니 참으로 놀라웠다.
집안에도 파스텔조의 은은한 스칸디나비아풍 색깔들로 칠하여 그
아름다움에 놀랐다. 비르깃이 귀띔하기를 라스가 색감이 뛰어나다
고 한다. 자그마한 부엌에는 온갖 필요한 것들이 잘 정비되어 있어
작은 공간인데도 불구하고 식당 겸용으로 사용하기에 전혀 손색
이 없었다. 아마도 사방이 창문으로 트여 있어서 실제보다 더 넓어
보이기 때문인가 보다. 구석구석 놓여 있는 오래된 골동품 장식들

도 재미있었다. 특히 식당 구석의 창고 문이 인상적이었는데 나무 문짝을 재미있는 그림으로 그려서 회색 바탕의 목재 벽 위에 부착 하였다. 기린, 새, 해, 나무 등을 우화적으로 그린 그 그림이 누구의 작품이냐고 했더니 의외로 라스와 딸들이 그렸다고 한다. 라스 가 나에게 그림 속에 코끼리도 있으니 한번 찾아보라고 하여 노력 했지만 찾지 못하였는데 나중에 코만 그린 것이 코끼리라고 하여 웃었다. 그 그림은 어린이의 상상력을 보는 것 같아서 재미있었다. 우리도 집에다 아이들과 함께 이런 문짝을 한번 만들어 보면 즐겁 게 작업할 수 있을 것 같다.

집 안에 들어서니 라스가 민정이와 고민정이 몇 년 전 여름에 자기 집 마당에서 불고기 바비큐를 해주었는데 맛이 좋았

라스와 딸들이
우화적 그림을 그린 창고 문짝

다며 칭찬이 자자하였다. 더구나 나는 라스와는 말을 직접 나누어 본 적이 없었기 때문에 그 사람이 그리 따뜻한 사람인 줄 몰랐었는데 오늘 보니 요리도 모두 자기가 직접하고 여러 가지 재미있는 이야기도 많이 하여서 친근감이 갔다. 비르깃은 60세 정도인데 금발로, 앞머리가 눈썹을 가리는 짧은 커트 머리를 하고 있다. 가까이에서 보니 어쩌면 그리도 귀엽고 미인인지 그들 부부는 잘 어울리는 한 쌍이었다. 비르깃은 13살 때부터 이 집에서 살았고 비르깃의 어머니가 같은 집 아래층에서 40여 년 간 사시다가 이번 3월 초에 96세로 돌아가셨다고 한다. 앓지도 않고 끝까지 건강하게 사시다가 평온히 돌아가셨다고 가족들이 감사해 하는 모습이었다. 어머니와 가족사진이 집안에 가득하고 비르깃은 어머니가 수십 년 전에 손수 만들어 주셨다는 스웨덴식 전통의상을 장례식 때 입고 갔었다고 사진을 보여주었다. 그처럼 가족에게 아름답고 좋은 인상을 주면서 일생을 마감하는 것이 과연 가능할까, 나는 의구심을 가졌으나 여기에서는 그런 사람들을 흔히 만난다. 카타리나나 리스베스도 자기 부모님의 죽음에 대하여 그런 생각을 하고 있었고 릴레모도 아직 살아계신다는 94세의 자기 어머니에 대하여 같은 생각을 하고 있는 것을 보았다. 그런데 외적으로 보면 효심으로 똘똘 뭉쳐진 한국인들에게는 현실적으로 그것이 왜 어려운 것일까? 나는 이해하기 힘들었다.

라스가 만들어준 저녁 식사 요리는 뼈를 발라서 만든 닭고기 휠레 버터구이, 감자, 당근, 파란 콩, 파프리카 등의 채소를 섞어서 오븐에 구운 채소 요리, 그리고 오이와 양배추를 썰어 만든 샐러드였는데 오랜만에 아주 푸짐하게 잘 먹었다. 시골 출신이라는 라스는 와인도 잘 마시고 음식도 많이 먹는데, 우리도 넉넉하게 음식을 대접받았고 레드 와인과 화이트 와인도 매우 흡족하게 마셨다. 정말 오랜만에 기름기 있는 음식을 먹어본 것 같았다. 후식으로 아이스크림 두 가지에 집에서 딴 베리를 냉동했다가 전자레인지에 살짝 녹여서 부어 먹었는데 그것도 향기롭고 너무 달지 않으며 맛이 좋았다. 커피는 디카페인 커피로 마시고 나니 잠이 안 올 걱정도 없었고 마음이 흡족하여 식사하면서 여러 가지 이야기들을 나누었다. 라스가 멤버라고 하는 스케이트 클럽 이야기, 스톡홀름 근처의 드넓은 호수에서, 바닥이 훤히 내려다보이는 얼음 위에서 왕복 60km의 스케이트를 타는 이야기와 사진, 각기 다른 시각에서 본 불fire에 대한 책 이야기, 엔트로포소픽 치료anthroposophic theraphy 이야기 등을 한없이 하다 보니 밤 10시가 넘어서 그 집을 나섰다.

전차를 타러 오는 길에 예전에 리스베스와 트래드가 살았던 집 앞을 지나게 되었다. 공원을 향해 베란다가 있어서 멀리에서도 환히 불 켜진 모습이 보였던 그 집은 나도 몇 번 가본 적이 있어서 쉽게 알 수 있었다. 그 집에서 두 아이를 낳아서 기르고 지금 만나는 친구들을 알게 되었는데 헤어져서 각자 따로 사는 지금, 그 집 앞을 지나가는 그들의 마음은 어떠할까? 나는 궁금하였으나 프라이버시인 것 같아 묻지 않았다. 그러나 이들은 이혼한 후에도 자주 만나고, 전화로 안부도 챙긴다. 그리고 그전부터 같이 알고 지내던 친구들의 이야기도 나누고, 아이들의 생일이나 행사에는 같이 모이며 지내니 우리나라 사람들처럼 이혼한 후에 경험하는 감정의 굴곡, 즉 깊은 원한이나 회한, 그리움, 아쉬움 등은 덜 할 거로 생각한다.

유럽에서는 요즘 엔트로포소픽 치료 이론을 여러 가지

로 적용하는 것이 유행인 것 같다. 교육, 건축, 신체적, 정신적 치료 등에 많이 사용하는데 우리나라 말로는 무엇이라고 번역해야 할지 잘 모르겠다. 릴레모가 설계한 유명한 비스앵아 노인홈도 그 이론에 따라서 개발한 건축과 운영 방법이라고 한다. 색채는 강하지 않고 은은하게 사용하고, 고요한 음악, 명상, 마사지, 요가, 모나지 않은 건물 설계, 자연식품으로 만든 음식, 천연재료로 만든 의복과 건축재료, 가구, 그리고 항상 자연과 접하게 하는 환경 등을 통하여 인간의 감정과 감각에 자극을 주고 안정감을 주어 편안하게 한다는 것…… 그런 것들이 내가 친구들을 통하여 들은 엔트로포소픽 이론에 대한 단편적 이해다. 엔트로포소픽 치료를 하는 병원이 스웨덴에 딱 한군데, 스톡홀름 근처에 있다고 한다. 정신적 피로가 심한 사람들이 찾는다고 하는데 2주 내지 3주 동안 그곳에 머물면서 유기농 식사와 더불어 앞서 말한 여러 가지 치료를 받으면서 의사와 길게 이야기도 나누고 치료도 해준단다. 그들은 이러한 방법이 동양철학에서 왔다고 하던데 아마도 우리나라보다는 인도 등지에 좀 더 많은지 모르겠다. 리스베스도 전에 그 병원에 2주간 머문 적이 있었는데 매우 좋았다고 하여 나도 한번 가보고 싶은 마음이 생겼다. 그러나 비용도 얼마나 비싼지 모르겠고, 또 나 같은 외국인도 병원에 입원할 수 있는 자격이 있는지를 몰라서 나중에 인터넷을 통하여 좀 더 알아보고 싶어졌다.

트래드와의
렘파브릭

견학과
수영장 카페

리스베스는 어제 갑자기 덴마크인 남자친구 스벤에게서 오랜만에 연락이 왔다고 모든 스케줄을 취소하고 "좋아라." 하며 덴마크행 스텐나라인 페리를 타러 아침 일찍 떠났다. 스벤을 지난 1월에 만나고 못 만났는데 지금 안 만나면 5월까지 못 보니 꼭 가야 한다고 하였다. 그러는 그녀의 얼굴이 상기되며 빛나 보였다. 리스베스는 스벤을 매우 좋아하여 지속할 수 있는 관계로 가고 싶어 하는데 스벤은 어느 정도 거리를 두고 부담 없이 만나는 것을 원하는 모양이다. 하여튼 이들의 남녀관계는 흑백 논리에 젖어있는 우리의 정서로는 이해하기 힘들 때가 많다.

나는 리스베스가 없어도 원래 그녀가 덴마크로 떠나기 전에 해 놓았던 약속이 있어서 그대로 이행하기로 하였다. 하나는 렘파브릭Remfabrik (오래된 직조공장) 전시회를 트래드와 함께 낮에 가기로 한 거고, 또 하나는 저녁에 앙에레드Angered에서 레나와 호칸이 소속된 단체의 콘서트가 있다고 해서 함께 가기로 하였다. 두 가지 모두 크게 마음이 당기지는 않았지만 이미 해놓은 약속이니 지키기로 마음먹었다. 그리고 한편으론 샬머스 정류장 앞을 지나는 전차에서 항상 이름만 보았던 앙에레드가 어떤 동네인지도 궁금하였다. 그러나 아침에 레나에게 전화를 해보니 자기는 어젯밤 늦게 노르웨이 스키여행에서 돌아와 피곤해서 오늘 음악회에는 안 가고 집에서 쉴 예정이라고 하였다.

그 후 트래드에게 전화를 하여 렘파브릭에 갈 약속 시각을 정하고 길을 나섰다. 브룬스파르켄 정류장에서 트래드가 기다리기로 하여 거기서 일단 만나서 함께 가기로 하였는데 나도 그전에 렘파브릭에 가보기는 했으나 오래되어 지금은 혼자서 길을 찾아갈 자신이 없었다. 공장에 가는 길에 리스베스가 덴마크로 떠나면서 트래드에게 전화로 내게 보여주라고 미리 부탁해 놓은 건축물이 있다고 우선 거기를 들러서 간다고 하기에 무슨 건물인가 의아해하며 따라갔다. 리스베스는 나의 견학처까지 챙겨서 트래드에게 부탁해 놓았으니 참으로 자상하였다. 그 건물이 공장가는 길에 있다고 하여 따라가 보니 내가 며칠 전에 인터넷에서 찾아서 그림에서 본 바로 그 건물이었다.

지난 수요일 저녁 식사 때 솔베이가 나를 보고 무엇을 주제로 연구하느냐고 묻기에 에코하우징ecohousing, 코하우징cohousing, 시니어 코하우징senior cohousing의 주민 참여에 대하여 연구한다고 하였더니 자기가 잘 아는 사람이 시내 한복판인 고다Gåda에 있는 시니어 코하우징에 사는데 참으로 만족하고 좋아한다고 한번 연락하여 견학해 보라고 했었다. 그래서 다음 날 학교에 가서 혼자서 인터넷을 검색해보니 그 건물과 사진이 소개되어 있어서 대강 내용을 훑어 본 집이었다. 그때 리스베스가 함께 있었기 때문에 아마도 그것을 기억하고 특별히 트래드에게 부탁해 두었던 모양이다. "종탑 하우스"라는 그 집은 시내 한복판에, 바로 렘파브릭과 몇 블록 사이에 있었다. 오늘은 내부 방문이 예약되어 있지 않아서 시니어 코하우징을 그냥 밖에서만 둘러보고 공장으로 향했다.

걷는 도중 트래드는 코하우징에 대하여 굉장히 나쁜 인상을 가지고 있어서 계속해서 공동체 생활에 대한 기본 이념을 비난하였다. 자기는 노인끼리 모여 사는 것은 절대로 찬성하지 않고, 공동체 생활은 공산주의자들이나 하는 것이라고 극렬하게 반대 의사를 펴니 나는 무어라고 말을 할 수가 없었다. 리스베스와 이혼하기 전에도 노후에 살 거처를 의논하면서 리스베스가 시니어 코하우징, 또는 코하우징에 이사하자고 하여 여러 군데 알아보고 견학도 갔었으나 자기는 절대로 그런 데서 살고 싶지 않다고 하였단다. 리스베스와 헤어진 것이 그 문제 때문이냐고 하였더니 꼭 그것만은 아니지만 자기는 근본적으로 리스베스의 훼르셀 에코하우징도 정말로 싫어한다고 하였다. 예술가들이 모여 산다고 하면서 화장실도 없고 샤워 시설도 없는 외떨어진 불편한 환경에서 서로 다투며 사는 것이 싫어서 자기는 그 집을 지을 때부터 완성된 지금까지 단 한 번도 가보지 않았다고 했다.

트래드는 참으로 고집이 센 사람이다. 한편으론 매우 다정한데 한편으론 고집불통이다. 트래드는 원래 영국 출신인데 젊은 시절부터 예테보리에 와서 샬머스 대학교 건축과를 다녔고 거기에서 같은 건축과 학생인 리스베스를 만나서 결혼하여 스웨덴에 영구적으로 정착하였다. 그전에 리스베스의 집에서 본 옛날 사진에서는 트래드와 리스베스가 영락없이 70년대 히피의 모습을 하고 있었던 게 기억났다.

렘파브릭에 도착하니 예전 여름에 잔디가 아름다웠던 건물이 생각났다. 지금은 풀이 없어 좀 살벌하였으나 내부 시설과

오래된 직조공장을 자원봉사자들이
박물관으로 운영하는 렘파브릭

렘파브릭의 직조 기계

건물은 그대로였다. 이곳은 옛날 공장을 그대로 유지하였는데, 자원봉사자들이 섬유 테이프를 제작하는, 일종의 텍스타일 박물관과 같은 곳이다. 이 공장은 1940년대에 처음으로 시작되었는데 그때부터 사용했던 방적기계들은 2~3층에 그대로 전시용으로 유지하고, 1층에는 여기저기에서 공장을 닫아서 안 쓰는 오래된 직조기계들을 기증받아 수리하고 발전시켜 그것으로 테이프를 짜서 전시도 하고 판매도 한다. 대부분 독일에서 많이 기증받았는데 기곗값은 안 내지만 운반비는 지불한다고 한다. 텍스타일 관련의 디자인 또는 편직기계를 전공하는 학생들을 위하여 시설을 개방하고 운영은 모두 무보수 자원봉사로 수행한다고 한다. 요즘에는 주문이 많아서 보수를 지급하는 직원을 두 명 두었는데 공장도 잘 돌아간다고 자랑하였다. 이러한 오래된 공장을 유지하고 계승시키는 데 가치를 두는 이들의 정신은 우리와는 참으로 다른 점이다.

트래드는 공장에 들어서면서 이미 나와 있는 자원봉사자들에게 일일이 나를 민(Min: 민정이를 스웨덴에서는 그렇게 부른다)의 엄마라고 소개하였다. 그러니 모두들 반갑게 아는 척을 하고 인사를 해주었다. 그걸 보니 아마도 민정이가 트래드와 함께 이 공장에 어지간히 자주 드나들었던 것 같았다. 사실 나는 전에도 이 공장에 두어 번 정도 둘러보고 설명도 들었기 때문에 그다지 새로운 흥미는 없었다. 나는 오늘 무슨 특별한 전시회가 있는 줄 알고 간다고 했었는데 그것이 아니었나 보다. 나중에는 다리도 아프고 좀 지루하여 트래드에게 점심을 먹으러 가자고 하였다. 오늘은 내가 점심을 사리라 마음먹고 어디가 좋은지 잘 모르니 가까운 데 가서 점심을 함께하자고 했더니 그는 점심을 먹고 다시 공장으로 들어온다고 근처 수영장에 있는 카페로 가자고 하였다. 왜 수영장에 있는 카페를 가는지 좀 의아해하며 따라갔더니 가까운 곳에 공영 수영장이 있었다.

그곳은 굉장히 넓은 수영장으로 실내에는 많은 사람들이 어른, 아이 섞여서 수영을 하고 있었다. 그곳에는 수영하는 사람들을 유리창으로 바라보며 간단한 간식을 할 수 있는 자그마한 카페 겸 식당이 있었다. 수영복 차림의 사람들이 그대로 앉아서 간식을 사 먹거나 커피를 마시는 곳이라서 우리가 두꺼운 외투를 잔뜩 껴입고 들어서자니 분위기가 이상하였다. 수영장의 수증기도 있고 수영장 소독약 냄새도 나서 나는 별로 식사하고 싶은 장소는 아니었으나 트래드는 거기에 가끔 오는지 익숙해 보였다. 게다가 기대한 만큼 점심으로 먹을 만한 음식도 별로 없어서 유리 진열장 안에는 샌드위치 몇 개, 샐러드 몇 개, 그리고 커피와 함께 먹는 불레(페이스트리와 비슷한 스웨덴식 간식 빵)<sup>bulle</sup> 정도가 모두였다. 그러나 하는 수 없이 나는 샐러드와 커피를, 그리고 트래드는 치즈 샌드위치와 커피를 주문하여 유리창 앞에 앉아서 수영하는 사람들을 내려다보며 먹었다.

그 사이 리스베스와 이혼한 후 만나는 트래드의 여자친구들의 이야기, 톰과 미아 킴 또는 민정이와 서정이 등 우리의 아이들 이야기, 친구들 이야기 등등 이런저런 이야기들을 나누었는데 트래드는 내가 연구하는 주제가 무엇이냐고 하여 계획공동체 intentional community의 주민 참여라고 했더니 또 다시 코하우징, 에코하우징에 대한 비난을 한없이 퍼붓기 시작하였다. 나는 반론을 펼 마음도 없어서 그냥 듣고만 있었으나 몹시 지루해졌다. 적당한 기회에 이야기를 그만두고 일어나고 싶었으나 계속 같은 말을 반복하니 난감하였다. 내가 가겠다고 코트를 들고 일어나는 시늉을 하였으나 그래도 그는 계속 이야기를 그치지 않았다.

어떤 사람이 말하길, 스웨덴에서 보건소 같은 곳에 가면 노인들이 많이 찾아오는데 그들은 거기 와서 치료를 받는 것보다는 거기에 온 모르는 사람들과 한없이 얘기만 하다가 간다고, 참으로 우습다고 한 말이 생각났다. 이곳의 노인 중에는 가족 없이 혼자 사는 사람들이 많으니 누구와 이야기할 사람도 없어서 누구든지 사람을 만나면 모르는 사이인데도 그렇게 대화를 많이 한다고 한다. "정말로 그럴까?" 하고 그때는 웃고 말았는데 오늘 트래드를 보니 나도 잠깐 그런 생각을 하게 되었다. 리스베스는 직장생활도 하고 또 사교적이라 나이를 불문하고 친구가 정말로 많다. 그러나 리스베스의 말에 의하면 트래드는 결혼한 이후로 지금까지 한 번도 직장생활을 한 적도, 돈을 벌어 본 적도 없었다고 한다. 게다가 이제는 이혼하여 혼자서 살고, 자기와 지내던 여자친구들도 다른 남자친구들을 찾아서 독일로, 또 다른 곳으로 떠나갔다고 하니 외로울 것 같기도 하였다. 트래드는 그녀들이 무척 아름답고 좋은 사람들이었다는데 과연 어떤 여자들이었는지 궁금하기도 하다.

하여튼 나는 겨우 기회를 잡아서 일어났는데 자기는 혼자서 커피 한 잔을 더 마시고 가겠다고 하여 다음에 다시 만나자고 하고 헤어졌다. 식사비는 내가 낸다고 하였더니 무척이나 고마워하였다. 트래드와 헤어져 수영장을 나서니 내심으로는 참 홀가분하였다. 나는 얼른 아무 전차나 타고 시내로 다시 나왔다. 트래드는 좋은 사람이지만 한편으론 고집이 세고 유별나기도 하다. 영국인으로서 스웨덴에서 수십 년을 살았지만 끝까지 스웨덴에 동화되지 않는 그만의 세계가 있는 듯하다. 자기는 스웨덴의 이런저런 점들이 마음에 안 든다고 언제나 나를 만나면 이야기한다. 나도 스웨덴 사람이 아니므로 동감하리라 생각하면서…….

프랑크푸르트
옥림이

집으로의
탈출

리스베스가 함께 살면서 나에게 눈치를 주는 것은 전혀
아니지만 남에게 항상 신경 쓰면서 긴장하여 지내는 두 달의 기간
은 참으로 길다. 특히 3월 말이 가까워져 오니 2월 초부터 느긋하
게 학교생활을 하려면 당초 예정과 달리 매주 월요일부터 금요일
까지 꼬박 아침 8시에 나가서 저녁 6시에 돌아오는 것도 피곤하고
지루해지기 시작하였다. 아마도 집을 비워주기 위하여 의무적으로
나가니 그런가 보다. 한국에서 있을 때보다 더 열심히 출근을 하니
무슨 연구 휴가를 이렇게 보내나? 처음에 모든 걸 훌훌 털고 헐렁
하게 보내려던 계획에 차질이 생겨서 요즘에는 심신이 매우 피곤
하였다. 그래서 집을 얼마간이라도 비워주기 위하여 생각해 낸 것
이 독일 프랑크푸르트Frankfurt 옥림이 집에 일주일간 다녀오기로 한
것이었다. 옥림이 하고는 영상통화로 가끔 이야기하지만, 직접 만
난 지 몇 년이 지났다. 지금쯤은 어떤 모습일까? 서로 궁금하기도
하였다.

예테보리에서 프랑크푸르트까지는 비행기로 1시간 반
걸리니 한국에서 가는 것보다는 부담 없이 갈 수 있는 거리다. 하
지만 아무리 싼 비행기 표를 사도 31만 원, 가서 쓸 용돈을 합하면

일주일에 최소한 50만 원 정도를 지출해야 하니 비용상으로 그리 적은 부담은 아니다. 하여튼 이러한 이유로 나는 프랑크푸르트로 여행을 갔다가 3월 31일 오후에 예테보리에 돌아와서 그다음 날인 4월 1일 아침에 리스베스의 집을 떠나 이사하는 것이 계획이었다.

옥림이는 나의 대학원 석사동급생으로, 서울에서 내가 30대 초반부터 서로 알고 지낸 아주 오랜 친구다. 그녀는 1980년대에 서울에서 실내디자인학과 석사과정을 졸업하자마자 독일문화원에 열심히 다니면서 독일어를 공부하더니 곧 독일로 유학을 갔다. 그 당시는 지금처럼 독일유학, 아니 외국 유학이 보편적인 일은 아니었다. 옥림이는 프랑크푸르트 근처의 비스바덴<sup>Wiesbaden</sup> 건축대학에서 실내건축을 전공하였고 졸업 후 건축 설계사무실에서 일하다가 지금의 남편 한스와 만나서 결혼하였다. 그녀는 그 후 계속 비스바덴에서 한스와 함께 설계사무실을 운영하며 살고 있는데 나는 유럽에 오고 갈 때마다 프랑크푸르트에서 비행기를 갈아탈 때는 기회를 봐서 자주 그녀의 집에 들렀다가 오곤 했었다. 더욱이 내가 덴마크와 스웨덴에 살았을 때는 거리가 가까우므로 왕래를 자주 할 수 있었다. 그렇게 몇 년마다 만나기는 하였지만 아마도 마지막으로 만난 것이 2006년 여름이었으니 벌써 4년이나 지났다.

옥림이는 나보다 나이가 아마도 6년 또는 그 이상 아래지만 우리는 나이를 불문한 친구다. 아직도 우리는 서로의 나이 차이를 정확히 모른다. 그저 내가 좀 위이고 옥림이가 좀 더 아래인 정도로 알고 있는 것으로 충분하다. 그만큼 우리 둘은 이야기나 사고방식이 잘 통한다. 옥림이의 남편 한스 역시 옥림이의

마음 따뜻한 내 친구
옥림과 한스

친구들이면 모두 환영해주는 좋은 사람이다. 그는 체구가 커서 옥림이는 그를 항상 한스라는 이름 대신 "우리 뚱보"라고 부르는데 일반적으로 독일 사람들이 그렇듯이 겉으로 아주 친절하지는 않지만 속으로는 은근히 친절하고 건축가답게 디자인 센스와 머리도 좋다. 그리고 한스는 자그마한 체구의 한국 여성 옥림이를 "오키 Oki"라는 애칭으로 부른다. 셋이서 만날 때는 옥림이와 나는 한국어로, 한스와 나는 영어로, 그리고 한스와 옥림이는 독일어로 소통한다. 옥림이는 독일어는 잘하지만 영어는 서툴고, 대신 한스는 영어는 유창하지만 한국어를 못하고, 또 나는 영어는 하지만 독일어를 못하기 때문이다. 그래도 셋이 한자리 앉아서 대화하는 데 아무런 불편이 없다.

프랑크푸르트 공항에 내려 옥림이가 사는 도시인 비스바덴으로 가는 기차를 타려고 지하로 내려갔다. 기차표 자동판매기에 줄을 섰다가 자동판매기의 독일어를 모르니 현지인으로 보이는 뒷사람에게 영어로 물어서 크게 고생하지 않고 비스바덴 행 기차표를 3.8유로(6,000원)를 주고 샀다. 이제부터 독일에서는 통화화폐가 유로니 요즘 겨우 익숙해지기 시작한 스웨덴 크로나의 가격과 다시금 혼동이 왔다. 그러나 다행히도 스웨덴 크로나의 단위가 유로에 10을 곱하면 되니 복잡한 곱하기와 나누기를 하지 않아도 되어 나처럼 수학을 못하는 사람에게는 그것만도 다행이다. 그래도 10단위가 줄어드니 물가가 꽤 비싸다는 느낌이 피부로 다가왔다. 20크로나가 2유로니 처음에는 싼 것 같이 느껴지지만 사실은 1유로 이하의 물건이 없으니 최소 단위가 10크로나, 즉 한국 돈으로 1,700원인 셈이다.

비스바덴 행 기차가 프랑크푸르트 공항의 지하도를 벗

어나 지상으로 나오니 차창으로 프랑크푸르트 외곽의 거리 모습이 나타났다. 독일의 건물과 집들의 첫인상은 스웨덴에 비하면 아기자기한 맛이 없고 무미건조해 보인다. 마침 바람이 심하게 불면서 소나기가 쏟아져 내리는데 열려진 차창으로 "훅"하고 불어 들어오는 바람에 진한 흙냄새가 섞여 들어왔다. "아! 여기는 정말 봄이구나." 하는 느낌이 푸르른 잔디밭과 개나리가 만발한 길가에서 강하게 풍겨왔다. 한국도 지금쯤 이런 풍경이겠지? 개나리, 진달래, 목련도 피기 시작했겠지? 잠깐 진한 향수 같은 느낌이 스쳐 갔다. 오늘 아침에 계속해서 세 달간 지루하게 입고 다니던 두꺼운 검정색 거위 털 긴 코트를 용감하게 벗어던지고 짧은 누비점퍼 차림으로 떠나온 예테보리가 지금은 멀고 먼 딴 세상 같이 느껴졌다.

이번 프랑크푸르트 여행은 이사하기 전의 탈출만을 기대하고 무조건 비행기 표 값에 맞추어 결정한 일정이었으나 우연히도 요즘이 부활절 휴가를 앞둔 때라서 거리와 상점이 모두 축제 분위기로 술렁거렸다. 꽃나무 가지에는 색색가지 계란을 매달아 장식해 놓았는데 예테보리에서는 부활절의 느낌을 전혀 몰랐지만 독일에서는 아마도 날씨가 따뜻하니 봄의 상징으로 부활절을 더 크게 축하하는 것 같았다. 부활절은 한국에서는 교회에 다니는 사람들과 우리 학교처럼 기독교 종교 재단의 학교에서만 뜻 깊게 축하하고 일반인들에게는 전혀 감흥이 없는 명절이다. 그러나 유럽에서는 사회 전체가 기독교적인 배경도 있지만, 한편으론 길고 긴 겨울 이후에 맞는 새봄의 명절과도 같은 의미가 강한 것 같다. 이들은 부활절에 헤어져 지내던 가족들 간에 서로 만나서 특별한 음식을 만들어 먹으며 함께 지내고 노란 나팔수선화를 작은 화분에 심어서 선물로 주고받는다. 리스베스는 몇 년 전 부활절에 커다란 칠면조 뱃속에 여러 가지 채소를 다져 넣고 오븐에 구운 요리를 만들어서 스웨덴 친구들과 나를 초대해서 대접해 준 적이 있었다.

비스바덴 기차역에 마중 나온 옥림이와 나는 몇 년 만에 만나서 반갑게 포옹하였다. 기차역의 모습은 예전과 같았지만 혼자서 집을 찾아가려면 어느 쪽으로 가는지 기억이 가물가물하였다. 역 밖에서 한스가 차를 가지고 기다리고 있어서 가방을 싣고 우선 시내에 있는 그들의 사무실로 갔다. 그들의 사무실은 사실 역에서 걸어서도 10분 정도면 갈 수 있는 거리지만 내 짐도 있고, 비도 약간 오니까 차를 가지고 나온 것 같다. 사무실의 모습도 예전과 똑같았다. 1996년에 내가 처음 이곳에 왔을 때에는 살림 집도 바로 사무실 마당 안 건물의 5층 다락방에 있었다. 지금은 그보다 조금 떨어진 곳에 1800년대의 외양간을 사서 해마다 조금씩 개조하면서 살고 있는데 이 집도 시내에서 차로는 10분 정도, 걸으면 40분 정도 걸린다. 유럽은 대부분 모든 도시가 스케일이 크지 않으니 살기에 편리하고 더욱이 통근시간에 빼앗기는 시간이 짧으니 그 만큼 개인 시간이 늘어난다고 생각한다.

저녁에 집에 들어가는 길에는 요리할 시간이 없으니 간단하게 먹을 수 있는 음식을 사 가지고 들어가기로 하였는데, 항상 배가 고프다는 말이 내 입에 붙어서 옥림이가 그걸 기억하고 이번에 독일에 와서는 먹고 싶은 것을 마음대로 실컷 먹고 가라고 하였다. 옥림이는 나에게 오늘 저녁에는 그동안 먹어보지 못했던 닭고기와 맥주를 실컷 먹어보라며 슈퍼에서 구워서 파는 큰 통닭을 두 마리 샀다. 조리할 시간도 필요 없으니 집에 가자마자 노릇노릇하게 구워진 통닭을 반 마리씩 나누어 맥주와 함께 실컷 먹었다. 셋이서 떠들며 먹다 보니 어느새 밤 12시가 되었다. 나는 마침 마당

한스와 옥림의
설계 사무실

오래된 외양간을
개조한
옥림의 집 거실

안의 앞집이 비었다고 거기에 침대를 마련해 주어서 혼자서 다리를 쭉 펴고 편하게 잤다. 내가 머문 앞집은 1870년대에 지은 작은 농가였다는데 지금은 한스와 옥림이가 개조하여 3층 집으로 아기자기하게 고쳐 놓고 다른 사람에게 세를 주었다. 오늘은 마침 입주자가 자기 본가에 가서 집이 비었다고 한다. 이곳은 다락방이 침실인데, 침대에 누우면 지붕에 난 천창으로 하늘이 올려다보인다. 그리고 바로 아래층에 최신형 욕실이 있으니 밤에 화장실 가기도 편했다.

옥림의 집 마당

비스바덴에서
한국인들과의

저녁 식사
파티

비스바덴은 예테보리보다 날씨가 한결 따뜻하여 '혹시
나 소용이 있을까?' 의심하며 싸온 스커트를 처음으로 입고 시내
로 외출도 하였다. 예테보리에서 겨우내 입고 다니던 두꺼운 옷을
벗으니 마치 날아갈 것처럼 가벼웠다. 옥림이에게는 시어머니가
물려 준 작은 주말농장이 있는데 거기에 채소도 심고 꽃도 심어서
때때로 돌보러 간다. 이번 봄에도 나를 거기에 하루 데리고 갔는데
예테보리에서는 상상도 할 수 없이 어느새 많은 꽃들이 만개해 있
었다. 우리는 주말농장을 돌아보고 다시 천천히 골목길을 걸어 집
으로 돌아오며 봄의 따사한 햇볕과 나른한 오후의 산책을 즐겼다.

옥림이는 음식 솜씨도 좋고 남편 한스와 함께 사람들에
게 베풀기를 좋아하는, 마음에 여유가 있는 사람이다. 이야기를 들
어보면 그들의 집에 오는 손님들의 대부분은 한스보다는 옥림이와
관련된 사람들이 많은 것 같다. 특히 나처럼 한국에서 오는 친구들
이 많다. 지난 2006년 여름에도 내가 예테보리에서 옥림이를 방문
하였는데 둘이서 비스바덴 시내 거리를 걷다가 우연히 한양대에서
비스바덴으로 1년간 연구 휴가를 온 안희영 교수를 만난 일이 있

었다. 안 교수와 나는 실내디자인학회에서 잠깐씩 업무상 만난 적은 있었으나 개인적으로 그리 친한 사이는 아니었는데 이렇게 외국 길거리에서 우연히 만나니 어찌나 반가웠던지! 우리는 셋이 길거리 카페에서 함께 커피도 마시고 이야기를 나누다가 나중에는 결국 옥림이 집에 가서 저녁 식사까지 함께하게 되었다. 나는 그때 3일만 머물 계획으로 간 것이었고 그 밤이 바로 예테보리로 돌아가기로 한 날이었다. 우리는 옥림이 집의 옥상에 차려 놓은 식탁에서 따끈따끈한 여름 해를 쬐고 시원한 바람을 맞으면서 와인과 맥주를 마셨다. 객지 생활에서 오랜만에 맛있는 저녁 식사를 함께하며 온갖 이야기를 떠들다 보니 어느새 비행기 출발 시각이 넉넉지 않았다. 나는 공항까지 기차를 못 타고 결국 한스가 자동차를 쾌속으로 운전하여 겨우 시간에 맞추어 도착하였다. 그 와중에도 공항에서 기념 사진까지 찍고 황황히 비행기를 탔던 기억이 난다. 안 교수와 헤어지고나서 한국에서 한 번 연락하여 만나자고 하고는 사실 지금까지 못 만났다. 언제나 한국으로 귀국하면 바빠서 그런지 외국에서보다 물리적 거리가 더 가깝지만 못 만나는 일이 비일비재하다.

오늘도 역시 우리 셋과 이곳에서 독일인 남자 마틴과 결혼하여 현대 회사에서 근무하는 40대 한국 여성 수지 부부와 그들의 아기, 프랑크푸르트 DHL에 근무하는 옥림이의 수양 딸격인 33세의 민희까지 여섯 명이 모였다. 나만 빼고 그들은 이미 서로 잘 아는 사이라서 언니, 동생 하며 지냈는데 나는 그저 옥림이의 오래된 친구라서 나이와 상관없이 쉽게 어울리게 되었다. 사실 그들은 나이로는 나의 딸 격이었지만 외국에서는 나이를 그리 상관하지 않으니 조금 높이는 말을 쓰면서 스스럼없이 잘 어울렸다.

수지는 인터넷을 찾아보고 만들었다는 양장피 잡채를 한 접시 가져왔는데 주재료인 양장피와 겨자소스가 자기 집에 없으니 그냥 준비해서 온다고 하였다. 직접 가져온 음식 접시를 펴 보니 어찌나 예쁘고 가지런하게 잘 해왔는지 나는 깜짝 놀랐다. 나도 사실은 그렇게 손이 많이 가는 음식은 한국에서도 못만드는데 17개월 된 아기까지 데리고 혼자서 이렇게 예쁜 음식을 만들어 오다니 놀라웠다. 요리가 서툴러서 겨자소스 만드는 법, 소고기 채 썰어 양념하는 방법은 계속 옥림이에게 전화로 물어가며 했다지만 기특하였다. 또한 민희는 명랑, 솔직하여 귀여웠다. 어려서부터 이곳저곳 외국을 돌아다니며 교육을 받았다는데 이제는 프랑크푸르트에서 직장도 얻었고 영국인 남자친구도 있다는 발랄한 아가씨였다. 한국어는 물론 영어, 독일어까지 유창하였고 날씬한 몸매에 숱이 많은 검은 생머리를 질끈 뒤로 묶고 있었다. 나에게는 우리 집 아이들의 나이 또래여서 민정이와 서정이 생각을 하니 더욱 친근하였다.

민희와 며칠 함께 집에 묵으며 이야기를 나누다 보니 한국에 있는 자기 엄마와 내가 비슷한 나이 또래인데도 보수적인 자기 엄마와 나의 사고방식이 너무 달라서 나를 좋아한다고 하였다. 내가 그녀가 듣고 있던 영국가수 아델Adel의 노래가 좋다고 했더니 헤어질 때 그 음악 파일을 전부 내 컴퓨터에 복사해 주었다. 아직도 어디서든지 아델의 노래를 들으면 그때의 민희 생각이 난다.

옥림이가 준비한 저녁 식사는 태국 음식처럼 여러 가지 채소와 닭고기를 코코넛 소스에 넣어 걸쭉하게 끓이고 나중에 인도 그린커리를 넣어 밥 위에 얹어서 먹는 요리였다. 그런데 코코넛 소스에 넣은 인도 그린커리의 맛이 어찌나 매운지 눈물이 날 정도로 강했다. 우리는 음식은 무엇을 먹었는지 모를 정도로 온 집안이 떠나가게 음악을 크게 틀어놓고 레드 와인을 지하실 창고에서 계속 꺼내다 마시며 한스와 마틴은 독일어로, 나머지 우리 여자들은 한국어로 웃고 떠들었다.

　　내가 올 때마다 음향기기가 잘 갖추어진 옥림이 집에서는 여러 가지 음악을 들었지만, 집이 쿵쿵 울릴 정도로 크게 틀어놓고 들었던 퀸Queen의 음악이 가장 인상적이었다. 나중에 생각하니 무슨 이야기를 했는지 하나도 기억이 안 났지만, 그날 밤 우리 모두 무척 많이 먹고, 많이 마셨다는 것만 생각났다. 수지는 아기를 데리고 1시쯤에 운전하고 간다고 먼저 떠났고 남편인 마틴은 조금 더 있다가 술이 깨면 자기 차를 운전하고 간다고 뒤에 남았다. 나는 더 이상 못 마실 정도가 되어 새벽 3시 반에 내 침실로 자러 갔고 민희와 옥림이, 한스는 더 남아 있었다. 그런데 새벽에 보니 마틴도 역시 집에 가지 못하고 내 침실 아래층 방에서 곯아 떨어져 자고 있었다.

옥림이의

부활절 달걀

　　옥림이는 음식 만들기에 흥미도 많고 음식 솜씨도 매우
좋다. 그녀는 한국 음식이건 서양음식이건 간에 실험 정신으로 잘
도 만든다. 내가 어디에서 그렇게 요리를 잘 배웠느냐고 물었더니
무슨 음식이든지 레스토랑에서 한 번 먹어 본 것 중에서 관심이 있
는 것은 집에 와서 꼭 한번 똑같이 만들어 본다고 한다. 옥림이는
살림을 배우기도 전 젊을 때 한국을 떠났는데도, 한국 식재료가 귀
한 독일에서 대안적인 재료를 가지고도 나와 같은 주부보다 한국
음식을 더 잘 만든다. 그러니 항상 그녀의 요리 솜씨에 감탄한다.
　　그녀의 집에서 인상적인 것은 작은 과도를 조리용 칼로
쓴다는 것이다. 그녀가 그 작은 칼 하나를 가지고도 못하는 것 없
이 맛난 요리를 척척해 내는 걸 보고 매우 놀랐다. 언젠가 내가 그

솜씨 좋은 옥림이
만들어 준 식사

녀의 집을 방문했을 때, 외국에서 오래 살다 보면 가끔 한국 음식을 먹고 싶을 때가 있다며 직접 담근 김치며 한국 음식을 내왔는데, 나는 의외의 명란젓에 깜짝 놀랐다. 짜지도 맵지도 않으면서 정말로 맛이 좋았다. 한스는 밥과 김치는 안 먹지만 명란젓은 아주 좋아하여 일부러 둘이서 싱싱한 생선을 사러 간다고 하였다.

옥림이와 이번에는 부활절 달걀을 만들어 보았다. 사실 부활절은 며칠 더 남았지만, 미리 만들어서 내가 예테보리로 돌아갈 때 선물로 주려고 한다는 것이다. 나는 부활절 달걀을 내가 직접 만들어 본 적이 없어서 흥미롭게 보았더니 우선 달걀을 30개 정도 삶아서 각각 고운 색의 염료를 푼 그릇에 차례로 담갔다가 꺼냈다. 우리 성당에서 하는 것처럼 별다른 그림을 그리지는 않았지만 각가지 색깔의 달걀이 그 자체로 아름다웠다. 식구도 별로 없는데 왜 이렇게 많이 만드느냐고 했더니 여러 사람들에게 선물하기 위해서라고 한다. 그렇게 고운 색으로 염색한 달걀은 바구니에 담아서 꽃과 함께 테이블에 놓아두면 부활절 장식으로도 훌륭하다. 옥림이는 부활절 달걀을 염색하여 내가 예테보리로 돌아올 때 여러 개를 싸 주었다, 나는 그 예쁜 달걀을 가지고 집에 돌아와 출출할 때마다 한두 개씩 까서 먹으며 옥림이의 따뜻한 마음을 기억했다.

옥림이가 염색해서 만든
부활절 달걀

봄에 핀,
나의

예테보리
집

노인들의
아파트

신식 열쇠
다루기

내가 서울을 떠나온 지 두 달 만에 오늘 드디어 모센<sup>Mossen</sup>의 기브랄타르가탄<sup>Gibraltargatan</sup> 80번지 1085호의 내 아파트로 입주하였다. 결론은, 한마디로 무척 좋다!

처음에는 간단하리라 생각하고 시작한 이사가 의외로 하루 종일 걸렸다. 리스베스의 집을 나설 때는 트렁크 두 개와 짐 보따리 몇 개 들고 혼자 살 아파트에 입주하는 게 뭐 대단하려나 생각하고 이언이 차를 가지고 오기로 약속한 오전 11시까지 마음 편히 가방 꾸러미를 싸놓고 기다리고 있었다. 서울을 떠날 때는 꽁꽁 싼 가방이 단 두 개뿐이었는데 이제 겨울을 지내고 보니 어느새 짐 꾸러미가 몇 개나 올망졸망 늘어나서 혼자서 3층에서 들고 내려가기에는 어려울 정도가 되었다. 리스베스는 친구인 릴레모와 일주일간 시작한 요가 클래스에 간다고 새벽 7시 반부터 나갔고 나 혼자 짐을 다 싸놓고 기다리고 있었다. 어찌나 시간이 안 가는지 설레기도 하고 안절부절못하면서 아침을 보냈다. 리스베스의 집에서 두 달간 잘 묵었으니 가득 벌여놓은 부엌의 아침 설거지도 깨끗이 해놓고 진공청소기로 구석구석 수북이 쌓인 먼지도 흡입하며 청소도 해놓았다. 11시가 되어 이언이 도착하였는데 나가보니 뜻밖에 부인인 셔스틴도 함께 왔다. 나는 셔스틴과 무척 오랜만에 만나는 사이인지라 반갑게 포옹하고 셋이서 번갈아 3층부터 짐을 끌어내려 차에다 모두 실었다.

셔스틴 또한 이언 못지않은 "천사표"다. 2001년 연말에 나는 8개월간의 스웨덴 체류를 목표로 서울에서 도착하여 12월 31일부터 샬머스 게스트하우스에 입주하기로 예약이 되어 있었다. 그러나 그 날 밤, 늦게 도착하는 비행기에서 내려 마중 나온 이언 부부와 함께 무거운 짐을 들고 그 아파트에 도착하니 이미 중국인 유학생 부부가 나의 방을 차지하고 앉아서 막무가내로 비켜주지 않는 사건이 발생하였다. 나는 이미 학교의 근무시간이 끝난 후 밤 늦게 도착한 데다가 학교는 크리스마스부터 1월 2일까지 연말 휴가라서 어디에다 호소할 곳이 없었다. 이러한 난감한 나의 처지를 이해하고 우선 그날 밤에 이언과 셔스틴이 나를 자기 집으로 데리고 갔는데 그 후로 학교 측에서 이 일을 해결해주는 데 꼬박 일주일이 걸렸다. 나는 그동안 꼼짝없이 연말연시의 불청객이 되어 어정쩡한 상태로 뜻하지 않게 이언과 셔스틴의 집에 머물 수밖에 없었다. 그래도 그 당시에 그들은 나에게 눈치 주지 않고 잘 먹여주고 잘 재워주며 눈 쌓인 숲 속 길을 매일 두 시간씩 산책도 함께하면서 스웨덴의 크리스마스와 연말연시의 분위기를 외국인인 나에게 함께 나누어 주었다. 나중에 안 사실이지만 미리 내 방을 차지하고 있었던 중국인 부부는 앞방의 입주자인데 나보다 먼저 게스트하우스에 도착하여 자기들 방보다 좋은 내 방으로 들어오고 원주인이 찾아와도 내어줄 태세를 취하지 않아서 내가 곤욕을 치룬 것이었다. 그 일 이후로 셔스틴과 나는 지도교수의 부인과 학생이라는 공식적인 관계보다는 개인적으로 잘 아는 익숙한 사이가 되었고 기회 있을 때마다 만나면 언제나 내게 엄마처럼 모든 것을 잘 챙겨주었다. 셔스틴은 조용하면서 집에서 이것저것 맛있는 음식도 잘 만들어 주고 살림도 알뜰살뜰 잘하는 전형적인 현모양처형 여성이다.

드디어 우리는 12시에 기브랄타르가탄의 아파트에 도착하여 관리사무실에 가서 어리벙벙해 하면서 입주 절차인 아파트 임대계약서와 인터넷 사용계약서를 쓰고 드디어 열쇠를 받아 옆 건물에 있는 내 아파트로 갔다. 그전에 닥터 포셀리우스 바케의 아파트와 샬머스 게스트하우스에 두 번 입주했을 때에는 입주 절차를 모두 학과에서 미리 처리해 주었기 때문에 나에게는 이러한 입주 절차가 처음이었다. 그런데 건물 안으로 들어가려고 관리실에서 받은 열쇠로 아무리 현관문을 열려고 해도 열리지 않았다. 셋이서 짐을 들고 낑낑 대고 있는데 마침 안에서 누가 나오는 바람에 우리는 재빨리 겨우 현관문을 통과하였다. 안으로 들어가니 또 중간 문이 있는데 역시 열쇠로 안 열려서 승강이를 하다가 또 안에서 나오는 사람이 있어서 그 김에 다시 통과하였다. 드디어 엘리베이터를 타고 6층까지 올라왔는데 다행히 방문은 그 열쇠로 열렸다.

셋이서 짐을 내려놓고 당장 오늘 먹을 것을 사러 차를 타고 슈퍼에 가기로 하였다. 이 아파트가 샬머스 게스트하우스와는 한 정거장 정도 떨어져 있으므로 그전에 민정이와 함께 살 때 항상 다니던 윌리스 슈퍼에 갔다. 이 슈퍼는 작지만 주변에 학생 아파트가 많아서 젊은이들로 꽤 붐비는 곳이었다. 자그마한 그 슈퍼가 아직도 그대로 있고 그 앞에 꽃집도 그대로였다. 사실 여기에서는 내 차가 없으니 나에게는 슈퍼를 가는 일도 큰일인데 오늘처럼 생필품을 한꺼번에 사야 하는 날에는 더욱 그렇다. 그런데 이언이 알아서 차로 장까지 봐 준다니 무척 고마웠다. 이언은 슈퍼 앞에 차를 세우고 기다렸고, 그동안 셔스틴이 장보기를 도와준다고 함께 슈퍼에 들어갔다. 스웨덴 생활이 처음도 아니지만 아직도 나는 슈퍼에 가면 상품의 포장이 모두 스웨덴어로 되어 있어 뭐가 뭔지 모르는 것 투성이다. 그래서 셔스틴이 챙겨주고 함께 짐도 들어줄 겸 동행하여 이것저것 물어보며 최소한의 생필품을 샀는데도 짐 세 꾸러미가 터질 듯 찼다.

슈퍼에서 산 짐을 내 아파트에다 다시 차로 날라다주고 이제는 돌아가야 되겠다고 이언과 셔스틴이 나가려는 참에 마지막으로 부엌 서랍을 열어보았다. 그랬더니 아뿔사! 서랍 안에는 아무것도 없었다. 접시, 냄비는커녕, 컵 한 개, 포크, 나이프 한 개 조차도 없었다. 이럴 수가!! 그동안 다른 집에는 이보다 시설이 부족해도 최소한의 부엌집기는 모두 준비되어 있었기 때문에 마땅히 그럴 줄 알아서 우리는 걱정도 안 했었다. 그래서 할 수 없이 셔스틴이 자기 집에 가면 안 쓰는 그릇이 많으니 함께 갔다가 물건을 챙겨서 다시 데려다주겠다고 하였다. 나는 최소한 필요한 접시 한두 개와 포크, 나이프 몇 개만 빌릴 마음으로 갔는데 셔스틴이 다용도실로 가더니 이것저것 완전히 한 살림을 챙겨주어서 염치없이 모두 다 싸가지고 왔다. 춥다고 여분의 담요까지 세심히 챙겨서 싸주었다. "이것 가져갈래? 저것 가져갈래?" 물을 때마다 나는 전혀 사양하지 않고 "예스, 예스" 하면서 한 차 가득 실어서 다시 아파트로 돌아왔다.

릴레모가 어제 저녁에 이사 가는 집에 꽃을 사 가지고

가라고 선물로 100크로나(17,000원)를 주어서 그 돈으로 꽃이 예쁘게 핀 화분을 이미 슈퍼 앞 꽃집에서 두 개 샀는데 또 셔스틴이 집에서 화분을 하나 더 챙겨주어 그것까지 가지고 나왔다. 그리고 이제는 이곳도 제법 날씨가 풀려가고 있어서 지난주에 갔던 프랑크푸르트처럼 꽃이 만개하지는 않았지만 일찍 피는 들꽃, 스노우드롭snow drop이라는 작은 초롱꽃 같은 하얀 꽃들이 들판에 많이 피었다. 셔스틴이 자기 집 꽃밭에 핀 스노우드롭을 꺾어가라고 하여 그꽃도 한줌 꺾어다가 유리잔에 꽂아 놓았더니 그 은은한 향기가 침대 옆까지 퍼졌다. 집을 나서는데 이언이 다시 풀 자르는 가위를 가지고 차에 탔다. 나는 무엇일까 궁금해했더니 자를 것이 있다면

셔스틴에게서 빌려와
최소한의 살림살이가 갖추어진 부엌

서 길가로 가더니 자작나무 가지를 잘라서 싸 주는 것이었다. 내가 초록색 빈 와인 병을 얻어서 거기에 집에 가서 나뭇가지를 꽂겠다고 했더니 거기에 꽂을 나뭇가지를 자르러 간 것이었다. 셔스틴이 자작나무 가지에 달걀 장식과 깃털 장식을 걸어서 병에 꽂아두고 보라고 하였다. 그것이 스웨덴의 부활절 장식이라고 한다. 이렇게 자상하게 돌봐주니 무척 고맙고 행복하였다.

그래서 다시 셋이서 아파트로 돌아왔는데 이번에는 열쇠 때문에 낑낑대지 말고 누가 나오는 사람이 있으면 문 여는 방법을 물어보자고 마음먹고 기다리다가 마침 안에서 나오는 사람이 있어서 그에게 물어보았더니 의외로 너무나 간단히 작은 구두주걱처럼 생긴 쇠고리를 문 앞에 있는 모니터에 대니 쓰윽~~ 문이 열리는 것이었다. 우리는 그것이 전자키 인줄도 모르고 열쇠 장식 고리라고 생각한 것이다. 우리는 그 때문에 모두 깔깔 웃었다. 나중에 알고 보니 이 전자키는 현관문만이 아니라 수영장, 옥상 테라스 등 모든 구내 시설을 이용할 때 공통적으로 사용할 수 있는 편리한 것이었다. 그런 것도 모르고 우리는 방문 열쇠로 현관문을 열려고 계속 낑낑대었으니 만일 누가 우리의 행동을 보았다면 얼마나 웃었을까? 우리는 우리 셋이 신식 열쇠도 모르는 노인네라고 웃었다.

그러다 보니 어느새 저녁 때가 다 되어 인사를 하고 두 분을 배웅한 후 비로소 짐을 풀고 옷들을 옷장에 걸었다. 싸가지고 온 그릇들을 부엌의 제자리에 정리하고, 헝겊으로 된 소파에 리스베스가 빌려준 화려한 색깔의 천도 씌워보면서 대강 정리를 끝내니 어느새 밤 9시가 다 되었다. 테이블 위에 촛불을 켜고 오랜만에 텔레비전도 켜놓고 맥주 한 잔 하면서 리스베스에게 전화로 입주 보고를 하였다. 리스베스는 아침 일찍 집을 나서면서 내 아파트가 어떤지 궁금하니 저녁에 꼭 전화하라고 했었다. 내가 매우 만족스럽다고 했더니 정말 좋아하며 릴레모와 일주간 계속하고 있는 요가 코스가 끝나는 대로 조만간 한 번 방문하기로 하고 전화를 끊었다. 혼자 남아 행복한 이 밤을 어찌 지내나 생각하니 잠이 안 오고 가슴이 설레어 새벽 두 시까지 잠을 못 이루었다. 더구나 오늘 목요일 오후부터 월요일까지 부활절 휴가라 학교도 안 가고 집안에서 이것저것 즐길 생각을 하니 설레어서 더욱 잠이 안 왔다. 한밤중에 여기저기 집안 사진도 찍고 놀다가 2시가 넘어 출출하여 옥림이가 독일을 떠날 때 싸준 알록달록한 부활절 달걀과 일본 라면이 한 개 있어서 그걸 끓여먹고 겨우 잠이 들었다. 유럽에는 지난 일요일부터 서머타임<sup>summer time</sup>이 시작되어 한 시간씩 앞당겨졌다. 이런 이유 때문인지 리스베스의 집에서는 아홉 시만되면 다른 할 일이 없어 할 수 없이 일찍 잠자리에 들었던 것 같다. 그때의 생활을 생각하니 혼자 우스웠다. 더구나 리스베스 집에는 텔레비전이 없었다.

이것이 나의 어리벙벙한 기브랄타르가탄 80번지의 아파트 입주기다. 아침에는 느긋하게 일어나 북향의 시내(리스베리 방향)를 내려다보며 세수를 안 하고 앉아 있기도 하고, 화장실의 변기도 물소리에 신경 쓰지 않고 크게 마음껏 내린다. 잠옷 차림으로 텔레비전을 켜놓고 커피를 만들어 마시면서 널찍한 책상에 앉아서 이메일을 쓰는 것이 나의 희망이었는데 이제부터는 그렇게 할 수 있으니 정말 행복하다!! 이것이야말로 내가 바라던 진정한 행복이었는데 드디어 서울을 떠난 지 두 달 만에 얻게 되었다.

두 달만에 입주한
내 아파트

창문 너머로 시내가 내려다보이는
아파트 전경

우리 집에
온

첫
손님

4월에 접어드니 어느새 매우 화창한 봄 날씨가 되었다. 하늘이 맑고 햇빛이 쨍하여 집 안에서 밖을 내다보니 무척 깨끗해 보인다. 오늘은 내가 이 집에 이사 와서 처음으로 손님을 맞은 날이다. 카타리나가 오후 6시에 큰 강아지 벤노를 데리고 처음으로 내 집을 방문하였다. 나는 카타리나의 집에 자주 갔지만 카타리나가 내 집에 오기는 처음이다. 물론 샬머스 게스트하우스에 살았을 때도 차로 나를 데려다주려고 가끔 문 앞까지 온 적은 있었지만 집 안까지 들어오지는 않았었다.

지난 3월 초에 둘이서 이케아에 갔을 때 세일하는 스툴이 하도 싸고 좋아서 19크로나(3,000원 정도)씩 하는 것을 도저히 그냥 지나칠 수 없어서 한국에 가져갈 걱정을 하면서도 4개나 샀다. 카타리나가 그 스툴을 맡아두었다가 내 집으로 이사 가면 직접 전해주겠다고 했던 것을 오늘 가져다주었다. 산골에만 살았던 벤노는 처음으로 엘리베이터를 타본다며 어리둥절한 표정이었으나 집 안에 들어와 조금 지나니 안정이 되었다. 벤노는 덩치가 무척 큰데 어찌나 수줍은지 내 얼굴도 똑바로 쳐다보지 못한다. 우리 집의 앵두와 오디에 비하면 서양의 개들은 매우 예의가 발라서 모르는 사람에게도 짖거나 달려들지 않는다. 방 안에 들어와 하도 점잖게 앉아 있기에 기특하여 우리가 먹던 피자를 두 조각 나누어 주었더니 소리도 없이 잘 받아먹었다. 카타리나가 아름다운 튤립 꽃을 두 다발이나 사 와서 셔스틴에게서 빌려온 화병에 꽂았더니 탐스럽게 가득 찼다.

내가 언제나 카타리나 집에 가면 먹여주고 재워주고 하는데 카타리나가 처음으로 내 집에 온 이번에는 모처럼 저녁을 대접해야겠다고 생각했지만 막상 부엌에 조리 용구가 별로 없으니 막막하였다. 그래서 하는 수 없이 집 앞에 있는 파자 가게에 가서

리스베스에게게서 빌려온
소파 덮개와 카타리나가 사온 튤립

버섯 피자를 한 판 사 가지고 와서 간단한 채소 샐러드를 만들고 집에 있는 맥주와 와인을 마시기로 하니 마음이 좀 편해졌다. 우리는 편하게 테이블에 앉아 벤노까지 셋이서 피자를 먹으며 이야기를 나누다가 스툴을 조립하였더니 매우 훌륭하였다. 특히 색깔이 주홍색인데 살 때는 너무 강렬한 색깔이라 어떨까 걱정했는데 막상 집에 와서 보니 다른 직물에 주홍색이 있어서 의외로 잘 어울렸다. 이제 정말로 누가 오든지 넉넉히 앉을 의자도 있고, 덮고 잘 담요도 있고, 깔고 잘 침대 시트와 세수수건도 있으니 잘 되었다. 그동안 부지런히 한국에서 오는 손님 맞을 준비를 하느라고 홀멘에서 사다 준비해 두었으니…….

카타리나가 온 김에 혹시 카타리나의 집 마당에서 5월 1일 일요일에 한국 음식으로 점심파티를 하면 어떤지 물었더니 흔쾌히 승낙하여 주었다. 조재순 교수님과 김미향 선생이 4월 28일에 오면 불고기, 잡채 등을 준비하여 스웨덴 친구들에게 한국식 식사를 한번 대접하려고 했었는데 우리 집에서는 도저히 그릇도 없고 자리도 부족하여 걱정하던 중이었다. 우리가 초대하고 싶은 손님은 이언과 셔스틴, 리스베스, 마리, 그리고 또 다른 리스베스 린달, 우리 세 명까지 합하면 10명 정도다. 카타리나는 한국 음식을 만든다니 매우 좋아하였다. 나는 사실 여기에서는 한국 음식을 할 엄두를 못 낸다. 왜냐하면, 한국 음식 재료를 팔지도 않거니와 조리 용구도 없고 부엌도 좁아서 간단한 식사만 겨우 준비하기 때문이다. 하여튼 김미향 선생이 잡채 재료인 당면과 마른 버섯을 한국에서 준비해 온다고 하니 기다려 봐야겠다.

리스베스
린달과의

슬로츠코겐
산책

오늘도 어제처럼 무척 화창한 봄 날씨다. 긴 겨울 동안 햇볕에 굶주렸던 스웨덴 사람들이 모두 밖으로 쏟아져 나왔는지 거리는 온통 사람들로 붐비고 아직 쌀쌀한데도 젊은이들은 어느새 겨울옷을 훌훌 벗어부치고 여름처럼 옷을 얇게 입고 나온 사람들도 많다.

지난 금요일부터 계속해서 날씨가 하도 화창하여 밖에 나가고 싶은 유혹을 참느라 고생했다. 금, 토요일에는 외부 연구재단의 연구비 지원계획서를 쓸 일이 있어서 꾹 참고 집에만 있었는데, 일요일에는 할 일이 있는데도 접어두고 공원에 산책하러 나가기로 하였다. 온도가 12도 정도까지 올라가서 참으로 걷기에도 좋은 날씨였다. 예테보리에서 집 안에 있는 사람은 한 사람도 없다는 듯이 모두들 밖으로 몰려 나와서 거리가 북적댔다. 햇볕에 앉아서 웃고, 마시고, 먹고, 산책하는 모습을 보니 무슨 명절이나 축제 같았다.

마침 며칠 전에 리스베스 린달과 일로 연락할 일이 있었는데 대화 끝에 둘이 만나서 공원에서 한번 산책하자기에 "얼씨구나 좋다" 하고 나갔다. 나는 우리 집 모센에서 슬로츠코겐Slottssko-gen까지 운행하는 52번 버스 종점에서 그녀와 11시에 만나기로 약속을 하였다. 혼자 하는 산책도 좋지만 현지인과 함께 가면 여러 가지 안내도 해주고 말벗도 되니 더욱 좋다.

　　슬로츠코겐은 예테보리에서 가장 넓은 공원인데 우리 집에서도 버스로 10분 정도 걸리는 가까운 곳이다. 공원이 걷기 편하게 잘 되어 있고 길도 넓어서 산책하기에 매우 좋았다. 2시간 정도 함께 이야기하면서 걸었는데 중간에 카페에서 점심도 함께 사먹었다. 물론 밖에 앉았는데 나는 햇볕이 강하여 해를 등지고 앉고 싶었다. 그런데 리스베스 린달은 둘이서 나란히 햇볕을 바라보

초여름의 산뜻한 옷차림으로
산책을 나서다.

예테보리 사람들이 사랑하는
슬로츠코겐 공원

고 앉자고 하였다. 정말 서양 사람과 동양 사람의 차이는 햇볕에서 앉는 방향을 보면 금방 알 수 있다. 나는 사실 모자도 안 쓰고 선글라스도 안 써서 얼굴이 까맣게 탈까 봐 걱정이 되기는 하였는데 할 수 없이 그녀의 의견대로 그렇게 앉았다.

우리는 두 시간 정도 걷고 나서 리스베스 린달이 바로 공원 앞에 자기 아파트니 들어가 보자고 하여 따라갔다. 작은 집 (20평)이라고 하는데 어떻게 생겼는지 궁금하기도 하고, 또 누가 자기 집에 가자고 하는 것은 매우 친해지고 싶다는 의미라서 기꺼이 따라갔다. 심리학자인 그녀는 어머니가 일본인인데도 아직 일본에 가본 적이 없어서 이번 여름에 돈이 모이면 꼭 한번 가보고 싶다고 하였다. 이곳 사람들은 결혼도 빨리하고 아이도 빨리 낳으니 그녀는 이제 48세인데도 벌써 딸이 결혼하여 외손자가 하나 있고 곧

8월에 두 번째 손자가 태어난다고 한다. 그녀는 2년 전에 이혼하고 혼자 사는데 전 남편은 예테보리 대학교 심리학과 교수라고 하였다. 자기도 같은 심리학과 박사고 딸도 역시 심리학과 출신이라 현재 심리학 전공의 일을 한다고 했다. 내가 "너의 집안은 모두 심리학자만 모여 있어서 내 마음이 다 보일 것 같아 조심해야겠다"고 하니 깔깔대고 웃었다. 스웨덴 사람들도 자기 가족을 보면 그렇게 이야기한다고 한다. 가족 네 명 중 역사학을 전공하는 아들만 빼고 세 명이 모두 심리학자니 재미있었다. 딸은 결혼하여 바로 옆에 살고 아들은 대학생인데 따로 살고 있지만 5개월간 집수리 때문에 현재는 자기 집에 임시로 와 있다고 한다.

1800년대 말에 지었다는 아파트인데 안에 들어가 보니 겉보기와 달리 어찌나 관리를 잘했는지 넓어 보이고 깨끗하였다. 높은 천장에 가구가 모두 흰색으로 되어 있어서 산뜻하고 벽에 걸린 그림들도 매우 좋은 그림들이 많아서 이것저것 설명을 들으며 보았다. 침실, 거실, 부엌 겸 식당이 있는 집이었는데 혼자 살기에는 위치도 시내 한복판이고 마당에 공동으로 사용하는 정원과 바비큐 시설, 벤치 등이 있어서 아주 좋았다. 예의 바른 아들인 막스도 공손한 태도로 나를 잘 대해주었고 우리는 한국과 스웨덴의 가족관계에 대하여 이야기를 나누었다.

다음에는 기회를 봐서 리스베스 린달이 일본 음식을 준비해서 나를 한번 초대하겠다고 했다. 일본 음식 중 자기가 할 줄 아는 건 단 두 가지, 스키야키와 교자뿐이라고 한다. 그래서 나도 5월 1일에 카타리나 집에서 한국 음식으로 점심파티를 할 때 그녀도 함께 초대하겠다고 했더니 좋아하였다. 그동안 서로 업무상으로만 알고 지냈는데 개인적으로 친해지니 반갑고 따뜻하였다.

나를
놀라게 한

알람 시계

스웨덴에는 물품 재사용이 생활화되어 있어 세컨드핸드 숍second hand shop(중고 가게)이 시내 중심지, 길 목이 좋은 곳에 무척 많고 또 많은 사람들이 누구나 이용하여 성황 중이다. 이러한 가게는 개인이 하는 곳도 있고 적십자사에서 하는 곳도 있으며 또 교회에서 하는 곳도 있다. 모두 다 물자의 재사용을 통하여 지구의 오염을 줄이고 또한 얻어진 자금은 자선단체의 기부금으로 사용되니 여러 가지로 본받을 만한 곳이다. 그곳에서는 아주 훌륭한 제품도 저렴하게 살 수 있어서 나와 같은 외국 유학생들, 또는 적은 용돈으로 생활하는 학생들에게는 보물창고와 같은 곳이다. 세컨드핸드 숍에 가면 너무나 재미있는 물건들이 많고, 같은 가게라도 갈 때마다 물건이 바뀌니 시간이 날 때마다 무슨 마술에 끌리듯이 나는 자꾸만 그런 가게에 가는 버릇이 생겼다. 거기에는 온갖 물건이 다 모여 있고 물건 나름의 역사도 간직하고 있는 듯하다. 거기에서 저렴하게 유용한 물건을 찾았을 때는 정말로 신이 난다.

우리나라에서는 중고품을 사는 것이 무슨 창피한 일처럼 여겨져 그런 가게에 들어갈 때는 주눅이 드는 적이 많았는데 여기에서는 멋쟁이도, 부자도, 가난한 사람도, 돈 없는 학생도 모두

엠마우스 세컨드핸드 숍은
요긴한 물건이 잔뜩 쌓인 보물창고다.

떳떳하게 재활용품 물건을 사고, 때로는 자기에게 소용없는 물건
은 기증도 하면서 그것이 또한 지구오염을 조금이라도 줄이는 사
회적 기여라고 생각한다.

　　나는 집에 변변한 시계가 없어서 불편하던 차에 한 개
마련하려고 며칠 전에 세컨드핸드 숍에 갔었다. 물론 손목시계와
컴퓨터에 시간은 표시되지만 벽에 붙이거나 책상 위에 놓고 편하
게 볼 큰 시계가 필요하였다. 나중에 한국에 돌아갈 때 짐 될 것이
겁나서 가능한 한 아무것도 사지 않으려고 절제하며 살다 보니 불
편한 것이 한둘이 아니라 나의 결심은 곧잘 깨지고 만다. 며칠 전
에 내가 자주 가는 벨레뷰의 엠마우스에 가서 시계를 찾다가 드디
어 지하실에서 탁상용 시계를 몇 개 찾아내었고, 그중 두 개가 마
음에 들었다. 하나는 배터리 한 개를 넣어서 사용하는 전자시계로
작고 단순한 디자인으로 20크로나(3,400원), 또 하나는 옛날식 태엽
을 감아서 사용하는 시계로 30크로나(5,000원)였다. 둘 다 마음에 들
기는 했지만 한참을 망설이다가 고풍스럽고 더구나 배터리도 필요

없는 태엽 감는 시계를 선택하였다. 겉모양도 깨끗하여 사 가지고 집에 돌아와 태엽을 감았더니 "짤각짤각" 소리를 내며 잘 갔다. 그런데 잠을 자려고 침대에 누웠는데 조용한 밤이 되니 그 소리가 너무나 커서 내 가슴이 그 시계의 똑딱거리는 소리와 함께 박자를 맞추듯이 콩닥거리는 것이었다. 조용하기 그지없는 집에서 도저히 참을 수가 없었다. 게다가 밤 11시가 되니 갑자기 큰 소리로 알람이 울려서 깜짝 놀라서 깨었다. 일어나서 시계를 침대에서 가장 먼 곳으로 옮겨 놓았는데도 고요한 정적을 깨고 "짤각짤각" 잘도 울렸다. 할 수 없이 옷장 속의 이불 사이에 집어넣었는데도 집안이 워낙 조용하니까 여전히 소리가 들렸다. 갑자기 서울에 있는 재롱둥이 민재가 좋아하는 노래 "시계는 아침부터 똑딱똑딱, 시계는 아침부터 똑딱똑딱, 쉬지 않고 일해요~~" 하는 노래가 생각났다. 내일 아침에는 이 시계를 다시 가지고 가서 먼저 사려던 전자시계와 바꿔와야지 생각하고 뒤척이다가 가까스로 잠이 들었다. 그러나 막상 아침이 되니 그 먼 곳까지 몇 푼 안 주고 산 이 시계를 바꾸러 가는 것이 마음에 내키지 않았다. 그러나 문제는 내가 그 시계의 알람을 중지하는 방법을 모른다는 것이었다. 할 수 없이 그 시계를 한번 감은 태엽이 다 소모되기까지 얼마 동안은 옷장 속 깊이 이불 속에 집어넣어 두었다. 그래도 소리는 여전히 들렸는데 어쩌다가 가까스로 알람이 꺼졌고 짤각대는 소리도 어느 정도 익숙해져서 책상 위에 놓고 그냥 쓰고 있다. 언젠가는 나도 이 시계와 정이 들어 다시는 버리지 못하게 될지도 모르겠다. 도대체 이건 누가 쓰던 시계일까? 나는 항상 중고품을 쓸 때마다 그 물건의 전 주인은 누구였을까, 이 물건에는 무슨 사연이 있었을까 하는 부질없는 생각들을 하곤 한다.

# 52번
# 버스 종점

## 스코메에
## 가보기

혼자서 버스 종점인 스코메<sup>Skogome</sup>라는 곳을 다녀왔다. 그곳은 아는 곳도 아니고 유명한 곳도 아니지만 그냥 우리 집 앞을 지나가는 52번 버스의 종점이라 어딘지 한번 가보고 싶었을 뿐이었다. 집 앞에서 버스를 타고 시내를 통과하여 30분 정도 걸려서 종점까지 가보니 그곳이 스코메! 나의 예상과는 달리 완전히 인적이 드문 시골이었다. 버스 종점에는 건물도 없고 그저 작은 쇠막대 기둥에 버스 시간표 하나만 달랑 붙어 있었다. 버스에서 내려 보니 주변이 모두 자작나무 숲인데 자동차 길만 뚫려 있었다. 나는 화창한 볕을 맞으며 바람도 없는 길을 왕복 한 시간 정도 걸었다. 주변에 지나가는 사람이라고는 나 혼자뿐, 자동차들만 지나다니는 길이었는데 스코메라는 말이 아마도 "숲"이라는 뜻인 것 같았다. 마치 풍경화에서 보듯이 하늘에는 뭉게구름이 둥둥 떠다니고 주변은 조용하기 그지없었는데 그런 곳을 아무 방해도 없이 혼자서 걸으니 참으로 행복하였다. 버스 시간은 정확하니 걷고 싶은 만큼 걷다가 한 시간 후에 출발하는 버스를 타고 다시 시내로 나왔다. 별 곳은 아니었지만 정기권 시내버스표로 돈 안 들이고 이런 곳을 다닐 수 있으니 참 좋은 일이다. 따로 관광이라고 이름 붙이지 않아

**버스 종점 근처에 이런 풍경이……**

도 이런 곳이 나에게는 그냥 "경치를 보는<sup>sightseeing</sup>" 관광이다. 그저 할 일 없이 사람도 별로 없는 한적한 버스 안에 앉아서 밖을 내다보며 경치를 즐기는 것이다. 그런 내 모습을 스웨덴의 버스 운전사가 이상하게 생각할까? 아마도 그럴 것이다. 버스에는 다른 손님도 없을 뿐만 아니라 게다가 나는 이곳에서는 보기 드문 동양 여자가 아닌가!!

온갖
이상한 이름의

국제여성캠프

　　이번 연구 휴가 때 사용하는 연구실은 다른 때와 달리 샬머스 전체적으로 연구실 사정이 좋지 않다고 나에게 3인 공동연구실을 배정해주었다. 이 학과의 다른 동료 교수 중에도 공동연구실을 사용하게 된 경우가 많다고 하니 교환교수인 나로서는 받아들일 수밖에 없었다. 같은 방을 쓰는 잉어 리세가 우스갯소리로 한 말처럼 이 방은 "Odd Names' International Women's Camp(온갖 이상한 이름의 사람이 다 모여 있는 국제여성캠프)"다. 연구실 문 앞에 붙어 있는 이름표를 보면 그 말이 실감 난다. 이미 떠나간, 누군지 모르는 여성의 이름까지 4개가 붙어 있는데, 맨 위에는 내 이름 Jung Choi(한국인), 그다음이 이미 떠난 사람 크리스티나 닐손(이름으로 보면 아마도 스웨덴인?), 세 번째가 스웨덴 북쪽 도시 달라나<sup>Dalana</sup>에서 가끔 오는 에리카 요한손(스웨덴인), 마지막에 오슬로에서 주중 3일 정도 기차로 짐 꾸러미를 끌고 오가는 잉어 리세 쉬버슨(노르웨이인)이다. 정말 가지각색의 국적과 이름이 아닌가!

　　이곳 스웨덴의 대학교수 체제는 우리나라와는 좀 달라서 100% 교수로 한 학교에 붙박이로 있는 경우는 무척 드문 것 같다. 연구와 강의를 같이 하는 경우에 대부분 2곳에 적을 두고 양쪽 직장을 왔다 갔다 하면서 근무하니 이런 체제를 처음으로 보는 나로서는 이해가 잘 안 되었다. 아마도 한 곳에 50%, 또 다른 곳에서 50%, 또는 한 곳에서 30%, 다른 곳에서 70% 식으로 두 직장을 오가며 근무하는 경우가 많은 것 같다. 게다가 그 직장이 서로 가까운 도시가 아니라 에리카나 잉어 리세처럼 4~5시간씩 기차로 오가는 것이 대부분이라 숙소도 양쪽 도시에 모두 있어야 한다. 게다가 나오는 요일이나 기간도 매우 유동적이라 프로젝트와 강의 사정에 따라 각 학교에 가야 하는 날이 불규칙하다. 집이 스웨덴 남부도시 룬드Lund인 나의 초청 교수 피터도 마찬가지다. 2002년과 2005년에 내가 샬머스 게스트하우스에서 살았을 때도 옆 방의 교수가 그런 사람이었다. 처음에는 매일 숙소에 오지 않고 일주일에 하루 이틀만 오면서 기숙사를 배정받아 꼬박꼬박 집세를 지불하는 것이 이상하다 생각했는데 이제는 그 사정을 이해하게 되었다. 매주 하루 이틀만 학교의 게스트하우스에서 지내면서 월세를 지불하더라도 그때마다 호텔에 머무는 것 보다는 그 비용이 훨씬 싸기 때문이다. 이런 시스템에 비하면 한 학교에서 고정적으로 퇴직할 때까지 근무하는 우리나라의 교수체제가 더 나은 것 같다.

에리카의 경우, 달라나의 대학교에서 강의하고 샬머스에서는 프로젝트의 코디네이터로 참여하므로 달라나에 있는 집 이외에 예테보리에도 작은 아파트를 하나 마련하여 머무른다고 한다. 잉어 리세는 오슬로 대학교와 샬머스에서 강의하므로 보통은 월~수요일은 샬머스에서, 목~일요일은 오슬로에서 가족들과 사는데 그것도 고정적이지는 않다. 본래의 집이 오슬로에 있고 샬머스에는 불규칙하게 나오므로 예테보리에 올 때는 동료 교수인 솔베이의 집에서 머문다고 한다. 그녀가 매주 트렁크를 들고 기차로

5시간 정도를 오가며 짐 꾸러미를 그대로 연구실에 둔 채 강의실로 가는 모습은 꽤 분주해 보인다. 그러니 이 연구실은 잉어 리세가 말한 것처럼 "국제여성캠프"가 딱 맞는 표현이다. 그 이름이 어찌나 우습고 적절한지 우리 둘이는 한참을 깔깔대고 웃었다. 그래도 내가 이 연구실에 가장 늦게 들어왔지만 반대로 가장 안정적으로 연구실을 지키는 사람이다. 사정이 이렇다 보니 출근이 모두 불규칙하여 누가 어느 요일에 나오는지, 또는 안 나오는지도 서로 모르고 지낸다. 어떤 날은 세 명이 모두 나와서 학생들도 드나들고 오가는 사람들과 전화 통화도 많아 북적거리니 나는 집중하기 힘들어 일찍 연구실을 나오는 날도 있고, 어떤 날은 아무도 없이 나 혼자라서 조용한 연구실에서 논문 쓰기에 몰두하다가 6시경에 나오는 날도 있으니 순전히 그날의 우연이다. 더구나 모두 이렇게 예테보리에 사는 붙박이 사람들이 아니다 보니 내가 그전에 이언이나 카타리나, 리스베스에게 묻고 도움을 받았듯이 무엇이든지 쉽게 물어볼 상대가 없다. 처음에 연구실에 와서 한번은 잉어 리세에게 은행가는 일을 물었더니 그녀도 잘 모른다고 한다. 그때 '아차, 이 사람도 외국인이지!!' 하는 사실을 비로소 깨달았다.

국제여성캠프,
3인 공동 연구실

# <br>04. 21.<br>WED

외국인의<br>좌절감

비싼 은행<br>수수료

어제는 은행에 가서 참으로 외국인으로서의 좌절감을 크게 느꼈다. 그동안 몇 번 은행에 볼일이 있을 때나 기차표를 인터넷으로 구매하려 했을 때마다 그런 점을 느끼고는 있었으나 어제는 정말로 심각하였다. 문제는 모든 은행 업무에서 수수료를 너무나 터무니없이 많이 받는 데다가 더구나 나처럼 자기 은행에 계좌가 없는 경우에는 더욱 많이 받는다. 스웨덴에서는 이상하게도 국제신용카드로는 지로요금을 받지 않는다. 나 같은 경우에는 잠시 머무는 외국인이니 스웨덴 은행계좌를 열 수도 없고, 스웨덴 은행의 신용카드도 없으니 인터넷 뱅킹도 할 수 없기 때문에 그 억울한 일을 달리 피할 수가 없었다.

3월에는 집세를 내러 은행에 고생하며 지로의 계좌가 있는 해당 은행에 버스까지 타고 일부러 찾아갔는데 내가 그 은행에 계좌가 없다고 수수료를 무척 많이 받았다. 그런데 며칠 전에도 두 번째로 내는 아파트 월세 4,520크로나(768,000원)에 130크로나(22,000원)나 수수료를 받았다. 2월에는 스톡홀름에서 열리는 코하우징 학회참가비 2,400크로나(408,000원)를 내는데 무려 10%에 가까운 230크로나(40,000원)의 수수료를 낸 적도 있었다. 자기 은행의 계좌가 있는 고객도 수수료를 내지만 아마 반 정도로 수수료가 싼 모양이었다. 그래서 은행직원에게 내가 이 은행의 계좌를 만들려면 어떻게 해야 하느냐고 물었더니 세무서에 가서 스웨덴 아이디 카드ID card를 받아서 샬머스에서 받은 공식적인 초청서류, 여권 등을 준비해 오라고 하였다. 앞으로 내가 내년 1월까지는 스웨덴에 거주해야 하고 또 적어도 매달 한 번 이상은 은행에 지로를 납부해야 하는데 그때마다 내야 하는 수수료만 계산해도 매우 많았다. 그래서 큰 맘 먹고 세무서에 가서 스웨덴 아이디 카드를 신청하려고 인터넷을 통하여 절차를 자세히 읽어보니, 우선 신청 전에 400크로나(64,000원)를 납부하고 그 영수증을 가지고 와야 한다고 쓰여 있었다. 과연 400크로나를 내고도 앞으로 남은 아홉 달을 위하여 스웨덴 아이디 카드를 신청하는 것이 좋은지 아닌지를 한참 망설였다. 그러다가 결국 용기를 내어 세무서에 신청할 서류를 준비하여 비용을 내러 은행에 갔다.

그런데 학교 앞 가까이에 있는 한델스 뱅크Handels bank에서는 400크로나를 지로로 내려면 170크로나(28,900원)의 수수료를 내야 한다는 것이었다. 하도 터무니가 없어서 웬 수수료가 그리 비싸냐고 물었더니 자기 은행의 고객이면 조금 싸다고 하길래 이제 앞으로 은행계좌를 만들기 위해 아이디 카드를 신청하려고 이 400크로나를 내려고 한다고 했더니 자기로서는 따로 도와줄 방법이 없으니 혹시 다른 은행에 가서 수수료가 더 싼지 알아보라는 것이었다. 그 순간 너무나 큰 좌절감을 느껴서 그냥 은행 문을 닫고 나오고 말았다. 외국인으로서 남의 나라에 산다는 것이 이리도 복잡한 일인가!! 은행계좌 하나를 못 열어 인터넷 뱅킹도 못하고 인터넷으로 기차표도 못 사고, 그리고 왜 한국의 은행에서 발급한 국제 신용카드는 받지 않는 것인가? 몹시도 분하고 억울하였다.

은행에서 나와 기분이 몹시도 안 좋아 기분전환 겸 그 길로 카타리나가 한번 말해준 적이 있는 박카플란 외곽에 있는 엠마우스Emmaus라는 세컨드핸드 숍을 찾아가 보기로 하였다. 이 가게는 겉에서 보기에는 공장같이 허름한 곳이었는데 안으로 들어가니 몹시도 넓고 물건도 어마어마하게 많았다.

거기에서 고르고 골라 마음에 드는 새 커튼을 세 쪽 샀다. 재료도 코튼과 리넨이거니와 스칸디나비아풍 디자인과 색깔도 마음에 들어서 망설이다가 네 쪽 모두 사고 싶은 것을 꾹 참고 세 쪽만 샀다. 그래도 은행 수수료 값밖에 안 된다. 집에 돌아와 처음 입주할 때 창에 드리워져 있었던 마음에 안 드는 커튼을 떼어내고 새로 산 커튼으로 바꿔 걸었더니 분위기가 한결 세련되어 보였다.

우울한 기분 전환으로 며칠 전에 사 온 3리터짜리 화이트 와인 박스를 새로 뜯었다. 내가 좋아하는 새로 산 와인용 글라스에 화이트 와인을 가득 채워 샐러드를 먹으며 마셨더니 우울한 기분이 좀 풀렸다. 두 잔을 연거푸 마셨더니 어찌나 졸리던지 골치 아픈 일은 접어 두고 일찍 잠자리에 들었다.

박카플란에 있는
엠마우스 세컨드핸드 숍을
지도를 보고 찾아가다.

스웨덴의
아이디 카드

신청하기

아침에 일어나도 어제의 스웨덴 아이디 카드 신청에 대한 생각이 정리되지 않았다. 어찌할까 망설이다가 이번에는 은행건으로 그동안 하도 여러 번 부탁했던 이언 대신에 누구 부탁할만한 사람이 없을까 생각했다. 그때 학과의 회계직원인 리타가 무엇이든지 어려운 일이 있으면 부탁하라고 했던 생각이 나서 "혹시나?" 하고 그녀를 찾아가 나를 위해 인터넷뱅킹을 해줄 수 있는지 물어보려고 갔다. 만일 리타도 곤란하다면 그만 아이디 카드를 신청하지 않기로 마음을 먹었다. 리타는 언제나처럼 명랑한 얼굴로 나를 맞아주었는데 은행 수수료 이야기를 듣더니 금방 자기가 도와주겠다고 하였다. 인터넷뱅킹으로는 어느 은행으로 이체를 하든지 간에 수수료를 전혀 내지 않는다고 하니 170크로나가 절약되었다. 리타는 한 푼이라도 쓸데없는 돈을 내는 것은 불합리하다고 나중에 내가 자기와 같은 스웨드 뱅크<sup>Swed bank</sup>에 은행계좌를 열면 시스템이 같으니 사용법을 잘 가르쳐주겠다고 하였다. 하여튼 인터넷뱅킹을 하게 되더라도 모든 용어가 스웨덴어니 처음에는 그것을 다루기도 만만치는 않을 것이다.

리타가 인터넷뱅킹으로 지불한 영수증을 프린트하여 어제 위치를 미리 알아둔 시내의 세무서로 의기양양하게 찾아갔다. 거기에서 영어를 잘하는 직원의 도움으로 아이디 카드ID card를 신청하기 전에 우선 내가 신청해야 하는 것은 아이디 넘버ID number라는 것을 알게 되었다. 나는 그것이 같은 것인 줄 알았더니 전혀 다른 것이었다.

스웨덴에 거주 비자를 가지고 있는 사람들은 스웨덴에 도착한 후에 모두 아이디 넘버를 발급받는 것 같았다. 내가 여권에 붙어 있는 한국에서 받아온 1년짜리 비자를 보여주니 신청서를 작성하여 접수해주고 2주 후에 집 주소로 아이디 넘버를 알려주는 편지가 온다고 하였다. 그러면 그 번호를 가지고 내가 어제부터 오늘까지 고생하며 지불한 400크로나와 함께 서류를 작성하여 다시 아이디 카드를 신청하는 것이 맞는 절차라고 하였다. 그것도 약 2주 걸린다고 하니 전체 한 달은 걸리는가 보다. 나중에 생각해보니 내가 목적으로 하는 은행계좌를 개설하는 데에는 돈이 드는 아이디 카드가 아니라 아마 비용을 안 내는 아이디 넘버만 필요한 것인지도 모르겠다. 그러나 안내서에 400크로나는 환불이 안 된다고 쓰여 있으니 이제는 할 수 없이 아이디 카드까지 신청해야 한다. 그러나 대부분의 고객들이 외국인인 이 사무실에서 직원들이 영어로 친절하게 대응해주고 번호표 지정도 잘되어 있어서 오래 기다리지 않고도 기분 좋게 일을 처리하고 나왔다. 하여튼 2주일 정도 지난 후에 다시 와야겠다고 생각하고 세무서의 문을 나섰다. 이제 나도 은행계좌를 개설하고 인터넷뱅킹을 사용하게 되면 복잡하고 억울한 은행 업무에서 스트레스를 덜 받게 되겠지 하는 기대를 하니 어제의 우울했던 기분이 약간 풀렸다.

내가 1994년 코펜하겐에 처음으로 갔을 때 한국에서 1년 짜리 학생비자를 받고 갔었다. 그때에는 웬일인지 단스크 은행 Dansk bank에서 별다른 서류 없이 여권만 보고도 금방 은행계좌를 개설해 주었고, 동료 외국인 유학생들이 가르쳐주어 이민국에서 아이디 넘버도 쉽게 받았었다. 그때는 비용을 낸 생각도 안 나고 그리 어렵고 복잡하다는 생각은 전혀 들지 않았었다. 그 아이디 넘버로 할인이 많이 되는 교통카드 정기권(1개월짜리)을 구입해서 사용했던 생각이 난다. 1년 후에 스웨덴으로 떠나면서 단스크 뱅크에 가서 계좌를 닫으려고 하니 1년 동안 맡겨 놓았던 돈에 이자는커녕, 오히려 현금 보관료를 내라고 했던 기억만 난다. 그래서 나는 한국은행에는 돈을 맡기면 이자가 붙는데 여기에서는 1년 후에 보관료를 제외하고 본전보다 적은 돈을 돌려받으니 참으로 이상하다고 생각했었다.

에코
라이프 스타일의

반작용

　　나처럼 별로 품위 있게 살지 않고 기숙사에서 떠돌이처럼 생활하는 데에도 자잘한 물건이 계속 필요하다. 살아갈수록 소박한 생활에 반하여 자꾸만 욕심이 생기는가 보다. 에콜로지(자연생태적인)한 생활을 몸소 실천한다는 것이 나에게는 얼마나 어려운 일인지를 요즘 나는 매일처럼 실감하며 살고 있다. 그런 점에서 보면 에콜로지한 생활을 몸소 실천하는 리스베스나 비르깃타는 대단한 사람들이다. 깊은 생각 없이 편하게 소비를 추구하는 한국 사회에서 살다 온 나에게는 지금의 생활이 몸에 배어서 그런지 크게 긴장하거나 단단히 마음먹지 않으면 에콜로지한 생활을 실천하는 것이 몹시도 어렵다. 아마도 지난 두 달 동안 내가 리스베스의 집에서 살면서 몸과 마음이 극도로 피로했던 것도 한편으로는 갑자기 그런 생활에 적응하기가 어려워서 그랬을 것이다. 물도, 전기도, 세제도 무엇이든지 적게 소비하고, 인스턴트 음식은 먹지 않고, 유기농 음식만 적은 양을 먹고, 몸에 나쁜 커피는 안 마시고 녹차만 주로 마시고, 맥주나 와인 등, 술은 적게 마시고, 단 음식은 안 먹고 등등⋯⋯. 대부분 내가 살아온 방식과는 전혀 상반되는 생활방식이었다. 몸에 배지 않은 이런 생활을 갑작스럽게 실천해야 한다는 것 자체가 심리적으로 부담이었다.

리스베스의 집에 살면서 내가 불편했던 것 중의 하나는 집에 거울과 시계가 없다는 것이었다. 거울이라고는 욕실 벽에 걸린 작은 거울 하나뿐이었는데 그것도 크기가 얼마나 작고 높게 붙여져 있는지 가까이서 얼굴만 겨우 보일 정도인 데다가 욕실의 불도 어두워서 그나마 자세히 보이지도 않았다. 전신거울은 당연히 없었다. 그래서 아침마다 화장을 하고 옷을 입고 나면 얼굴색이 어떤지, 옷은 잘 어울리는지, 몰골이 이상하지는 않은지 확인할 수가 없어서 스스로 몹시도 궁금하였다. 어떤 날은 학교에 와서 밝은 화장실 거울에서 나를 보면 얼굴에 바른 파운데이션 색깔이 너무 짙거나 아니면 얼룩져 있어서 민망한 적도 있었다. 그래서 내가 '이사를 하면 꼭 전신 거울을 하나 사야지' 하고 마음먹고 있었는데, 이사를 오니 이 집 욕실에는 벽의 반을 가리는 큰 거울이 붙여져 있고 불도 아주 밝아서 시원하게 내 모습을 볼 수 있었으나 역시 상반신만 비출 뿐, 전신을 볼 수는 없었다. 그래서 가게에 갈 때마다 전신거울을 사고 싶어 자주 들여다보았는데, 항상 문제는 자동차가 없으니 그걸 어떻게 운반하느냐 하는 것이었다. 이곳에는 인건비가 워낙 비싸서 한국처럼 물건을 배달해 주는 문화가 거의 없다. 그래서 우스갯소리로 한국을 "배달의 민족"이라 하지 않던가!

어제는 엠마우스에 커튼을 다시 사러간 김에 그 전날 미리 보아두었다가 운반 때문에 망설였던 전신거울을 다시 들여다보았다. '오늘은 따로 들고 온 짐도 없으니 한번 거울을 사서 들고 가볼까?' 여러 번 망설인 끝에 찜해둔 두 개의 거울 중에서 결국 우리 집에 걸어도 크게 눈에 거슬리지 않을 것 같은 원목 틀로 된 거울을 사기로 결정하였다. 가격은 30크로나(5,000원)였다. 어차피 내가 한국으로 떠날 때 이 거울은 이 집에 두고 갈 것이니 그리 큰돈을 투자할 생각도 없었지만 그래도 다음 입주자가 집 안에 두고 사용해도 눈에 거슬리지 않는 것이 좋을 것 같았다. 그래서 목재 틀로 된 거울이 디자인도 심플하고 거울의 질도 쓸 만하여 계산을 마치고 의기양양하게 거울을 들고 버스 정류장으로 출발하였다.

거울의 높이가 내 키의 1/2 정도나 되어 처음에는 가벼운 듯 하더니 걸을수록 무거워졌다. 가게에서부터 집으로 곧장 가는 52번 버스정류장까지도 허허벌판을 지나 10분 이상은 걸어야 했다. 겨우 버스 정류장에 도착하여 시간표를 보니 또 15분은 기다려야 버스가 오게 생겼다. 나는 아무도 없는 외진 버스정류장 벤치에 앉아서 버스가 오기를 기다렸다. 아직 오후 5시가 안 되었으니 사람들이 붐빌 시간은 아니니까 크기가 큰 거울을 들고 타도 별다른 문제가 없으리라 생각했다. 드디어 버스가 도착하여 얼른 올라탔는데 아무래도 키가 큰 거울이 조심스러워 붙잡고 서 있다가 한 정거장 가서 운전석 가까이 앞에 빈자리가 나기에 얼른 가서 안도의 숨을 내쉬며 앉았다. 이제 집 앞에 가서 내리기만 하면 거울 운반은 끝난다. 작은 일이었지만 거울을 산 것이 무척 기분이 좋았다. 그런데 한 정거장 가더니 운전사가 갑자기 운전석 문을 열고 나오더니 나에게 무엇인가 자꾸 이야기를 하는데 스웨덴어라 알아듣지 못하여 갸우뚱하고 있었더니 영어로 나보고 내리라는 것이었다. 그는 내 거울을 가리키며 이런 물건을 들고는 버스를 탈 수 없으니 내려서 택시를 타라는 것이었다. "이상한 외국인"이라는 눈치로 버스에 탄 사람들도 모두 나를 쳐다보는데 나는 그만 하도 무안하여 알았다고 대답하고는 얼른 버스에서 내렸다. 버스는 곧 나를 두고 떠나 버렸다. '내가 너무 운전석 가까이 앉았나?' 후회하며 '다

음 버스를 또 모르는 척하고 타볼까?' 하는 생각도 했지만 그 정류
장에는 다른 버스를 기다리는 사람들이 많아서 내가 방금 버스에
서 쫓겨난 것을 다 보았을 텐데 다음 버스에서도 또 쫓겨난다면 무
척 창피할 것 같았다. 어찌해야 하나? 이 30크로나짜리 거울을 집
에 가져가기 위해서 몇 백 크로나를 내고 택시를 타야하나? 갑자
기 머리가 텅 비며 난감해졌다. 그러나 그럴 수는 없었다. 여기에
서 집까지는 가까운 거리도 아니고 무척 멀었다. 한참을 생각하다
가 "다른 방법"을 한번 시도해 보고 그것도 안 되면 후미진 길 한
편에 거울을 버리고 돌아갈 결심을 하였다. 그 "다른 방법"이란 버
스 정류장에서 조금 떨어져 있는 전차 정류장으로 가서 전차를 타
고 샬머스까지 간 후, 거기에서부터 집까지 걸어가는 방법이었다.
버스와 달리 전차는 집 앞까지 가는 것이 없었다. 샬머스에서부터
집까지 가는 길은 내가 매일 아침마다 걷는 숲 속 길이니 전차에
내려서 15분 정도 걸으면 된다. 전차는 버스보다 공간도 넓고 또
세 칸 정도가 붙어 있으니 맨 마지막 칸으로 탄다면 운전수가 볼
수 없을 것 같았다. 그런데도 만일 운전수가 CCTV로 보고 방송으
로 내리라고 한다면 할 수 없이 내린 후에 먼저 생각해 놓은 방법
을 채택할 수밖에 없었다.

　　　나는 마치 큰 범행을 저지를 사람처럼 가슴이 두근두근
하는 중, 드디어 기다리던 6번 전차가 도착하였다. 나는 주변을 살
피면서 세 칸 중의 맨 뒤 칸의 문으로 가서 얼른 거울을 들고 올라
탔다. 처음에 거울을 가지고 대중교통을 이용하는 것이 위반인지
몰랐을 때에는 당당하였으나 이번에 알고 난 후에는 무언가 큰죄
를 짓는 것 같아서 마음이 편치 않았으나 내가 할 수 있는 일은 그
시도밖에 없었다. 다행히 전차에는 사람도 얼마 없이 한가하였으
며 의외로 아무소리 없이 전차가 출발하였다. 나는 얼른 문 앞 안

여러 칸으로 연결된
예테보리 전차

긴 거울을 살짝 눕혀서
싣고 온 전차 내부

쪽에 유모차 놓는 공간이 넓게 비어있어서 거기에 거울을 옆으로 눕혀서 벽에 붙여놓았더니 남의 눈에 별로 띄지 않았다. 그때는 전차 안에 빈자리도 많았지만 거울 앞에 가리고 서 있어야 남의 눈에도 덜 띌 것 같았고, 또 혹시라도 전차가 커브를 돌 때 거울이 넘어지는 경우에는 얼른 붙잡기 위하여 30분이나 되는 긴 거리를 좌석에 앉지 못하고 내내 서서 왔다.

내릴 때가 되니 다시 남들이 위법자인 나를 모두 쳐다보는 것 같아서 마음이 불편하였다. 다행히 샬머스에서 타는 학생들이 많아서 나는 복잡한 틈을 타서 거울을 들고 얼른 내렸다. 전차는 다시 떠났고 아! 이제 겨우 살았구나 생각하니 안도의 한숨이 나왔다.

이제부터는 걸어갈 수 있는 거리니 조금 힘이 들더라도 큰 문제는 아니었다. 무게가 꽤 나가는 긴 거울을 세워서 들다, 눕혀서 들다, 또 왼손으로 들었다, 오른손으로 들었다 손을 번갈아

바꾸어가며 숲길을 걸어서 집으로 돌아왔다. 홀몸으로 걷던 때와는 달리 전차정류장에서 집까지 무척 멀게 느껴졌다. 드디어 아파트에 들어와 엘리베이터를 타고 방으로 들어왔다. 길고 긴 여정 끝에 우여곡절을 겪으며 사 가지고 온 거울이었다. 팔이 몹시 아팠지만 참았다. 물로 먼지를 잘 닦고 벽에 기대어 세워놓으니 나의 전신이 정말 시원하게 잘 보였다. 아, 이렇게 시원한 것을! 매일 얼굴만 보고 스커트나 바지를 보려면 욕실에 가서 스툴 위에 올라가서 거울을 보았었다니…….

　이제는 어디에다 붙일까가 고민이었다. 왜냐하면, 이 집에는 거울을 걸 수 있는 못도 없거니와 그런 공구도 없었다. 여기저기 커튼 고리를 모아둔 봉지를 뒤지다가 그 안에서 가까스로 작은 나사못 한 개를 찾아내었다. 마치 구세주 같았다. 게다가 서랍 안에는 며칠 전에 살까말까 망설이다가 하나 사 둔 십자 드라이버가 있었다. 하잘것없이 버려질 작은 나사못 하나가 이렇게 요긴하게 쓰일 줄을 어찌 알았을까? 장식장의 한쪽 면에 나사못을 놓고 드라이버로 돌리니 가까스로 못이 들어가 고정되었다. 이제 거기에 거울을 걸으니 정말 잘 맞았다. 거울 틀과 장식장의 색깔이 원목으로 똑같아서 눈에도 잘 안 뜨일 뿐만 아니라 그 위치도 옷장 앞이라 거울을 달기에는 여러 가지로 안성맞춤이었다. 아, 나는 이제부터 매일 시원스레 전신을 볼 수 있으니 참으로 마음이 뿌듯하였다. 이것이 내가 비싼 택시 값 때문에 하마터면 후미진 길에다 버리고 올 뻔했던 30크로나 짜리 전신거울을 가지게 된 이야기다.

　시계에 대한 갈증은 또 다른 방법으로 풀었다. 내 아파트로 이사 온 후에 쓸데없는 시계까지 자꾸 사는 버릇이 생겨서 한

무거운 거울을 들고 걸어 온
샬머스 뒤 숲길

국에서는 거들떠보지도 않고 멀쩡해도 귀찮다고 쓰레기통에 던져 버렸던 전자시계, 태엽 감는 시계들을 세컨드핸드 숍에 가서 돈을 내고 사고, 또 산다. 이러지 말아야지 하는데도 자꾸만 시계를 사는 것을 보면 아마도 시원하게 시계를 보지 못하고 컴퓨터의 시계나 손목시계만 보며 지냈던 생활이 힘들었나보다. 지금 내 아파트에는 카타리나가 빌려준 큰 벽시계, 11시 마다 자명종이 크게 울려서 놀라는 태엽 감는 옛날 시계(그러나 알람 끄는 법을 몰라서 매일 밤 11시마다 당했다), 소리 없이 얌전하게 가는 구식의 작은 전자시계, 그리고 라디오에 알람과 디지털 글씨까지 잘 보이는 현대식 전자시계까지 시계가 모두 4개나 된다. 이처럼 에코 라이프 스타일의 반작용은 나에게 필요 없는 물건까지 자꾸만 사게 한다.

세미나
발표와

한국
손님맞이

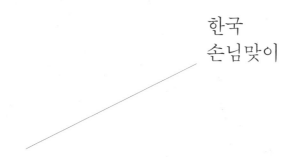

    오늘은 유난히 여러 가지 일이 겹쳐서 매우 바쁜 날이었다. 학교에서는 3월 초부터 예약해 놓았던 나의 세미나 발표가 오전에 있었고 밤에는 조재순 교수님과 김미향 선생이 9시 반부터 각기 다른 비행기로 30분 간격을 두고 예테보리에 도착하기로 한 날이다. 세미나에서는 한국의 치매 노인 부양 정책과 시설에 대하여 영문으로 발표하였는데 아쉽게도 참석자가 별로 없었다. 나의 초청교수인 피터, 마리, 그리고 탄자니아에서 온 박사과정생 두 명, 이언, 모간 이렇게 여섯 명이 전부였다. 처음에는 참석자가 15명 정도 되리라 생각했었는데 의외로 적으니 오히려 친숙하고 마음도 덜 긴장되었다. 아프리카의 학생들은 자기 나라의 노인 부양 시스템이 워낙 우리와는 관련이 적으니 별로 큰 흥미는 없는 듯 보였고, 모간은 마침 노인주택과 부양을 주제로 현재 박사 논문을 쓰고 있는 중이라 매우 열심히 들었으며 나중에 나의 다른 논문들까지 참고자료로 쓰겠다고 파일을 내려받아 갔다. 어쨌든 세미나가 끝났으니 휴우~하고 한시름 놓았다.

    이제는 손님맞이 준비만 남았다. 더욱이 그들이 오면 나는 거의 한 달 정도 학교에 나갈 수 없으므로 학회 참석 시에 필요한 모든 예약 자료와 기차표, 호스텔 지도, 견학할 곳의 연락처들을 꼼꼼히 챙겨서 퇴근하였다. 집에 와 집 안 청소도 하고 슈퍼에서 식품도 사다 놓고 두 명이 잘 수 있는 침구와 식기 등도 준비하였다. 그동안 이곳저곳에서 여분의 두 명이 잘 수 있는 매트리스, 침대 커버, 담요, 수건 등을 준비해 놓았으나 흡족하지는 않았다. 그래도 웬만한 선에서 마무리하고 실전에 부딪혀보기로 하였다.

드디어 저녁에 두 사람을 공항에서 만났다. 짐도 많았고 밤도 늦었으니 셋이서 택시를 타도 3인분의 버스비와 별로 큰 차이는 없을듯하여 택시를 타고 집 앞에서 무사히 내렸다. 집에 들어와 불편한 대로 바닥에 2인분의 매트리스를 깔고 트렁크를 이리저리 옮겨가며 조금 떠들다가 늦게 잠자리에 들었다. 드디어 스웨덴이 초행인 두 손님을 맞이하여 스웨덴에서의 최초의 한국 손님맞이가 시작될 순간이다. 내일 아침에는 그동안 어렵게 예약이 된 마요르나Majorna의 마이바켄Majbacken 코하우징 견학이 10시 반부터 12시까지 예정되어 있고, 오후에는 3시부터 4시 반까지 묀달Möndal의 코르넷Kornet 코하우징 견학이 예정되어 있으니 강행군이다. 시차 때문에 늦게 일어나지 않도록 우리는 알람을 켜놓고 잠자리에 들었다. 내일은 다행히 이언이 차를 가지고 우리 아파트로 와 주기로 하였으니 일단 교통편은 해결되었다. 굿 나잇~~

# 마이바켄과
# 코르넷 코하우징

방문

아침에 서둘러 일어나 셋이서 번갈아 욕실을 사용하며 마이바켄 약속 시각에 맞추어 나갔다. 우리를 안내해줄 사람이 누구인지, 또 어떤 곳이지 궁금하기도 하고 긴장도 되었으나 다행히 이언이 함께 가주니 덜 긴장되었다. 마이바켄은 견학비를 300크로나(48,000원)나 받는다고 하니 적지 않은 가격이다. 시간에 맞추어 집안에 들어가니 몇 주간 나와 이메일로 미리 연락을 주고받았던 엘리자베스 웃존이 다른 한 부인과 나와서 우리를 반겼다.

마이바켄 코하우징에서
우리를 안내해준
엘리자베스, 조재순 교수님과 함께

2008년 11월에 샬머스에서 노인주택에 대한 노르딕<sup>Nordic</sup> 세미나가 있어서 내가 발표자로 초청되어 학기 중에 1주일간 짧게 다니러 온 적이 있었는데, 그때 저녁 식사 후에 발표자로 온 일본인 교수와 함께 리스베스가 나를 마이바켄에 데리고 왔었다. 그때는 리스베스의 지인인 울라가 우리를 안내해 주었는데 아마도 그당시 리스베스는 이 집에 입주할 생각을 하고 오랫동안 신청하고 기다리던 중이어서 울라와는 잘 아는 사이인 것 같았다. 그날 저녁 갑작스레 찾아간 우리가 공동식당에서 만난 것은 아바<sup>Abba</sup>를 주제로 한 파티였다. 많은 주민들이 아바의 복장을 하고 즐겁게 웃고 노래하며 노는 가운데, 약속도 없이 불쑥 찾아온 동양인 두 사람을 무척 반겨주었고 사진도 함께 찍어서 그날의 기억이 오래 지워지지 않았던 곳이었다.

그날 파티가 있었던 그 공동식당에서 우리는 엘리자베스와 또 다른 안내자와 함께 거의 한 시간 동안 면담을 하고 개인 아파트 몇 개와 공동생활 공간 등을 둘러보았다. 사실은 나도 이런 곳에 세를 얻을 수 있는 방이 있다면 이번 연구 휴가는 코하우징에서 주민들과 함께 생활하며 지내고 싶다고 생각했었는데 나중에 엘리자베스의 말을 들으니 그것이 전혀 불가능한 일은 아니었다. 주민 중에 미국에 6개월, 마이바켄에 6개월 거주하는 여자 화가가 있다고 하는데 그 집을 세 내어 주인과 번갈아서 사용하면 큰문제가 없다고 하였다. 그러나 이미 나는 어렵사리 학생 아파트를 얻었으니 이번에는 아쉽지만, 그 꿈을 접을 수밖에 없었다.

2008년 마이바켄 코하우징의
아바 주민 파티에
갑작스런 손님이 되다.

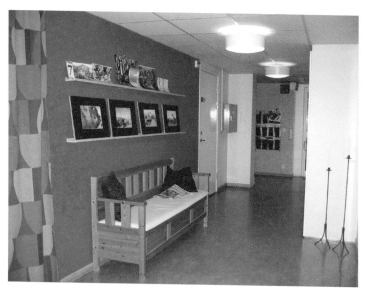

마이바켄 코하우징의 현관

점심시간에 잠깐 쉬고 오후 3시에는 묀달의 코르넷 코하우징에 견학 예약이 되어 있었다. 이곳은 최근에 지어진 코하우징이라고 리스베스 린달도 관심이 있어 합류하여 다섯 명이 함께 견학하게 되었다. 묀달은 내가 사는 아파트에서 아주 가까운 곳이지만 예테보리 시의 경계를 넘어가니 교통카드가 유효하지 않아서 잘 안 가게 됐었다.

기존의 공영임대아파트를 개조하여 사용하는 마이바켄에 비하여 코르넷은 지은 지 몇 년 안 되어 그런지 매우 현대적이고 밝은 분위기의 주택이었는데 색채감각이나 건축과 실내디자인이 무척 마음에 들었다. 안내를 맡아준 주민대표 안나와 다른 안내자도 매우 친절하고 성심을 다하는 모습이 마음에 와 닿았다.

코르넷 코하우징의
공동식당

코르넷 코하우징 주민과의
인터뷰

카타리나의
산골 집에서의

점심
파티

오늘은 드디어 계절의 여왕인 5월이 시작되는 날. 우리가 스톡홀름으로 떠나기 전, 카타리나의 산골 집에 모여서 스웨덴 친구들 6명을 초대하여 9명이 함께 점심을 했는데 날씨도 화창하고 음식도 맛있어서 매우 즐거운 한때를 보냈다.

조재순, 김미향 선생님과 나 셋이서 한국요리 세 가지를 각자 한 가지씩 맡아서 준비했는데 변변한 부엌살림도 없는 좁은 부엌에서 잘도 만들었다. 두 사람이 음식 솜씨가 어찌나 좋은지 나는 스웨덴에서 3~4년을 살았어도 꿈도 못 꾸었던 복잡한 한국 요리를 척척 해내니 참으로 놀라웠다. 김미향 선생이 서울에서 당면, 말린 표고버섯, 종갓집 김치 한 팩, 김, 밑반찬 몇 가지를 준비해 왔으므로 여기에서 나머지 재료인 채소와 쇠고기를 사서 잡채와 불고기를 만들었다. 불고기는 집에서 양념만 해 가지고 가서 카타리나 집 마당에서 숯불을 피워 바비큐를 하였고 채소 샐러드도 준비하였다. 주식은 한식이니 빵 대신 밥을 준비했고 와인과 맥주도 준비해 갔다. 화창한 날씨에 마당에서 테이블을 펴고 음식을 차려놓으니 어찌나 보기도 좋고 맛있던지 손님들도, 우리도 모두 정신없이 먹고 즐겼다. 또한 이언은 센스 있게 스웨덴과 한국의 작은

이언이 준비한 스웨덴과 한국 국기를
식탁 위에 꽂고

햇볕좋은 마당에서의
맛난 한식 점심

국기 두 개를 가져와 식탁 위에 꽂아주었다. 이언과 셔스틴, 리스베스, 카타리나, 마리, 그리고 또 다른 리스베스 린달까지 여섯 명이 스웨덴 측 초대 손님이었는데 모두 잡채, 불고기, 특히 김치가 맛있다고 좋아하였다. 특히 한국에 와 본 마리와 이언은 김치를 매우 좋아하였다. 나도 오랜만에 한국 음식인 밥과 불고기, 잡채를 어찌나 맛있게 먹었는지 모른다. 음식을 좀 넉넉하게 준비하여 가까이에 사는 카타리나의 딸 프리다와 손자들에게 주라고 남겨놓고 왔다.

식사 후에는 카타리나의 강아지 벤노까지 동반하여 열 명이 함께 숲 속으로 산책을 나갔다. 날씨는 맑고 고요하며 녹음이 우거진 숲에는 우리밖에 없어서 강을 건너고 바람과 햇볕을 쬐면서 즐거운 오후를 보냈다. 예테보리로 돌아오는 길에는 역시 이언이 차를 운전해 주어서 빈 그릇들과 리스베스에게서 선물로 받은

벤노까지 동반한 점심 후의 숲 속 산책

작은 라벤더 화분, 리스베스 린달에게서 받은 레드 와인 한 박스까지 잘 챙겨서 무사히 돌아왔다. 오늘 점심은 오랫동안 계획했던 큰 행사였고, 부엌이 좁고 조리 용구가 없어서 걱정했던 초대였는데 모두에게 즐거운 추억이 되었다. 나 혼자라면 전혀 엄두도 못 냈을 한국 음식 초대를 두 사람이 주도하여 잘 치렀으니 흡족하였다.

그동안 손님맞이 청소, 침구 등을 준비해 놓고 학교 일도 미리 해놓고 학회 발표준비 등을 하느라고 거의 한 달이 정신없이 흘러갔다. 두 사람은 우리 집에서 머무는 동안 바닥에서 잤으니 불편하고 춥기도 했겠지만 그래도 없는 살림살이를 최대한으로 활용하며 셋이서 한 방에서 복작거리며 자고, 식사하고, 한국말도 많이 하였으니 한편으론 재미있고 외롭지는 않았다. 더구나 그들이 여러 가지 한국 음식과 선물들을 준비해 온 덕분에 오랜만에 라면이나 국수 등, 뜨끈한 국물이 있는 한국 음식도 맛보았다.

**오랜만에 맛본 한국 라면**

# 스톡홀름에서
# 롱홀멘 감옥

## 호스텔
## 찾아가기

드디어 우리는 5월 3일 학회 참석차 스톡홀름으로 기차를 타고 떠났다. 원래 학회는 5월 5일부터 시작하는데 우리는 스톡홀름을 미리 여행해 보려고 이틀 일찍 가기로 하였다. 스톡홀름은 스웨덴의 동쪽 바닷가에 위치하고 예테보리보다 위도가 약간 높다. 그래서 날씨는 5월인데도 예테보리보다 추워서 잔디가 새로 나오고 나뭇가지들도 겨우 싹이 트는 정도로 신록이 우거지지는 않았다. 스톡홀름은 거의 8년 만에 가보는 곳이라 새롭기도 하였고 다행히 날씨도 화창하여 다시 관광객이 된 느낌으로 민속촌인 스칸센Skansen에도 가고 시내 구경도 많이 하기로 하였다. 스톡홀름은 역시 북유럽 최대의 도시답게 예테보리에 비하여 훨씬 크고 아름다웠으며 사람들도 세련되고 멋쟁이였다.

원래 학회 측에서 추천해 준 호스텔은 좀 더 스톡홀름 시내와 가까운 번화가에 있었지만 우리는 그곳 대신에 전철로 한 정거장 더 외곽으로 나가는 롱홀멘Långholmen 호스텔을 예약하였다. 그곳은 1900년대에 사용하던 감옥을 개조한 곳으로 롱홀멘 섬에 있어서 호스텔의 이름도 같다. 내가 1991년에 생전 처음으로 스칸디

조재순 교수님과
스칸센에서의 휴식

신록이 퍼지기 시작한
스칸센

나비아로 여행을 왔을 때 머물렀던 곳이라 인상적인 추억도 있었고 이제는 어찌 변했는지 다시 보고 싶기도 해서 이번에 인터넷을 뒤져서 예약하였다. 너무 오랜만이라 찾아가는 길이 가물가물하였으나 어렵사리 스톡홀름 중앙역에서 지하철을 갈아타고 사람들에게 몇 번씩 물어가며 호스텔을 찾아갔다. 스칸디나비아의 땅을 처음으로 밟았을 때만큼의 진한 감동은 아니었지만 그래도 그 당시에 머물렀던 2층의 2인실 방과 60대였고, 씩씩했던 나의 룸메이트의 얼굴까지도 생생하게 기억이 났다. 건물은 예전과 전혀 변함이 없었는데 오히려 수리를 해서 그런지 더욱 깔끔하였다.

우리 일행 세 명은 감옥의 모습을 그대로 살려서 박물관으로 만든 1층에 있는 방을 배정받았다. 우리가 머문 방은 2층 침대 두 개가 있는 4인실이었는데 죄수들의 탈옥을 방지하려고 창문을 높게 만들었기 때문에 실내에서 바깥 풍경은 전혀 보이지 않았고 두꺼운 창문 가리개를 젖히면 파란 하늘과 햇볕만 보였다. 그러나 넓은 창이 있는 3층의 공동 부엌에서는 주변의 호수와 푸른 들판이 평화롭게 내려다보였다.

이곳에 한 주간 짐을 풀고 있을 예정이다. 낮에는 학회 참가와 시내를 돌아다니고 아침과 저녁 식사는 전철역 근처의 슈퍼마켓에서 장을 보아 공동부엌에서 직접 만들어 먹으면 된다. 식탁도 깔끔하게 준비되어 있어서 다른 손님이 없는 저녁 식사 때에는 와인이나 맥주까지 곁들여 샐러드, 빵, 때로는 치킨이나 생선으로 식사를 준비하여 여유 있게 우리 셋이서 떠들며 식사를 즐겼다.

박물관으로 보존하고 있는 복도는 밤에 화장실을 가려고 나오면 컴컴한 곳에 세워둔 마네킹이 마치 사람 같아서 섬뜩했

감옥을 개조한
롱홀멘 호스텔 내부

으나 점차 친숙해져서 하루 이틀이 지난 후부터는 이들과도 잘 지
내게 되었다. 옛날에 선박을 고치던 장소였다는 롱홀멘은 평화로
운 주변 환경과 고요한 바닷가 풍경으로 일주일 후에는 마치 우리
집에 돌아온듯 아주 익숙해졌다.

스톡홀름의
세계코하우징학회

참석

　스톡홀름에서의 세계코하우징학회는 스웨덴 왕립공과
대학교 건축대학<sup>KTH</sup>에서 열렸는데 학교가 참으로 크고 학생들, 특
히 외국학생들도 많았다. 조재순 교수님과 나는 작년에 미국 시애
틀에서 열린 코하우징 학회에도 함께 참석했었지만 이번에 열린
학회는 스웨덴 중심의 코하우징 학회라서 미국과는 내용도 완전히
다를 뿐만 아니라 사람들이 어찌나 친절한지 매우 감동적이었다.
전체 참가자는 약 160명 정도로 대부분이 유럽에서 왔고 그 외에
는 남미에서 몇 명, 미국에서 3명, 일본에서 6명, 그리고 한국에서
우리들 셋이었다. 참가자 중 우리가 가장 먼 곳에서 왔다고 만나는
사람들마다 특별히 더 친절하게 대해주었다.
　우리는 이번 학회에서 많은 견학을 하였다. 학회에서 주
관한 스톡홀름의 코하우징 5곳(페르드크네펜<sup>Färdknäppen</sup>, 트레칸텐<sup>Treka-</sup>
<sup>nten</sup>, 트레포르타<sup>Tre Porta</sup>, 쇠드라 스타시온<sup>Södra Station</sup>, 쇼파르텐<sup>Sjöfarten</sup>), 그
리고 학회가 끝나고 추가로 신청하여 룬드에서 두 곳(슬로테트<sup>Slottet</sup>,
루시네트<sup>Russinet</sup>)을 더 견학하였다. 게다가 학회에서 우연히 만난 여
성이 그동안 우리가 책에서만 보았던 스웨덴의 가장 오래된 코하
우징 스타켄<sup>Stacken</sup>에 산다고 하여 나중에 예테보리에 돌아와서 그

많은 것을 배운
스톡홀름의 코하우징 견학

곳을 한 곳 더 갔다. 그 후에 개인적으로 연락이 닿아서 예테보리의 트레데트 코하우징<sup>Trädet cohousing</sup>까지 견학하여 총 9개의 코하우징을 견학하였다.

우리는 이렇게 마이바켄과 코르넷을 포함하여 10개 이상의 코하우징을 다녀보고 스웨덴 주택의 문화적 수준과 사람들의 의식 수준이 우리와 얼마나 다른지 새삼 놀랐다. 이들은 잘살든 못살든 남에게 피해를 주지 않고 협조하며 사는 공동체 의식이 뚜렷하였고, 모든 주택은 겉에서 보기에는 무미건조해 보이나 안에 들어가 보면 기능적이고 살기 편하게 되어 있었다. 모든 쇼핑센터, 업무시설, 교통시설 등의 생활기반시설이 소규모 지역사회별로 마련되어 있어서 빈부 차이가 거의 없이 기본적인 생활을 편하게 할 수 있으며, 자동차 없이 살 수 있도록 대중교통시스템이 누구나 편리하게 사용할 수 있도록 계획되어 있다. 특히 어린아이를 유모차에 태워서 외출하는 젊은 부부를 위한 시설, 또는 노인, 장애인용

휠체어를 이용하는 사람들을 위한 교통시스템이 매우 편리하고 운전사들도 전혀 서둘지 않으며 정해진 시간에 여유 있게 운전한다. 부동산 가격에도 큰 변동이 없도록 정부에서 주택법을 통하여 잘 조절하고 있어서 힘들여 일하지 않고 부동산을 통하여 일확천금을 얻는 일은 바랄 수도 없다. 전체 주택의 70% 이상이 정부에서 보급해주는 공영임대주택으로, 임차인이 원하면 다른 곳으로 이사하지 않고 평생을 한곳에서 머물러 살 수 있는 권리가 보장되어 있으니 비싼 돈을 주고 일부러 집을 사려고 애쓸 필요도 없다. 견학 중 거주자에게 물어보니 임대료도 내가 지금 내는 기숙사비 정도(월 5,000크로나, 약 80만 원)면 침실 두 개, 거실, 부엌, 욕실이 딸린 편리한 집을 세 낼 수 있다. 식구가 대부분 혼자 또는 두 사람이니 그만하면 공간도 널찍하였다. 물론 중심지, 외곽지 등 지역에 따라, 그리고 새집인지, 오래된 집인지에 따라 약간의 월세 차이는 있었다.

주택 내부에 들어가 보고 대부분의 보통 사람들이 해놓고 사는 수준을 보니 참으로 놀라웠다. 색감이 뛰어나고 어찌나 깨끗하게 잘해놓고 사는지 그들의 평균적인 예술적 수준에 한 번 더 놀랐다. 집주인에게 직업이 예술가냐고 물었더니 아니라고 하는데 우리처럼 인테리어 디자인을 전공한 사람들보다 오히려 더욱 세련된 색감과 장식물로 모든 주택을 꾸며 놓고 살고 있었다. 이러한 경험은 현지인의 주택에 들어가 보지 않고는 알 수 없는 것이라 이번 학회 견학을 매우 고맙게 생각했다.

나도 놀란
노인용

코하우징에 관한
나의 연구 성과

　　이번 학회에서 한 가지 나 스스로 놀란 것이 있었는데 그것은 내가 나도 모르는 사이에 이곳 유럽에서 꽤 유명해져 있었다는 사실이다. 지난 2002년부터 2006년까지 몇 차례에 걸쳐 내가 샬머스에 와서 학술진흥재단과 아산연구재단의 연구비를 받아서 스칸디나비아의 노인용 코하우징에 대한 연구를 하고 이에 대한 책을 쓰고 국제학술지에 영문 논문을 발표한 것이 그렇게 많은 연구자들에게 읽혔는지는 몰랐다. 나는 한국에서 과연 누가 그 논문을 읽어 보았을까 기대도 없었는데 이번에 학회에 온 연구자 중에 많은 사람들이 내 이름표를 보고 스스로 찾아와서 인사를 하며 내 논문을 많이 보았다고, 그리고 자기들의 논문에 인용했다고, 또는 참고자료로 사용할 수 있게 보내달라고들 하였다. 미국 조지아 대학교에서 온 여교수 앤 글래스 교수도 이번 학회에서 발표하는 논문에 내 논문을 참고하여 썼다고 특별히 찾아와서 자기 논문의 별쇄본을 주면서 인사하였다. 그래서 집에 돌아와 연구원들, 특히 대학원생들이 학위 논문을 쓰는 데 필요하다고 하여 이메일로 몇 군데 더 보내주기도 하였다. 코하우징에 대한 세계적인 논문, 특히 스칸디나비아의 코하우징에 대한 영문논문이 그리 많지 않아서 언제나 인터넷으로 논문 검색을 하면 아마도 2004년 『European Planning Studies』, vol. 12No. 8 학술회지에 출판된 「북유럽 노인용 코하우징의 단지구성과 주민생활에 대한 평가Evaluation of Community Planning and life of Senior cohousing Projects in Northern European Countries」라는 내 논문이 먼저 나오는 모양이었다. 사실 이곳 유럽과 미국 사람들의 입장에서 보면, 나와 같이 코하우징의 본거지인 스웨덴과 덴마크에서 거의 20개 단지에 1,000부 정도의 설문지를 돌려서 그 결과를 통계적으로 분석한 대규모의 연구는 실행하기가 어렵기 때문에 그런 연구가 없었던 것 같다. 더구나 그것도 스칸디나비아 학자가 아닌 한국 학자가 했다는 것에 그들은 감탄했다. 작년 시애틀에서 열린 미국 코하우징 학회에서는 내 논문에 대한 언급이 별로 없었는데 이번에는 스웨덴이니 아마도 스칸디나비아 대상의 논문으로 내 논문이 더욱 각광을 받게 된 것 같았다.

나의 스칸디나비아 대상의 연구는 1996년 스웨덴 치매 노인 구룹홈을 효시로 시작되었다. 코하우징에 대해서는 2002년에 철없이 용감하게 시작한 연구였으나 이제 생각하면 낯선 이곳에 와서 그렇게 많은 곳을 연락하고 방문하여 자료를 수집할 수 있을 줄은 몰랐다. 모든 것이 한편으로는 이언이 옆에서 함께 도와준 덕분이었다. 내가 덴마크 지역을 전담하고 그가 스웨덴 대상 설문조사의 많은 부분을 커버해 주었다. 그가 옆에서 조언하며 스웨덴에서 명문대학인 샬머스의 이름으로 공동연구를 진행해 주었기 때문에 가능한 일이었다고 생각한다. 더구나 유명 국제학술지에 투고한 지 3년 만에 출판이 되어 이제는 인터넷으로 누구나 검색할 수 있게 된 것은 아마도 나의 학자로서의 마지막 업적이 되지 않을까 생각한다. 그러나 한국에서 건축학이나 주거학 분야의 학자들은 영문학술지를 그다지 많이 검색하지 않으니 이 학회에 오기 전까

나의 연구자료

지 나 스스로도 몰랐던 것처럼, 그 논문의 진가를 알지 못하는 것 같다. 이번 학회에서 기대하지 않았던 뜻밖의 예우를 받았고 또 새로운 사람들도 많이 사귀게 되었지만, 무엇보다도 10여 년 전에 나의 연구를 많이 도와주었던 SABO(스웨덴 공영주택 회사연합)의 윌바 산드스트룀이나 현재 스웨덴 코하우징협회Kollektivhus Nu의 회장이면서 KTH의 교수였던 딕 우르반 베스트브로 교수 등을 다시 만나게 된 것은 정말 반가운 일이었다. 그리고 전체적으로 코하우징에 사는 사람들의 성향이 외부인에게 매우 개방적이고 친절하다는 확신을 다시 한 번 얻게 되었다. 특히 코하우징 주민 중에서 우리에게 트레칸텐 코하우징을 친절하게 안내해 준 여류화가 비르깃타 프란손도 인상에 남는다.

스웨덴의
노동절과

조재순 교수님의
출국

　　김미향 선생이 스톡홀름에서 학회를 끝내고 곧장 서울로 돌아간 후, 조재순 교수님과 나는 다시 예테보리로 돌아와 룬드와 말뫼의 코하우징을 두 개 더 방문하고 며칠간의 자유 시간을 보냈다. 특히 둘이서 시내를 거닐다가 우연히 만난 노동절 축하 행렬과 예테보리 식물원을 찾아가 산책한 일은 기억에 남았다. 스웨덴에서의 5월 1일 메이데이May Day, 즉 노동절은 우리나라처럼 노동단체에서 정부나 회사를 대상으로 공격적인 시위를 하는 것이 아니고, 모든 시민들이 자기가 속한 노동조합의 일원으로 참가하여 각기 다른 색의 리본을 묶고 흥겨운 관악대 행렬과 함께 온 시내를 행진하며, 구경하는 행인들에게 장미꽃을 나누어 주기도 하면서 축하한다. 그러므로 일반 성인들 이외에 유모차를 끄는 젊은 엄마, 어린아이, 휠체어를 탄 장애인, 그리고 심지어 강아지까지도 합류하여 리본을 묶고 행렬하는 분위기는 내가 처음으로 만난 새로운 것이었다. 우리도 행인 중에 끼어서 장미꽃 한 송이를 건네받고 즐거워하였다. 역시 스웨덴은 세계적으로 노사협력이 가장 잘되는 나라다웠다.

스웨덴의 노동절은
모든 시민의 축제

강아지도 리본을 묵고 참가한
노동절 행진

꽃을 좋아하는 조재순 교수님과 함께 우리는 예테보리 식물원Göteborg Trädgården에서 좋은 시간을 함께했다. 이 식물원은 인공적으로 구성한 정형식 식물원이라기보다는 원래 그 지역에 있던 암석, 언덕과 낮은 산을 그대로 활용하여 꽃과 나무를 심고 산책로로 만든 자연식 정원으로 그 규모도 매우 커서 예테보리 사람들은 누구나 즐겨 찾는 공원과 같은 명소다. 우리가 산책한 5월은 아직 이른 시기여서 많은 꽃들은 피지 않았으나 서울에서 만나기 힘든 싱그러운 풀냄새를 가까이서 맡을 수 있어서 좋았다. 드넓은 식물원의 한편에 동양식 정원도 마련되어 있어서 혹시나 한국정원도 있나 찾아보았더니 일본식 정원에 비하여 작기는 했지만 의외로 한국의 산야에서 흔히 볼 수 있는 진달래가 몇 그루 심어져 있었다. 이 먼 곳에서 수줍은 진달래를 만나니 갑자기 아련한 향수가 몰려왔다.

이렇게 거의 한 달간을 함께 지낸 조재순 교수님이 오늘 아침 맨체스터로 떠났다. 나는 아침에 예테보리 공항으로 떠나는 그녀를 중앙역에서 배웅하고 허전한 마음으로 집에 돌아왔다. 갑자기 옆에 함께 말을 할 사람이 없다는 것이 실감 났다. 한 달간 외롭지 않게 잘 지냈었는데…… 우리가 서로 알고 지낸 건 한국에서 전국적으로 주거학을 전공으로 하는 여교수들의 모임인 "주거학 연구회"를 통해서니 어느새 20년이 넘었고 해외 학회에 참석할 때도 함께 다니며 자주 동고동락도 했지만, 이렇게 한 집에서 오랜 기간 함께 지내기는 처음이었다. 물론 몇 년 전 서귀숙 교수님과 셋이서 도시 재생에 관한 공동프로젝트를 수행했을 때 도쿄에 답사를 간 적이 있어서 이미 꽤 친밀한 사이였지만, 그때는 호텔에서 보낸 일주일이라서 이번처럼 길지는 않았다. 이번에 서로의 속 마음을 깊이 나눈 중요한 기회가 되어 우리의 정은 한층 더 깊어졌는데……

누군가와의 이별은 항상 슬프다. 그리고 떠나는 사람보다 남아 있는 사람이 더 슬프다. 서운한 마음을 달래려고 나는 거의 한 달 동안 미루었던 집안 대청소를 하고 적막함과 다시 벗하기 위해 나의 일상으로 돌아왔다. 마침 외로움을 덜어주려는 듯, 다음 주 목요일 한밤중에 지훈이가 덴마크에 출장 왔다가 예테보리에 들른다고 연락이 왔다. 나는 목요일 밤 11시 반에 페리 터미널로 마중을 나가기로 하였다. 짧은 2일 동안이지만 함께 지낼 생각을 하니 기다려진다.

조재순 교수님을 떠나보낸
예테보리 중앙역

여름 내내
해가

지지 않는
곳

스웨덴에서
은행계좌

개설하기

어제는 한 가지 기쁜 소식이 있었다. 사실 들어보면 별 것도 아니겠지만 나로서는 거의 숙원 사업(!!)과 같은 것이어서 무척 기분이 좋았다. 나는 그동안 여기에서 생활하면서 은행 업무가 가장 힘들었는데, 더욱이 지로용지를 가지고 은행에 갈 때마다 터무니없는 수수료 때문에 너무나 억울하였다. 내가 세무서에 가서 복잡한 서류를 갖추고 비용까지 내면서 스웨덴의 아이디 넘버(우리나라의 주민등록번호와 같은 것)를 받으려고 한 것은 단 한 가지 은행계좌를 열려면 그 번호가 필요하다고 해서였다. 그때까지도 나는 멍청하게 아이디 넘버와 아이디 카드를 동일한 것으로 알고 있었다.

세무서에서 아이디 넘버를 신청하고 2주 지난 후에 집의 우편물로 아이디 넘버가 발급됐다. 그 번호를 받아서 다시 아이디 카드(주민등록카드)를 신청하러 갔더니 직원이 내 서류를 보더니 실망스럽게도 나는 아이디 카드가 발급이 안 될 거라고 하였다. 자세히 설명도 안 해주고 그냥 법이 바뀌었다며 그런 말을 하니 자존심도 상하고 기분도 무척 나빠서 더 이상 이유도 묻지 않고 그 자리에서 아이디 카드 신청을 포기하였다. 그나마 다행인 것은 내가

400크로나를 이미 지불하였지만 아이디 카드 신청대상이 아니므로 2주 후에 환불해준다는 것이었다. 스웨덴에 오는 이민자들이면 누구나 거쳐야 하는, 외국인들만이 와글거리는 세무서 사무실을 몇 번이나 오가며 묻고 물어서 아이디 카드 신청을 진행하다가 거의 한 달 만에 그만 포기를 한 것이었다. 그래서 은행 업무도 불편한 대로 남의 신세를 계속 지는 수밖에 없겠다고 마음을 먹었는데, 며칠 전 리타와의 경험처럼 그것도 스웨덴 친구들을 여간 복잡하게 하는 일이 아니라는 것을 알았다. 그러니 최악의 경우에는 비싼 수수료를 내고 직접 은행에 비용을 지불하는 수밖에 없다고 혼자서 마음속의 갈등을 정리하였다.

그러나 아이디 넘버는 이미 받았으니 차일피일 미루다가 어제는 마지막 수단으로 '혹시나?' 하고 은행에 직접 찾아가서 아이디 카드 없이 아이디 넘버만 가지고도 은행계좌를 열 수 있는지 한번 물어보기로 하였다. 나는 '밑져야 본전'이라는 생각으로, 마치 코너에 몰린 듯한 심정으로 내 아파트에서 가까운 SEB 은행을 찾아갔다. 그랬더니 다행히도 직원이 내가 갖추어 간 여러 가지 증빙 서류들을 보더니 은행계좌 개설을 수락하는 것이었다! 정말 다행이라고 생각하고 인터넷뱅킹 계약과 OPT(일회용 비밀번호 단말기), 스웨덴 은행의 신용카드까지 신청하고 돌아왔다. 이제는 나도 드디어 남의 신세를 안 지고, 수수료도 내지 않고 집에서 인터넷뱅킹을 하게 되었으니 얼마나 기분이 좋은지 몰랐다. 그러나 나머지 문제는 은행의 인터넷 사이트가 모두 스웨덴어로만 되어 있어서 로그인을 어떻게 하는지 모르니 학교에 가서 또 누구에겐가 배워야 할 일이 남았다. 그렇지만, 그쯤이야 곧 배울 수 있을 것이다.

나는 그렇게도 어렵사리 개설한 SEB 은행계좌의 빈 통장이 안되어 보여서 그 자리에서 직원에게 한국에서 발급받은 내 국제신용카드를 주면서 거기에서 약 300만 원 정도를 찾아서 새 통장으로 입금해 달라고 했다. 물론 자금이체가 순식간에 이루어졌다. 무척 기분이 좋아서 나도 이제는 스웨덴에서 그래도 웬만한 중산층은 된 듯한 기분으로 의기양양하게 집에 돌아왔다. 이제 드디어 나도 구차하게 여기저기 부탁하지 않고 나 혼자서 기차표도 구입하고 집세도 낼 수 있게 되었다.

사실 생각해보면 은행 입장에서는 새로운 고객, 적어도 한국에서는 "중산층이면서도 성실한" 고객을 하나 확보한 셈인데, 나의 입장에서는 그것이 그리도 몇 달 동안 힘들었다. 하여튼 내가 겪은 "바보스러운 외국 생활 개척기"의 몇 번째 정복기다. 내 옆에 이곳 생활에 익숙한 한국인이 단 한 명이라도 있었다면 이런 경우에는 어떻게 처리하는지 쉽게 전달을 받을 수도 있었을 텐데……

예테보리
식물원의

초여름
철쭉과 취나물

　이제 바야흐로 초여름이 다가와 캠퍼스는 어느새 방학
에 접어들어 그런지 매우 조용하다. 학기 말 전시 기간 동안 북적
거리던 로비의 전시 공간도 이제 몇 개 안 남은 게으른 학생들이
떼어가지 않은 작품들만 보기 흉하게 붙어 있다. 그것도 며칠 사이
에는 철거되겠지만……. 나와 연구실을 함께 사용하는 잉어 리세
도 어제 일단 오슬로로 철수하고 8월 말에나 돌아온다고 떠났다.
이제는 직원과 연구원들만 나오는 편이다. 나는 그래도 학교에 나
와야 기분상 긴장되고 북향인 내 아파트에는 생전 들지 않는 햇볕
도 연구실에서는 쪼일 수 있으므로, 주중에는 가능한 한 학교 연구
실에 나와서 일하려고 한다. 나는 분위기를 잘 타는 편이라 일단
집에 들어가면 긴장이 풀어져 도무지 연구 일손이 잡히지 않는다.

　이곳 스칸디나비아에는 백야가 점점 가까워져 6월 말 하
지에 이르면 막바지에 다다른다. 이 현상은 북쪽으로 갈수록 더 심
해지는데 내가 사는 예테보리는 스웨덴에서는 비교적 남쪽에 속해
있다. 백야에는 밤이라고 해도 아주 깜깜한 어둠이 아니라 불을 안
켜도 활동할 수 있을 정도로 어슴푸레 밝다. 이때는 낮 활동 시간

이 길어서 좋기는 하지만 나는 새벽부터 밝아서 너무 일찍 잠이 깨니 낮에는 좀 졸리기도 하다. 그래서 이곳 집들의 창문에는 언제나 두꺼운 이중 커튼이 쳐 있는데 그건 보온 때문이라기보다는 백야의 햇볕을 가리기 위한 것이다. 그렇게 하지 않으면 밤에도 너무 밝아 제대로 깊은 잠을 이룰 수가 없다.

내가 언제 조재순 교수님과 예테보리에서 한 달간 그리도 좋은 시간을 함께 보냈나 싶게 이제는 비행기로 두 시간 거리 맨체스터로 돌아간 그녀가 아주 멀리에 있는 것처럼 느껴진다. 지난주에는 날씨가 어찌나 좋은지 둘이서 함께 갔던 식물원에 다시 가보기로 마음먹고 혼자서 집을 나섰다. 지난번에 다녀온 지 거의 한 달 반이 지나서인지 여러 가지 꽃들이 만개하여 그전에 새싹만 보고 과연 이 식물이 무엇일까 궁금해했던 꽃들이 드디어 실체를 드러내어 놀랍도록 아름다웠다. 리스베스가 항상 예테보리 식물원은 1년 중 철쭉꽃 필 때가 가장 아름답다고 했듯이 정말로 철쭉이 한창이었는데 세상에 그렇게 가지각색의 철쭉이 있는지는 나도 처음 알았다. 한국에서는 주로 분홍색과 빨간색의 철쭉꽃만 보았는데 여기에는 그 색들은 기본이고 노랑, 파랑, 보라, 또 크기도 큰 것, 중간 것. 작은 것, 너무나 다양하고 놀랍도록 아름다워서 혼자서 보기에는 정말로 아까웠다. 행복은 나눌수록 커진다던데 정말로 이런 경우에 옆에 함께 감탄할 사람이 있었다면 이 행복이 아마 세 배는 더 커지지 않았을까? 지난 5월에 조재순 교수님과 보면서 의아해했던 SF영화에서 본 듯한 그 이상한 노란 싹의 풀도 이제는 늪지를 온통 뒤덮는 우람하고 큰 이파리로 자라나 있었다.

지난주 내내 한낮에는 20도가 넘어가서 온갖 꽃나무들,

예테보리 식물원의
자랑거리 온갖 철쭉꽃

잡초들이 잔디밭 위에 가득하니 참으로 아름답다. 이제는 몇 번 따서 해 먹었던 취나물도 꽃이 하얗게 피었으니 나물로 쓸 수 없을 만큼 무성하게 자랐다. 길가에 지천인 그 나물을 스웨덴 사람들은 잡초라고 끊임없이 깎아버리는데 한국에서는 비싼 취나물의 일종이란 걸 지난봄에 조재순 교수님에게서 배웠다. 그녀가 맨체스터 한국인 민박집 주인에게서 배웠다고 하기에 우리는 조심스레 실험적으로 어린 이파리만 채취하여 데쳐서 조리해 보았다. 한국의 취나물과 맛이 똑같지는 않았으나 고민정에게서 얻어 온 초고추장으로 양념을 하니 취나물과 거의 비슷하여 의외로 맛이 좋았고 약간 걱정스럽던 배탈도 안 났다. 나는 더욱 실험 정신을 발휘하여 데친 취나물에 올리브유, 소금, 후추만 넣고 살짝 무쳐보았더니 그것도 역시 맛이 괜찮았다. 그래서 한 걸음 더 개척 정신을 발휘하여 많이 딴 이파리를 한꺼번에 데쳐서 냉동실에 두었다가 라면을 끓일 때 조금씩 넣고 끓였더니 국물에 씹는 맛도 있고 그런대로 훌륭했다. 마치 채솟국과 같은 맛이라고 할까?

　　　워낙 한국 음식을 좋아하는 마리에게 한번 초고추장으로 무친 취나물과 올리브유로 무친 취나물을 가져다주고 어느 것이 입맛에 맞느냐고 했더니 초고추장에 무친 것이 더 좋다고 하였다. 하여튼 앞으로 서양식 샐러드가 지루할 때 가끔 해 먹어 봐야겠다. 요즘에는 이 나물이 너무 자라서 식용으로는 쓸 수 없지만 꽃을 보는 것만도 매우 아름답다. 그렇지만 나는 그 나물의 스웨덴어 이름이 너무 어려워 아직도 발음할 수가 없다.

먹을 수 없도록 꽃이 핀 취나물

# 비르깃의
06. 06.    60회
SUN

생일파티

　어제는 비르깃의 60회 생일이라고 초대받아서 갔었다.
날씨가 좋은 토요일 저녁 6시라 각자 음식 한 가지씩 겹치지 않게
미리 의논하여 만들어 갔다. 마당에서 바비큐를 한다고 하여 리
스베스는 양고기를 양념하고, 레나는 소고기를 양념하고 나는 그
릴에 구울 가지, 호박, 가지각색의 파프리카를 많이 썰어서 가지
고 갔다. 우리나라로 치면 환갑인데 스웨덴에서는 60회 생일잔치
를 어떻게 하는지 궁금하던 차에 이번에 잘 볼 수 있었다. 사실 이
곳 사람들은 우리와 달리 60회보다 50회 생일을 더 크게 축하한다.
동양에서는 12간지에 따라 12년이 5번 순환하는 60년을 중요하게
여기고, 서양에서는 10진법으로 100의 반이 지난 50을 중요시 하기
때문이다.

　집에 도착하니 꽃이 가득 피어 한창 아름다운 마당에 테
이블과 의자를 준비하고 이미 50여 명 정도의 손님들이 가득 앉아
있었다. 오는 손님마다 음식을 한 가지씩 준비해 가지고 오니 음식
의 가짓수도 많고 분량도 많아서 실컷 먹고도 많이 남았다. 한국에
서와 달리 주인은 음료, 후식과 빵 정도만 준비하고 예쁜 옷을 차

려입고 손님을 맞이한다. 주인은 이 자리, 저 자리에서 인사하고, 이야기하고, 선물을 풀어보고…… 정말 그날의 주인공이었다.

각자 음식 이외에 선물을 한 가지씩 준비해 오는데 나는 60회 생일이라니 무엇이 좋을지 몰라서 홍익대 최병훈 교수님의 가구디자인 작품집을 선물하였다. 마침 텍스트가 영어로 되어 있고, 라스가 미술에 대해서 흥미가 많다는 이야기를 들은 게 생각나서 비르깃과 함께 보면 좋겠다 생각했는데 의외로 나처럼 책을 선물하는 사람들이 많았다. 리스베스는 인도에서 사 온 고급 실크 스카프를, 레나는 『정원 가구』라는 책을 선물하였고 어떤 사람들은 유리그릇, 또는 꽃 등을 선물하였다. 미술 전공인 레나도 내가 비르깃에게 선물한 가구 디자인 책에 관심을 보였는데 다음 기회에 그녀에게도 한 권 선물해야겠다.

오늘 가장 일을 많이 하는 사람은 역시 남편 라스인 것 같았지만, 큰딸인 브릿타와 그녀의 파트너 요나스, 둘째 딸 힐다도 소리 없이 손님접대를 많이 도왔다. 마침 브릿타가 바로 아래층에 할머니가 살던 집으로 이사 오려고 집을 수리하는 중이라고 하여 잠깐 내려가서 보니 비르깃의 집과 같은 사이즈인데 아직 세간이 없어서 참으로 넓고 좋았다.

비르깃의 생일 상 음료인
홈메이드 주스와 와인

초대받은 손님들이 각자 준비해 온
음식으로 생일상을 차리고 축하한다.

꽃이 가득 핀
정원에서의 식사

생일파티에서
비르깃과 호칸

## 운살라
## 옛 집에서 만난

## 헬레나와
## 라일락꽃 향기

낮에 지난 8년 동안 못 만났던 헬레나를 만나러 갔다. 헬레나의 집은 예테보리 시내가 아니고 운살라<sup>Onsala</sup>이기 때문에 내가 스웨덴에 잠깐 방문할 때에는 만날 시간이 없어서 전화로 통화하거나 크리스마스 때 카드만 서로 주고받았으니 직접 얼굴을 본 지는 어느새 8년이나 지났다. 이언과 셔스틴이 차를 가지고 나의 아파트로 와서 함께 갔는데 오랜만에 만나니 어찌나 반가운지 서로 부둥켜안고 아마 5분은 그대로 있었던 것 같다. 나는 가슴이 뜨거워지고 눈물이 솟아올랐다.

헬레나는 각기 부모가 다른 3명의 한국 여자애들, 큰딸 사라, 둘째 딸 마리아, 막내딸 안나를 나이별로 차례로 입양하여 자매로 기른 엄마다. 헬레나는 자기가 아이를 낳아 본 적은 없지만, 어찌나 아이들을 좋아하는지 모른다. 그녀는 이언과 셔스틴의 친구로, 초등학교 교사였다가 은퇴하였는데 1995년 내가 예테보리에 처음으로 왔을 때 이언의 소개로 만났다. 나와 이언이 알게 된 지 며칠 안 된 어느 날, 이언이 나를 묀달에 있는 헬레나의 집으로 데리고 갔는데 그녀를 만나기 전에 나는 헬레나가 셔스틴의 오랜 친구라는 것밖에는 아무런 사전 지식이 없었다. 그 이후로 우리 는 나의 세미나 발표나 이언의 가족 모임 등의 행사가 있을 때 함 께 초대받아 종종 볼 수 있었다.

　나중에 생각해 보니 이언이 나를 헬레나에게 소개한 것 은 물론 그녀가 자기 부부의 절친한 친구이기도 하지만 더 깊은 의 미가 있었던 것 같다. 헬레나의 세 딸은 아주 어릴 적에 한국에서 입양되어 한국에 대해 아는 것이 하나도 없었다. 게다가 지금은 한 국이 세계적으로 많이 알려진 나라지만 1990년대 만해도 스칸디나 비아에서 한국에 대한 정보는 거의 없을 때였다. 헬레나는 입양아 로서 스웨덴에서 자라고 있는 자기 딸들에게 한국 여성이 훌륭하 다는 본보기로 여교수인 나를 소개하고 싶었던 것 같았다. 그들은 나를 통하여 상상 속에만 있었던 한국의 실체를 느끼고, 어떤 면에 서는 원망의 대상이었을지도 모르는 자기들을 버린 모국, 한국인 에 대한 정체성을 새로 다지는 기회가 되기를 바랐을 것이다. 나중 에 헬레나는 자기 딸들이 한국에서는 여성도 나처럼 훌륭하게 성 공하여 교수가 될 수 있고, 더욱이 외국에 나와서 활약할 수 있다 는 점을 알고 매우 자랑스러워했다고 말해 주었다.

　헬레나의 딸들은 서울에 두고 온 나의 딸들보다 어렸는 데, 처음으로 만나는 한국인이 신기한 듯, 한국에 대하여 질문을 한없이 하였고 나를 잘 따랐다. 한국에서 가지고 온 나의 가족, 주 택, 거리의 사진, 작은 선물들은 그들에게 가난하고 못 사는 나라 인줄만 알았던 한국에 대한 동경을 심어주었다. 그때 큰딸 사라는 이미 독립해 살고 있었고 마리아와 안나만 한 집에 살고 있었다. 마리아는 그림을 좋아하였고 나를 많이 따랐는데 자기가 커서 돈 을 벌면 한국에 꼭 가보고 싶다고 하였다. 그래서 마리아는 커서 결국 미술대학을 갔고, 안나는 고등학교를 졸업하고 결혼하여 아들 하나를 낳아 살고 있다. 헬레나와 가장 늦게까지 함께 살았던 마리아도 이제는 다른 도시로 독립해 나갔고, 요즘에는 근처에 사는 안나의 두살 박이 아들인 손자 보는 재미를 즐기고 있다.

지금 헬레나가 살고 있는 운살라는 예테보리에서 차로 한 시간 걸리는 바닷가 휴양 도시다. 이 집에는 원래 헬레나가 뮌달에 살 때에도 여름 휴가철에 나를 몇 번이나 데리고 왔었고 민정, 서정이와 함께 온 적도 있었는데 그때에는 여름 별장처럼 가끔 휴가 때만 내려오는 집이었다. 당시에 이 집은 오래된 낡은 집이었으나 주변의 산과 바다가 좋아 우리는 여기에 하루 이틀 머물면서 산에도 오르고 바닷가로 산책도 하면서 지냈다. 이 집은 약 200평 정도의 넓은 뜰을 가진 단층 주택으로 거실에서 바다가 직접 내려다보여 경치가 좋은 곳이다. 이곳은 원래 자기 부모님이 돌아가시면서 물려준 오래된 집으로 헬레나가 직장에서 은퇴한 후 뮌달 시내에 있는 2층짜리 연립주택을 팔고 이 집을 완전히 수리하여 이사한지 3년이 지났다고 한다. 거실 코너에는 양쪽으로 창을 크게 내고 창 앞에 식탁을 배치하여 식사를 하면서 드넓은 바다가 바로 내려다보인다. 건축법규 상 그 집 앞에는 다른 건물을 못 짓는다고 하니 언제든지 이 거실의 창을 막을 장애물은 없을 것이다.

집에 들어서자 현관 입구에 놓인 예쁜 클래식 의자 두 개가 아름다워 칭찬하였다. 뮌달에서 이사 올 때 헬레나는 모든 짐을 다 버리고 오려고 중고품 가게에 연락했더니 이 의자들은 상품 가치가 없어서 안 가져간다고 해서 할 수 없이 이 집으로 가져와 천갈이를 했다는데 무늬도, 색깔도 좋고 그 집에 아주 잘 어울렸다.

천갈이를 한
헬레나의 윙체어

천갈이를 한
구스타브 스타일 의자

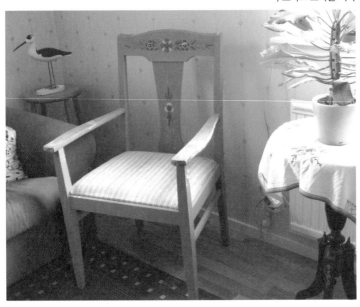

　　오늘 점심에는 이언, 셔스틴, 헬레나의 파트너 예스터,
헬레나와 나 다섯 명이 참석했는데 예스터는 볼 일이 있다고 식사
후 먼저 떠났고 우리 넷은 남아서 천천히 바닷가를 산책하였다. 헬
레나의 집 마당이 어찌나 넓은지 완전 숲과 같아서 나처럼 서울에
서 살다 온 사람에게는 꿈도 꿀 수 없는 환경이었다. 마당에는 내
가 좋아하는 라일락꽃은 물론, 이름도 모르는 많은 나무와 야생화
가 가득 피어 있었다. 감탄하는 나에게 마음껏 꺾어가라고 하여 나
는 흰색, 연보라, 진보라, 핑크 등 가지각색의 라일락꽃을 한 아름
꺾어왔다. 그전에 묀달 집에서도 라일락꽃이 필 때 헬레나를 만난
적이 있었는데 그녀의 뜰에 가득 핀 라일락꽃을 보고 내가 무척 좋

아했더니 한 아름 꺾어 주면서 그 꽃을 방안에 꽂으면 졸릴 거라고 했다. 나는 처음엔 믿지 않았으나 그 향기를 맡으니 정말로 잠이 쏟아져, 좀처럼 낮에는 눕지 않는 내가 그녀와 헤어지고 나서 낮잠을 늘어지게 잔 적이 있었다. 오늘도 집에 돌아와 화병에 라일락을 듬뿍 꽂아 놓으니 진한 향기가 어지러울 정도로 좁은 방안에 가득 찼다. 아마 라일락꽃 향기에 취하여 나는 오늘도 그때처럼 깊이 잠들 것이다. 라일락꽃의 추억은 이제는 신도시 개발로 사라진 나의 신혼 시절 신정동 단독주택 앞마당의 라일락 나무와 연결되어, 볼 때마다, 진한 향기를 맡을 때마다 나를 즐겁게 한다. 그리고 이제는 헬레나와 연관되어 더욱 잊지 못할 추억의 꽃이 될 것이다.

헬레나가 꺾어 준
라일락꽃 향기가
내 방안에 가득 차다.

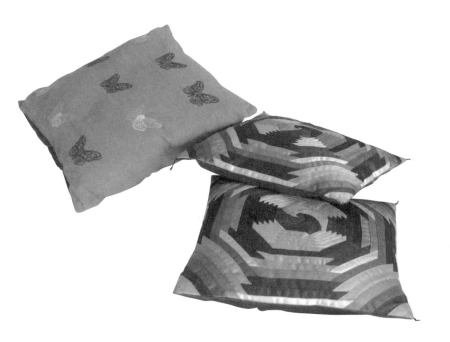

헬레나가 아직도 잘 간직한 오래전에
내가 선물한 한국의 색동 쿠션

샬머스의
박사학위

논문
발표회

　　오늘은 스웨덴의 박사 논문 심사는 어떻게 하는지 궁금하기도 하고, 주제도 관심이 있어서 폴 카스텔의 논문 심사장에 들어갔다. 소강당에 100명 정도가 가득 차있었다. 폴은 건축과에서 특히 세부 전공은 도시 디자인urban design, 또는 지속가능성sustain-ability으로, 이번 논문 주제는 '예테보리의 임대아파트 단지의 주민들이 어떻게 공동 마당을 관리하는가'에 대한 것이었다. 이 주제는 내가 현재 진행하고 있는 논문인 스웨덴 에코하우징의 주민 참여와도 관련이 많아서 그의 논문을 미리 받아서 며칠 동안 흥미롭게 읽고 갔다. 이곳에서는 논문심사 스케줄이 나오면 심사받을 논문을 미리 인쇄하여 학과에 비치해 관심 있는 사람들이 가져가 읽어보고 심사장에 들어올 수 있게 하여 심사장에서 보다 활발한 토론이 가능하다.

　　논문 심사장에서는 지도교수가 사회를 맡고, 토론은 홀란드의 우트렉트 대학교 여교수가 맡았으며 그 외에 심사위원 3명(영국의 뉴캐슬 대학교, 말뫼, 그리고 샬머스에서 온 교수) 등으로 구성되어 완전히 국제적 수준의 심사단이었다. 전체 일정은 국제적 심사답게 논문 심사와 디펜스<sup>defence</sup>, 홀로어<sup>floor</sup>의 질문이 모두 영어로 진행되니 나와 같은 외국인 학생들도 문제없이 참여할 수 있었다. 그 과정이 2시간 반 정도 계속되었고, 그 후에 심사위원들이 통과, 탈락을 결정하는 약 1시간 동안에는 동료들과 심사받는 학생이 학과 부엌에 함께 모여 티파티가 열렸다. 모두들 다과를 즐기며 심사 결과를 기다리다가 드디어 "통과" 연락이 오니 준비했던 샴페인을 터트리고 축하 포옹을 하며 선물, 꽃다발 공세가 이어졌다. 특히 오랫동안 프로젝트를 함께 수행하며 동고동락한 동료들이 매우 반갑게 축하를 해주었다. 지도교수가 티파티에 와서 드디어 "Doctor"라는 박사 칭호를 붙여 학생의 이름을 불러주었다.

저녁 6시부터는 자리를 옮겨 학교 내의 소강당에서 디너파티로 연결되었는데 거기에도 100명 정도의 축하객이 참석하였다. 가족, 친지, 학교친구, 교수 등등…… 그룹별로 나누어 앉아서 여흥과 함께 뷔페식으로 디너파티를 하는데 축하잔치인 만큼 모두 마음껏 마시고, 떠들고 게임하고 밤 11시가 넘도록 놀았다. 이 모임은 미리 참가 신청을 받고 1인당 200크로나(34,000원 정도)의 식사비를 내고 참가한다. 디너파티와 여흥은 학생의 부인이 사회를 보면서 진행하였는데 폴의 두 아이 중 맏이인 다섯 살 된 귀여운 딸도 참여하여 악기도 연주하고 축사도 하는 등, 한 몫을 단단히 하였다. 그중 재미있었던 것은 그 딸이 축사로 "아빠, 이제는 책 그만 쓰고 우리랑 함께 놀아요."라는 말이었다. 모두들 동감하는 터라 손뼉을 치며 웃었다. 폴은 박사 논문을 끝내는 데 6년이 걸렸다고 하는데, 여기서도 박사과정생의 사정은 한국과 똑같았다. 사실 가족 중 한 사람을 박사로 만들려면 나머지 가족들의 뒷받침과 보이지 않는 희생이 크다는 걸 실감하였다.

나는 마침 지도교수인 비욘 이외에 외국에서 온 다른 심사위원들과 같은 테이블에 앉게 되어 여러 가지 이야기를 나누면서 즐거운 시간을 보냈는데 특히, 영국 교수, 비욘, 나, 셋이서 많은 이야기를 나누었다. 그 영국 교수가 작년에 인천 송도에서 열린 큰 국제학회에 초청받아 발표하러 왔었다고 하였다. 나도 그 학회에 갔었는데 아마도 내가 들어가지 않은 다른 세션이었는지 아쉽게도 그를 기억할 수 없었다. 축하파티를 어찌나 오래 하는지 나는 10시 반이 되어서 먼저 나왔다. 샬머스의 박사 논문 심사가 지도교수를 포함한 심사위원 5인과 심사받는 학생 사이에서 비공개적으로 이루어지는 한국과는 분위기가 매우 달라서 마치 큰 축제와 같아서 보는 내내 감탄하게 되었다.

폴의 지도교수인 비욘은 아직 한국에 와 본 적이 없다고 하는데 자기는 스웨덴 사람들과 한국 사람들과는 어쩐지 사고방식이 비슷하여 일본인, 중국인보다는 훨씬 친근감이 간다고 내게 이야기했다. 그리고 그가 폴에게 "박사학위는 연구의 완성이 아니라 이제부터 연구자로서의 시작을 뜻하는 키Key"라고 말해 주었을 때, 나는 그 말이 너무나 내 생각과 같아서 같은 교수의 입장에서 손뼉을 치며 동감했다. 비욘은 샬머스에서 생태건축, 지속가능성 분야에서는 연구 업적도 굉장히 많고 성품도 좋은 유명한 학자이므로 한번 한국에 초청할 기회가 있으면 좋겠다고 생각했다. 그도 한국과의 공동 국제연구에 매우 관심이 있다고 하여 내가 한국에 돌아가면 강연이나 콘퍼런스에 초청할 가능성이 있는지 한번 알아보겠다고 했다.

스웨덴
사람의

한국 이름
발음하기

　　요즘 2010년 월드컵 경기대회가 남아공의 요하네스버그에서 진행 중이다. 사실 나는 운동에 별로 취미가 없어서 스포츠 중계방송은 거의 안 보는 편인데 지난주에 우연히 텔레비전을 켰더니 온통 난리이고 하도 여러 번 "쉬드 코레아<sup>Syd Korea</sup>(남한)"라는 말이 들려서 무슨 일인가 하고 유심히 보았더니 마침 남한이 브라질과 예선경기 중이었다. 거기에서 남한이 2대 0으로 우승을 하였다. 갑자기 내가 애국자가 되어 이 기쁨을 어디에다 이야기할까 망설이는데 곁에 아무도 없었다.

　　이 이야기를 서울의 서정한 교수님께 이메일로 써 보냈더니 그분은 체육 전공이시라 그 외의 정보까지 보내주셔서 오늘 남한이 아르헨티나와 2차 예선이 있는 날이란 걸 알게 되었다. 그러나 몇 시에 하는지는 정확히 모르고 있었는데 어제 텔레비전 뉴스에서 들으니 오늘 오후 1시부터라고 하였다. 그래서 오늘은 학교에 안 가고 낮에 집에서 축구 중계를 보기로 마음먹었다. 그런데서 교수님이 알려주신 대로 지난번 브라질 경기 때와는 달리 아르헨티나 선수들의 경기 실력이 월등하여 남한 선수들이 계속 전전긍긍하더니 결국은 4대 1로 패하고 말았다.

거의 두 시간을 텔레비전 앞에서 꼼짝 안 하고 앉아서 보았는데 내 평생에 이렇게 운동경기 중계방송을 열심히 보기는 처음이었다. 그런데 아르헨티나 선수들은 완전 초보인 나의 눈으로 보아도 그 실력이 대단하였다. 지난번 경기에서는 박지성 선수의 활약이 매우 컸었는데 오늘은 어째 그 선수도 별 활약이 없었고 다른 선수들도 뛰는 걸 보니 초보 시청자인 나도 답답했다. 다만 전반전 마지막 1분에서 이청용 선수가 골인을 하여 나도 모르게 혼자서 손뼉을 크게 쳤다. 이번 경기에서 지기는 했지만 언제 또 경기를 할 수 있는 건지, 아니면 영영 탈락인지도 궁금했다. 내가 운동규칙에 대하여 워낙 아는 게 없는 데다가 스웨덴 뉴스도 못 알아들으니 문제다. 스웨덴 뉴스에서는 오늘 하루 종일 남한이 아르헨티나에게 패배한 필름만 자꾸 보여주니까 약이 올랐다. 요즘 스웨덴에서는 남한의 위상이 이전보다 상당히 높아져 인기도 꽤 있고 사람들의 관심도 많은데 말이다.

나는 원래 운동경기에는 흥미가 별로 없지만 운동경기와 관계없이 이번 중계방송을 보면서 혼자서 관찰한 것을 쓰려고 한다.

1) 우선 박지성은 스웨덴에서는 박이숭<sup>Park, Jisung</sup> 이라고 발음하니 아는 사람 아니면 누군지 모르겠다. 원래 스웨덴어에서는 "J" 발음을 "I" 발음으로 하니까 내 이름 "Jung"도 스웨덴 사람들은 "영" 또는 "융"이라고 부른다 "정"이라는 발음이 안 되는 모양이다. 개인적으로 일부러 정확히 가르쳐 달라고 요구하는 사람도 내가 "정"이라고 발음하면 몇 번 노력하다가 결국은 포기하므로 이제는 아예 처음부터 내 소개를 할 때 내

가 미리 "영"이라고 한다. 때로는 독일식으로 "융"이라고도 한다. 그래야 그들이 스트레스 안 받고 나를 쉽게 기억하고 자주 불러준다.

2) 중계방송 중에 아나운서들이 선수들의 한국 이름을 부르기가 워낙 힘드니까 그냥 성만 부른다. 그러니까 웬 박, 김, 이 씨가 그리 많은지 혼동된다. 다른 선수인데 이름은 같으니 시청자가 무척 혼동한다.

3) 태극기가 어찌 그리 큰 것이 있는지! 처음 응원을 시작할 때, 화면 가득 채운 크나큰 태극기를 보고 감동과 함께 깜짝 놀랐다.

4) 붉은 악마들의 응원은 어딜 가나 대단하다. 2002년도에 서울에서 월드컵이 열렸을 때 서울 시청 앞 광장에 모인 인파와 그 응원 광경이 전 세계로 보도되었는데, 세계의 모든 사람들이 놀랐다고 한다. 그런데 이번에는 남아공까지 모두들 자비로 그렇게도 많이 가고, 또 그렇게도 열심히 응원하다니…… 과연 대단한 애국자다.

5) 운동경기 시작 전에 국가가 나올 때 선수들의 인사하는 방법이 가지각색이라 유심히 보았다. 가슴에 손을 대는 사람, 군인처럼 거수경례하는 사람, 묵념하는 사람, 가만히 있는 사람 등등…… 그러나 아르헨티나 선수들은 가톨릭 국가라 그런지 대부분 십자성호를 긋는 사람들이 많다.

6) 경기 전에 애국가가 나오니 혼자서 들으며 공연히 눈물이 나려고 한다.

# 월드컵 경기와

## 야파의 추억

내가 월드컵 경기를 스웨덴에서 보는 것은 이번이 두 번째다. 처음에는 2002년 여름이었는데, 그때에는 8개월간 연구 휴가를 받아서 역시 지금과 똑같이 살머스에 와서 민정이와 예테보리에 살고 있었다. 그때 한번은 민정이와 스텐나라인 페리를 타고 덴마크의 프레데릭스하운<sup>Fredikshavn</sup>을 가는데, 세관을 통과할 때 여권을 검사하는 직원이 "한국 사람이면 지금 월드컵 경기 보느라고 서울에 있어야 되는데 왜 여기에 와 있느냐?"고 농담을 하여서 웃은 적이 있었다. 당시에는 나를 보고 어디에서 온 사람이냐고 물어 남한 사람이라고 대답하면 당연히 서울 월드컵 이야기부터 꺼낼 정도로 서울이 유명해졌다.

나에게는 2002년 월드컵에 얽힌 특별한, 그리고 가슴 아픈 추억이 하나 있다. 지금은 세상을 떠나고 우리 곁에 없는 카타리나의 친구 야파에 대한 추억이다. 그녀는 예테보리 시청의 환경 담당 공무원이었는데 파트너인 잉아와 함께 사는 레즈비언이었다. 그녀는 어찌나 성격이 좋고 남에 대한 배려가 깊었는지 나에게 남아 있는 야파의 사진을 보면 지금도 여전히 우리 옆에 있는 듯한 착각에 빠지게 한다. 그것은 아마도 내가 그녀의 죽음을 직접 접하지 못하고 사후에 카타리나의 이야기를 통해서만 들었기 때문일 것이다.

2004년인지 2006년인지 정확한 년도는 기억이 잘 안 나지만 여름에 한국에서 주거학연구회 교수님들 다섯 명이 스톡홀름에 학회가 있어서 왔다가 예테보리에서 며칠 머물렀던 때가 있었다. 그때 하루 날을 정하여 카타리나 집 마당에서 저녁에 바비큐 파티를 하였는데 한국 측에서는 이경희, 홍형옥, 최재순, 곽인숙, 박명희 교수님, 민정이와 내가 참석하였고 스웨덴 측에서는 학창시절 유명했다고 하는 카타리나의 여성 축구팀 일행 여섯 명이 모였다. 그중 두 커플이 레즈비언 커플이었는데 잉아와 야파 커플, 그리고 비깃타와 리사 커플이었다. 그 외에 비릿, 그리고 카타리나의 딸인 프리다까지 왔다. 그러니 매우 큰 그룹이었는데 마당에 넓은 텐트 두 개, 큰 테이블 두 개를 차려놓고 불고기는 한국 팀에서, 샐러드와 와인, 맥주 등은 스웨덴 팀에서 준비하여 큰 바비큐 파티를 하였다. 마당에서 고기를 구우려고 불을 피우는데 약간 빗방울이 내려 불이 잘 안 붙었다. 이때 야파가 커다란 우산을 받치고 불

주거학 연구회와
카타리나 여성 축구팀과의
식사

을 피워줬는데, 이 사진이 아직도 나에게 남아 있다. 그 날 활련화 klasse가 아름답게 핀 나무토막 그루터기에 작은 식탁보를 깔고 차려 놓았던 와인과 맥주 사진을 찍었는데, 바비큐 파티를 하며 노는 다정한 친구들의 모습과 함께 내가 어느 책의 한 부분에 실려서 출판된 적도 있었다.

그러나 사실 야파와의 인연은 한국-스웨덴 친구 사이의 바비큐 파티 때보다 더 몇 년 전에 이루어졌다. 내가 카타리나의 스텐쿨렌 산골 집에 모일 때에는 곧잘 그녀의 여성 축구팀 친구들을 함께 불렀으므로 자연스레 나도 그들과 친구가 되었다. 내가 처음으로 말로만 듣던 스웨덴의 하지축제midsummer festival를 경험한 것은 2002년 6월 잉아와 야파의 리세실Lyskekil에 있는 산골 집에서였다. 그 축제에는 카타리나의 축구팀 일행이지만 스텐쿨렌에서는 만나지 못했던 에바까지 모였다. 에바는 간호사였으나 시골에서 전문적으로 말을 기르는 직업을 가지고 있었는데 그날은 커다란 흰 개를 데리고 왔다.

우리가 카타리나의 차로 집을 출발하여 페리를 갈아타고 리세실 산골에 있는 야파의 집에 도착한 것은 오후였다. 내가 처음으로 본 깊은 산 속에 있는 그 집은 바로 스웨덴 크리스마스 카드의 그림에서 보았던 그런 빨간 나무집이었다. 주변은 울창한 숲이고 집에는 여러 가지 가구와 집기들로 아기자기 그림처럼 꾸며져 있었다. 손님방도 따로 준비되어 있었고 넓은 마당에는 하지축제 디너 테이블이 차려져 있었다. 그때 카타리나는 내가 그들과 처음 만나므로 잉아와 야파를 "가족family"이라고 소개하였는데 나는 처음에는 그 의미를 잘 모르고 약간 의아해 하였다. 가족이라는 말이 친척인지, 친구인지? 그들을 처음 본 내 눈에는 좀 아리송했기 때문이다. 나중에 알고 보니 그들은 레즈비언 커플이었으므로 부부와 같은 의미의 가족이었는데 그 당시만 해도 우리나라에서는 그러한 동성 커플이 있는 줄도 모를 때였으므로 잘 이해가 안 간 것도 무리는 아니었다.

하여튼 그 후에 알링소스 근처에 사는 카타리나의 또 다른 레즈비언 커플인 비깃타와 리사도 알게 되어 그 친구들의 집도 방문한 적이 있었는데 비깃타는 의사, 리사는 간호사였다. 그때 나는 처음으로 레즈비언이나 호모와 같은 동성애자들에 대하여 새로운 인식을 가지게 되었다. 한국에서는 워낙 동성애자들이 사회에서 숨어 살고 또한 외국에 비하면 그리 흔한 일도 아니므로 마치 그들은 이성애자들과는 전혀 다른 무언가 이상한 사람들이리라는 선입견이 있다. 나에게도 그러한 인식은 자연스레 한국사회로부터 영향을 받고 있었다. 그러나 내가 만난 잉아-야파 커플, 그리고 비깃타-리사의 커플은 그러한 나의 선입관이 잘못되었다는 것을 깨우쳐 주었다. 내가 만난 레즈비언 커플이 평균적인 표본이 아닐 수도 있겠으나 적어도 내가 경험한 그들은 대체적으로 성향이 온순한 지식층이 많았다. 남성끼리 사는 호모 커플도 마찬가지라는 이야기를 그전에 어디에선가 읽은 적이 있다. 그런데 공통점은 커플 중의 한 사람은 보다 남성적이고 나머지 한 사람은 보다 여성적이라는 점이다. 그리고 그들의 관계는 일시적이 아니고 이성 간에 결혼한 가족처럼 매우 지속적으로 유지된다는 것이다. 이것은 내가 카타리나의 여성 축구팀 친구들 중에서 경험한 것이지만 일반화할 수 있는지는 나도 확신이 없다.

야파와 잉아가 식사 준비를 하는 동안 손님들은 마당에

어려운 블루베리 따기                              블루베리 물든 손

가득 열린 블루베리 따기를 하였다. 야파가 플라스틱 도시락을 하
나씩 주면서 마음껏 따 가라고 하였다. 이렇게 귀하고 비싼 블루베
리를 당시 한국에서 본 적도 없었거니와 나무가 그렇게 자그마한
지도 몰랐다. 우리는 고무장화를 신고 밭에 들어가 감격하며 블루
베리를 따기 시작하였는데, 곧 지치고 말았다. 아무리 실컷 따 가
라고 하여도 사실 한 도시락을 채우기가 힘들었다. 블루베리의 나
무줄기에 가시가 많고 높이가 허리를 구부려야 딸 수 있게 키가 작
은 데다가 가시 때문에 엎드려 엉거주춤 한 자세로 열매를 따야 하
므로 얼마 안 가서 곧 지치고 말았다. 그제야 왜 블루베리 따기가
힘든지, 왜 값이 비싼지 알게 되었다.

　　　스웨덴 같은 경우에는 전문적인 농장에서 블루베리 따
는 일을 하러 남유럽의 노동자들이 많이 온다고 한다. 그렇게 블루
베리를 따는 도중, 카타리나가 뱀이 나왔다고 비명을 질렀는데 나
중에 알고 보니 장화의 끈이 마치 가느다란 뱀처럼 보였던 것이다.
그래서 블루베리는 한 도시락도 못 따고 포기하였고 곧 이어 밭에
서 한창 꽃이 핀 오레가노, 라벤더 등의 허브를 따기로 하였다. 허
브 향기가 온 주변에 진동하여 취할 정도로 황홀하였다. 허브 가지

들을 묶어서 천장에 매달아 두었고 이윽고 디너에서 각자 머리에 쓸 미드서머midsummer 화관을 만들었다. 나는 잘 모르니 친구들의 도움으로 가늘고 연한 자작나무 가지와 들꽃을 듬성듬성 섞어가며 둥근 모양으로 엮어서 화관을 만들어 머리에 썼다. 정말로 그림에서만 보았던 하지축제의 스칸디나비아 아가씨들의 모습이었다.

모두 화관을 쓰고 식탁에 둘러앉아 여러 가지 맛있는 음식으로 준비된 디너파티를 시작하였다. 가지각색의 음식이 많았지만 가장 중요한 음식은 딜dill을 뿌려 찐 자그마한 햇감자와 청어를 소금, 식초, 설탕, 겨자, 향신료 등에 절여서 만든 씰sill이었다. 한밤중에 후식까지 끝없는 요리와 와인을 마당에서 먹고 마시며 웃고 떠들면서 우리는 밤이 지새는 줄도 모르고 즐겼다. 사실 백야기간 동안에는 밤이 거의 없으니 새벽 한두 시까지도 환하여 밖에서 노는 데에는 전혀 지장이 없었다.

저녁 식사 후에는 숲 속에서 한밤중에 보물찾기 게임을 하였다. 미리 야파가 우리 모르게 숲 속의 나뭇가지 속에다 문제를 적은 여러 개의 쪽지들을 숨기고 대강 범위를 알려준 뒤, 우리가 그걸 찾아서 종이에 쓰여 있는 문제를 맞추는 게임이었다. 나중에 알았지만 야파가 미리 내가 알아맞히기 쉬운 문제들만 골라서 준비한 것을 눈치 챘다. 그때 내가 찾아서 맞힌 문제는 2002년 월드컵 경기에서 가장 경기를 잘한 한국 선수의 이름을 맞히는 것이었다. 물론 그 답은 그때 그 이름을 모르면 한국 사람이 아니라고 할 만큼 유명한 "안정환"이었다. 나는 일 등으로 게임을 맞추었고 야파는 자기는 "안"을 제일 좋아한다고 하였다. 스웨덴에서는 안정환을 "안Ahn"이라고 불렀다.

그날 밤은 우연히 새벽 두 시 정도엔가 스페인과 한국의

미드서머 화관을 만드는 친구들

리세실 산골에서 휘날린
2002 월드컵의 태극기

경기가 있는 날이었다. 4강 전이라 조마조마하고 관심도 많아서 실 컷 놀고 난 후에 모두 시간을 맞추어 텔레비전 앞에 모여 앉았다. 야파가 마침 센스 있게 빨간색 티셔츠를 사람 수 대로 준비하였고 크레파스와 종이, 마당에서 꺾어 온 나뭇가지를 준비해서 나의 안 내로 태극기 그리기 실습을 하였다. 우리는 모두 나뭇가지에 각자 그린 태극기를 스카치테이프로 고정시키고 빨간 티셔츠로 갈아입 은 뒤 텔레비전 앞에 앉아서 아이들처럼 응원을 시작하였다.

결국, 한국이 강적인 스페인을 꺾고 전체 4위를 차지 하는 유사 이래의 좋은 경기를 보며 막을 내렸다. 밤새도록 어찌 나 소리를 지르면서 웃고 떠들며 응원을 했는지 나중에는 모두 목 이 잠겼다. 다음 날 아침에 일어나 아쉬움을 남기고 친구들과 헤어 져 카타리나와 나는 차를 타고 다시 예테보리로 돌아왔다. 돌아오 는 길에 우리는 차창에다 전날 밤에 손으로 그린 종이 태극기를 달 고 창을 열어 소리를 지르며 달려왔다. 옆으로 지나가는 차들에서 사람들이 모두 우리를 보고 손을 흔들어 주었다. 그때 우리는 마치 개선장군이나 된 듯 의기양양했었다. 지금도 "월드컵"이라는 단어 를 떠올리면 잊을 수 없는 그리운 추억이다.

그 후에 몇 년이 지나 민정이가 예테보리에서 HDK의 석 사학위 졸업전시회를 했을 때에도 그 여성 축구팀 일행 모두와 함 께 잉아와 야파도 왔었다. 그 후 또 몇 년이 지나고 5년 전쯤, 내가 한국에 있을 때 야파가 자궁암으로 투병 중이라는 슬픈 소식을 카 타리나가 이메일로 전해주었고, 그 소식이 있은 후 얼마 안 지나 50대의 나이로 야파가 세상을 떠났다고 연락이 왔다. 병원에서 투 병할 때도 그 친구들이 번갈아 야파를 방문하였고 야파는 평온한 상태에서 생을 마감하였다고 했다. 나는 지금도 야파의 죽음을 내

카타리나의 식탁에 오른
야파의 유물 와인글라스

눈으로 보지 못했기 때문에 그녀가 세상을 떠났다는 느낌은 실감
이 안 나고 그저 자주 만나지 못할 뿐이라는 생각만 든다.

그러던 어느 날 카타리나의 집에 갔더니 찬장 속에 처음
보는 유난히 아름다운 와인글라스 6개 한 세트가 있었다. 그것은
고전적인 디자인의 넓은 초록색 다리가 안정감 있게 달린 와인글
라스였다. 평소에 카타리나는 그 찬장에 어머니의 유물을 많이 넣
어 두었으므로 나는 그것도 어머니의 것인가 물었더니 야파의 것
이라고 하였다. 야파가 세상을 떠난 뒤 친구들이 그 물건을 모두
유물로 나누어 가졌는데 자기는 그 와인글라스를 가졌고 그 글라
스를 아주 좋아한다고 하였다. 야파의 파트너였던 잉아의 최근 소
식을 물었더니 잉아는 야파의 사후에 다른 이성 남자친구를 만나
서 함께 살고 있다고 하면서 이제는 서로 잘 연락을 안 하고 지낸
다고 하였다. 그 소식을 들으니 정말로 야파가 이 세상 사람이 아
니구나 하는 생각이 들었다. 참으로 좋은 친구였는데, 그리고 카타
리나의 말이 야파는 마음이 넓고 남을 잘 챙기는 자기 그룹의 리더
였다고 한다. 친구들 모임도 야파가 주로 주선하였는데 그녀가 세
상을 떠난 지금은 그 친구들도 예전처럼 자주 못 만난다고 하였다.

# 06. 19.
SAT

나는
전생에

유럽의
공주?

　　밤에 혼자 침대에 누워서 곰곰이 생각해 보면 내가 '이 스칸디나비아와 전생에 무슨 깊은 인연이 있었을까?' 하는 부질없는 생각을 할 때가 있다. 코펜하겐으로, 예테보리로, 나의 평생에서 꽤 많은 부분을 한국에서 멀고 먼 이곳에 와서 혼자 지내니 그 인연도 보통 인연은 아닌 것 같다. 한국에 있는 내 친구들은 태어날 때부터 평균적인 한국인보다 머리카락 색도 비교적 갈색이고 얼굴에 주근깨도 무척 많으며 평생에 이처럼 짧지 않은 시간을 스칸디나비아에 와서 지내는 나를 보고, 아마도 나는 전생에 유럽의 공주였을 거라고 농담하는데, 적어도 무수리는 아니었겠지? 이곳 유럽에서는 내가 시중들어줄 사람은 없으니까⋯⋯.

　　며칠 후면 하지가 가까워져 오는데도 기온이 16도 정도로 선선하고 건조하니 지내기에 딱 좋다. 지난주 토요일에는 스웨덴의 공주면서 왕위 계승자인 빅토리아 공주와 평민 출신인 다니엘의 결혼식이 있었는데 일주일 내내 텔레비전에서는 온종일 결혼식 중계방송을 하느라고 난리였다. 스웨덴에서는(아마 덴마크도 마찬가지일 것이다) 무조건 성별과 관계없이 첫 자녀가 왕위를 계승하는 전통이라서 현 왕실에 왕자가 있는 데도 첫 자녀인 빅토리아 공주가 왕위를 계승하는 것이다. 여기에도 은근히 남녀평등 사상이 깔려있는 듯하다. 이 결혼식에는 유럽의 모든 정상급 국가대표, 왕, 여왕, 공주, 왕자 등의 귀족들이 모두 참석했는데 서로 자랑이나 하듯이 여성들의 가슴이 많이 드러난 화려한 이브닝드레스를 입고 나오니 그 디자인을 보는 것만으로도 대단했다. 참가자들이 각기 자기 나라의 위상을 돋보이려는 듯 최고급 디자인의 옷을 입고 전야제인 콘서트를 비롯하여 결혼식 당일 미사, 디너, 댄스파티 등에 등장했기 때문이었다. 혹시나 동양대표들도 있는지 유심히 보았는데 일본 대표의 남자만 잠깐 화면에 비치고는 안 온 건지, 카메라에 안 비친 건지 모르겠지만 미국, 중국, 한국의 대표는 아무도 나타나지 않았다.

사실 중계방송은 일주일 전부터 시작되었는데 왜 그리 오래전부터 야단인지 모르겠다. 영국의 왕실과는 달리 덴마크나 스웨덴의 왕실은 국민들로부터 신임을 많이 받고 영국 왕실의 찰스 황태자처럼 별다른 스캔들도 없다. 평소에는 거의 뉴스에도 안 비치고 조용하다. 그런데 무슨 결혼식을 그렇게 이틀 전부터 피로연, 축하 음악회로부터 시작하여 당일 미사 등 온종일 스톡홀름 시내를 마차를 타고, 또 배를 타고 순회하는지 결혼하는 당사자들도 무척 피곤했을 것 같다. 결혼식 당일 저녁에는 만찬과 댄스파티 등을 밤 11시까지 하였다. 아마 연습을 많이 했겠지만 처음에 신랑 신부가 나와서 비엔나 왈츠로 춤을 추기 시작하여 차츰 중요한 귀빈 순으로 등장하며 나중에는 모든 손님들이 함께 나와 춤을 추는데 아주 보기 좋았다. 그걸 보니 서울에서 그동안 배운 왈츠를 여기에 와서 까맣게 잊어버린 사실이 생각났다. 그래도 개인교습까지 받으며 1년 이상이나 왈츠를 배우다 왔는데도 전혀 생각이 안 난다.

하여튼 스웨덴 국민들도 대단하다. 오후 3시부터 5시까지 대성당에서 결혼 미사가 있고 그 후에 시내를 행진하는데 좋은 자리에서 그 행렬을 보려고 아침 7시부터 의자와 점심 도시락까지 모두 싸들고 나와 앉아서 기다리고 있었다. 더구나 일기예보에서 비가 올 거라는 정보가 있어서 노인부터 어린아이까지 모두들 우산과 우비, 점심 도시락, 간식 등, 한 보따리 소지품들을 장만해서 거리로 나왔다. 하여튼 내가 여기에 와 있을 때 이런 역사적인 결혼식을 보게 되어 외국인인 나로서는 무척 흥미로웠다. 내가 혼자서 상상했던 것보다 유럽 왕족의 결혼식은 정말로 대단했다. 게다가 신혼부부의 행렬이 지나가는 곳이 모두 조재순 교수님, 김미향 선생과 스톡홀름에서 지난 5월에 함께 누비고 다녔던 곳이었는데 화면에서 다시 보게 되어 감격스러웠다. 그러나 막상 스웨덴 국민 중 일부는 이 상업적이고 홍보 위주의 왕실 결혼식에 짜증이 난다고 비난하는 사람들도 있었다.

섬으로 이어지는
스톡홀름 시내

카타리나와
지낸

미드서머

지난 주말 미드서머 축제 기간에는 모든 사람들이 다 시
골로 떠나서 도심은 텅 비어 마치 우리나라의 추석 연휴 같았는데
어쩌면 그보다 더 심하였다. 해가 길어서 요즘에는 새벽 3시에도
한낮처럼 밝아서 자꾸만 일찍 잠에서 깨어날 뿐만 아니라, 밤 1시
까지도 하늘이 밝으니 잠도 늦게 자는 편이라 신체 리듬에는 좀 무
리가 가지만 한편으론 참 좋다. 기온도 18~20도인 데다가 비도 오
지 않고 맑은 해가 비치니 매일 매우 쾌적하다.

미드서머 기간에 리스베스가 자기는 다른 곳에 가야 하
니 혼자서 지내는 나를 배려하여 학과의 다른 동료인 싸닥 가족과
슬로츠코겐 공원에서 합류하여 하루를 지내도록 약속해주었다. 그
러나 나는 평소에 싸닥과 그리 친하게 지내는 사이도 아니고, 더구
나 아직 한 번도 만난 적이 없는 그의 가족들 모임에 혼자서 낀다
는 게 마음에 내키지 않았다. 그래서 목요일 저녁에 카타리나에게
전화하여 스텐쿨렌에 가서 지내도 되는가 물어보았더니 환영한다
고 하였다. 이번 하지축제 기간에는 우리 둘이서 조용히 산골 생활
을 즐기기로 하였다.

카타리나도 요즘 직장과 건강, 또 프리다의 문제 등으로 큰 스트레스를 받고 있어서 하지축제라고는 하지만 아무런 생각 없이 그냥 집에 있었는데 내가 가겠다고 하니 무척 좋아했다. 집 안에 들어가니 평소보다 더 먹을 것도 없었고, 축제 기간에 가게도 모두 닫혀서 항상 챙겨가던 와인도 못 사 가지고 갔다. 기차를 타고 스텐쿨렌 역에 내려서 카타리나 집까지 혼자서 옛날 물레방앗간이 있는 강 위의 다리를 건너서 갔다. 아무도 없는 한적한 시골 길에 온갖 야생화가 어찌나 흐드러지게 만발했는지 혼자서 보기에는 너무나 아까워 중간마다 쉬면서 맘껏 사진을 찍었다.

하짓날 아침에는 느지막하게 일어나 둘이서 햇빛 가득한 마당에 식탁을 펴고 커피와 빵으로 간단한 아침 식사를 하였다. 식사 후엔, 카타리나의 큰 강아지 벤노를 데리고 자연보호구역인

한여름 스텐쿨렌 숲의 야생화

여름 숲 속의
카타리나의 집

야생화 가득 핀 숲 속으로 한 시간 동안 산책을 나갔다. 산책에서
돌아와서는 따끈따끈한 햇볕을 쬐면서 마당에서 잡초를 뽑고 일하
다가 이른 저녁에 찐 햇감자와 식초에 절인 청어 젓갈 그리고 화이
트 와인으로 식사를 하고 다시 한 번 벤노를 데리고 다른 쪽 숲 속
길로 강가를 따라 두 시간 동안 산책하였다. 이렇게 둘이서 고요하
고 한적하게 하지축제 기간 3일을 지냈다.

우리는 2002년 여름에 바다 건너 리세실의 산골에 있는
잉아와 야파의 서머하우스<sup>summer house</sup>에 가서 지냈던 하지축제를
추억하며 고인이 된 야파를 그리워했다. 2002년도 "스웨덴의 붉은
악마" 사진을 카타리나 집에서 찾아서 컴퓨터로 스캔하다가 젊었
을 때의 카타리나 사진도 있어서 함께 스캔했다. 젊은 시절, 20대
의 카타리나는 어쩜 이리도 청순하고 아름다운지! 카타리나가 화
관을 쓰고 있는 걸 보니 아마도 어느 해 미드서머 때 찍은 것 같다.

미드서머 화관을 쓴
20대의 카타리나

쾌활한

3인
여행팀

학기 중에 예정했던 대로 서정한, 곽인숙, 서귀숙 교수님 일행이 예테보리에 7월 1일에 도착하였다. 우리는 가끔 서로 영상통화로 얼굴을 보기도 하고 이메일을 자주 교환하며 소식을 전하기는 하였으나 이렇게 먼 타국에서 직접 만나니 무척 반가웠다. 더구나 한국에서 내가 언니처럼 따르던 서정한 교수님은 이번 여름을 마지막으로 대학에서 은퇴하시니 이번 여행을 은퇴기념 여행이라고도 할 수 있겠다. 세 명이서 커다란 트렁크를 들고 내 아파트에 들어서니 방이 가득 찼다. 그래도 어찌나 반가운지 서로 떠드느라고 고요하던 내 방이 오랜만에 한국말로 시끌벅적해졌다. 마침 샬머스가 방학이라 옆방의 학생들도 모두 휴가를 떠나고 오갈 곳 없는 외국학생들만 몇 명 남아 아파트 전체가 거의 비었으니 좀 시끄러워도 큰 문제는 없을 것이다.

4월부터 3인 여행팀의 발트Balt 여행 준비로 정신없다가 이제는 모든 일정이 정리되어 기차 패스와 중간 구간 항공표, 호스텔 예약까지 모든 준비가 끝났다. 이들은 예테보리 나의 아파트를 베이스캠프로 짐을 풀고 한 달간 들락날락하면서 스칸디나비아를 여행할 예정이다. 10평 정도의 내 아파트의 크기가 넉넉하지는 않지만 몇 명씩 번갈아 숙박하므로 며칠간은 넷이서 끼어서 자 보기로 하였다.

우리는 예테보리에서 며칠 지내다가 7월 4일에 스웨덴 현지 여행사 스칸도라마Scandorama의 패키지여행을 떠날 것이다. 덴마크, 독일, 폴란드를 거쳐 발트 3국Baltic States인 리투아니아Lithu-ania, 라트비아Latvia, 에스토니아Estonia를 여행하고 다시 스웨덴으로 돌아오는 9일간의 여행 일정이다. 스칸도라마의 패키지여행은 말뫼에서 출발하는 버스 여행으로 한국의 패키지여행보다 훨씬 값도 저렴하고 내용도 재미있어서 추천하였다. 처음 신청할 때는 여행사에서 좌석이 두 개밖에 안 남았다고 하여 나머지 두 명은 대기자로 올려놓고 초조히 기다렸는데 다행히 자리가 나서 넷이 모두 합류할 수 있게 되었다.

그 후에 예테보리에서 며칠 쉬고 다시 넷이서 개인여행으로 노르웨이 오슬로Oslo-베르겐Bergen 코스의 피오르fjord 여행을 4일간 예약하였다. 그 외에 나를 제외한 세 사람은 스톡홀름, 헬싱키Helsinki, 코펜하겐까지 북유럽 일주를 하기로 빡빡한 여행 계획을 세웠다. 전 일정을 계획하고 예약하는 데 꽤 오랜 시간이 걸렸으나 성공적이었다. 종종 친구들이 나보고 은퇴하고 여행사를 차려도 좋을 거라고 말했는데 한번 도전해볼까? 나는 여행 계획을 할 때 조직적이고 치밀한데 무엇보다도 여행 전의 그 설렘이 좋다.

우리는 발트 여행에 앞서 며칠간 예테보리에서 쇼핑도 하고, 샬머스 주변을 산책하거나 식물원, 슬로츠코겐 공원 등을 돌아다녔다. 항상 인파로 복작대던 서울과는 달리 그들은 예테보리의 고요하고 맑은 공기에 만족하였다. 우리는 샌드위치, 와인, 과

일 등의 점심을 집에서 준비해서 시내버스표로 수상버스를 타고 값싸게 주변 섬에 가서 놀기도 하고, 어떤 날은 카타리나의 스텐쿨렌 산골로 버섯, 산딸기와 블루베리를 따러 가기도 하였다. 한국에서는 귀하디귀한 블루베리와 산딸기가 여기에는 집 주변 야생 숲에 지천으로 널려 있으니 손에 새빨갛고 새파란 물이 들도록 실컷 따서 한 움쿰 씩 먹기도 하고 잼을 만들기도 하였다. 매일 집에서 먹는 샐러드에도 야생 산딸기와 블루베리를 듬뿍 얹어서 먹었다.

블루베리를 듬뿍 얹어
만든 식사

시내버스표로
쉽게 다녀온 섬 여행

슬로츠코겐 공원에서의 망중한
- 누워서 하늘보기

　　한국에서 온 우리 팀이 7월 한 달간 내 집에서 지낸다
는 소식을 미리 알고 있었던 마리는 지난 5월 카타리나의 산골 집
에서 점심초대를 받았던 일을 기억하고 그 답례로 자기 집에서 우
리에게 점심을 대접하겠다고 제안해 왔다. 그 모임에 리스베스, 이
언, 셔스틴이 합류하여 각자 음식을 나누어 준비해 왔으므로 우리
는 매우 훌륭한 스웨덴식 식사를 대접받았다. 이언이 백세주를 좋
아하고 마리가 김치를 좋아하는 것을 기억하고 한국에서 백세주와
김치를 준비해와 우리 집에서 서귀숙 교수님의 장기인 주먹밥을
만들어 함께 가지고 갔다. 식사가 끝나고 우리는 모두 마리 동네
주변에 있는 고요한 호숫가로 산책을 하러 나갔다. 집에서 몇 발자
국만 나가면 이렇게 조용한 자연풍경이 있다는 것이 시끄러운 대
도시에서 살다 온 그들에겐 신기하기만 하였다.

마리의 집에서 스웨덴, 한국
친구들 간의 식사 모임

마리의 스웨덴식 식사 메뉴

식사 후 마리 집 주변의
고요한 호숫가로 산책하다.

스웨덴어를
모르면서도

잘 따라다녔던
스칸도라마의
여행

우리 네 명은 7월 4일에 스칸도라마 버스로 말뫼를 출발하여 9일간의 발트 3국 여행에 나섰다. 스칸도라마 여행사는 주로 스웨덴 현지인들만 이용하는 국내여행사라서 우리처럼 외국인이 동승한 것은 이례적인 일이었고 게다가 우리는 스웨덴어를 모르니 가이드가 알려주는 스웨덴어 안내 코멘트를 알아듣지 못하였다. 그래서 나는 가이드 마리아에게 미리 우리는 스웨덴 거주자가 아니고 한국에서 여행 온 팀으로 스웨덴어를 전혀 모른다는 사실을 이실직고하고 집합시간, 식사시간, 호텔방 배정 등의 중요한 사안만 영어로 알려 달라고 귀띔해 두었다. 마음씨 착하게 생긴 마리아는 나의 부탁에 순순히 응해주었고 우리 네 명은 곧 45인승 버스에 가득 찬 스웨덴인 사이에 당당하게 끼어서 스칸도라마의 고객으로 즐거운 여행을 시작하였다.

동승한 스웨덴 승객들은 처음에 호기심 어린 표정으로 우리 네 명이 몹시도 궁금한 눈치였으나 9일간 함께 여행하다 보니 나중에는 점점 친해져 영어로 서로 이야기도 나누고 여행 정보도 공유하게 되었다. 그중의 한 부부는 우연히 내가 살머스에 있다

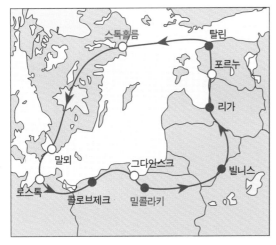

9일간의
발트 여행 일정

는 것을 알고 자기 딸이 마침 샬머스 건축학과의 석사과정 학생이
니 기회가 되면 한번 만나보라고 이름과 전화번호까지 주었다.

그래도 막상 네 명 모두 스웨덴어를 하나도 모르면서 스
웨덴어로 진행하는 여행을 따라가려니 불안하여 나는 미리 한 가
지 묘안을 생각해 내었다. 가이드가 여행지에 대하여 영어로 안내
를 따로 안 해주므로 집에서 미리 인터넷으로 스칸도라마의 홈페
이지에 들어가 우리의 여행 일정을 소개한 스웨덴어 정보를 구글
번역을 통하여 영어로 번역하였다. 그걸 4부 인쇄하여 4명 각자에
게 나누어주고 여행을 했더니 아무런 문제 없이 여행을 즐길 수 있
었다. 나는 혼자서 "나는 참 지혜롭다"고 자화자찬까지 하였다. 우
리나라 여행사처럼 많지는 않았지만, 이 여행 중에도 비용을 따로
지불하는 옵션(선택 여행)이 몇 가지 있었다. 우리는 여행 중 최소한
의 비용만 지출할 예정이었으므로 선택 여행에 참여하지 않고 지
도를 보고 현지인들의 대중교통수단을 이용하여 선택 여행에서 가
는 목적지에 개별적으로 찾아가 다른 일행들과 함께 즐겼다. 어떤

때는 스칸도라마 버스가 도착하기도 전에 우리가 먼저 가 있기도 하여 나중에 온 스웨덴 일행들이 손뼉을 치며 반긴 적도 있었다.

평소에 세계 각국에서 자유여행을 많이 했던 우리 팀은 현지에서 지도를 보고 관광지를 찾아가는 일에 비교적 익숙하여 큰 어려움 없이 잘도 따라다녔다. 식사도 여행사에서 제공하는 식사 이외의 자유 식은 레스토랑에서 사 먹는 대신 재래시장에서 쇼핑을 하여 우리가 직접 준비하여 가지고 다녔다. 하루는 식당이 없는 산골로 피크닉을 가는 날이었는데 말을 못 알아들은 우리는 그것이 여행비에 포함된 식사인 줄 알았던 것이다. 평소처럼 간단히 와인과 샌드위치를 약간 싸가지고 나갔는데 나중에 그 피크닉 식사가 옵션이란 것을 알고 함께 먹을 수가 없었다. 그래서 하는 수 없이 태연하게 우리가 준비해 온 간단한 식사를 풀밭에 펴놓고 앉아서 먹었다. 그 간식이라도 준비해 가지 않았다면 남들이 치즈, 와인, 햄, 샌드위치, 과일 등을 푸짐하게 먹을 때 우리는 굶을 뻔

피크닉에서 즉석으로 차려진
스칸도라마 런치 옵션

리투아니아의 수도
빌뉴스 거리에서 만난
축제 행렬

하지 않았는가? 어찌나 다행이었는지 모른다. 다른 스웨덴 일행들은 와인까지 챙겨와서 먹는 우리를 보고 그것이 임기응변인지는 전혀 눈치 채지 못했을 것이다. 그래도 우리는 참 즐거웠다.

발트 3국은 독립하기 얼마 전까지만 해도 소련연방에 속해 있어서 우리와는 교류가 거의 없던 나라다. 그래서 여행을 좋아하는 나도 일정 중에서 에스토니아의 탈린Tallinn을 제외하고는 가본 적이 없었고 지식도 거의 없었다. 독일, 폴란드를 거쳐 우리가 발트 3국 중 처음 도착한 나라는 리투아니아였다.

리투아니아의 수도 빌뉴스Vil'nyus는 중세 풍경이 그대로 남아 있는 매혹적인 도시였다. 빌뉴스는 수도라고 믿어지지 않을 정도로 작고 날이 저물어가니 더욱 중세로 돌아간 듯한 착각에 빠졌다. 빌뉴스는 작지만 복잡한 리투아니아의 역사를 그대로 담고 있는 도시였다. 굽이쳐 흐르는 네리스 강Neris River과 소나무 언덕에 둘러싸인 빌뉴스의 구시가지를 둘러보고 우리는 빌뉴스를 떠나 서쪽으로 30km 떨어진 트라카이Trakai를 옵션으로 신청하지 않고 대

**여행 내내 걷느라고 고생한**
**우리들의 발**

중교통을 이용하여 찾아갔다. 빌뉴스와 트라카이는 하루에 30번 정도 운행하는 버스로 40분 정도면 오갈 수 있어 교통도 편리하다.

과거 한때 리투아니아의 수도였던 트라카이는 30개 이상의 호수와 삼림으로 둘러싸여 있어서 자연공원으로 경관이 매우 아름다웠다. 우리가 트라카이 버스터미널에서 내려 한가하게 시골 길을 산책하는 기분으로 30분 정도 걸어가니 저 멀리에 호수를 배경으로 그림같은 트라카이 성이 나타났다. 트라카이 성은 14세기 후반에 기사단의 침략을 막기 위해 호수 위 섬에 만들어졌다고 한다. 그러나 이후 폐허가 되다시피 했던 것을 리투아니아 정부가 재건축 하기로 하고 1961년에 복원하기 시작하여 1987년에 거의 15세기의 모습을 되찾았다.

리투아니아의 고도 트라카이에 내리니 싱싱한 채소 시장이 우리를 맞는다.

호수 건너로 그림처럼 아름다운 트라카이 성이 보인다.

아르누보
건축의

보물창고
리가

우리 여행팀은 리투아니아를 떠나 다음 날 라트비아 리가[Riga]에 도착했다. 산악지대가 거의 없는 평평한 땅으로 이루어진 라트비아의 수도 리가는 지리적으로 발트국가 중심에 있다. 라트비아 인구의 약 3분의 1이 거주하며 발트 도시들 가운데 가장 큰 도시로, 개방적이고 국제적인 분위기가 느껴졌다. 리가가 역사에 등장하는 것은 13세기 초부터였고 13세기 말에는 한자동맹[Hanseatic League]에 가입하여 급속한 발전을 이뤘다. 현재 구시가에 있는 건축물은 이때 세워진 것이 많다고 한다. 16세기부터 19세기에 걸쳐 리가는 폴란드, 스웨덴, 제정 러시아의 지배하에 들어갔기에 아직도 스웨덴 문화의 흔적이 곳곳에서 발견된다. 스웨덴 여행사에 합류한 우리는 나이 지긋한 스칸도라마의 여행팀들이 스웨덴의 옛 영광을 다시 되돌아보는 듯한 분위기를 함께 느꼈다.

라트비아의 민속적인 상징들을 가미한 아르누보[Art Nouveau] 양식의 건축물들이 많은 리가는 유럽에서 아르누보 건축물이 가장 많이 남아 있는 도시로 유명하다. 중세의 붉은 벽돌 교회들, 계단식 박공으로 되어 있는 한자 상인들의 집들이 구시가지의 골

리가는 19세기 아르누보 양식의
건축물로 가득 차 있다.

목길에 자리 잡고 있어 술래잡기하는 기분으로 골목길을 돌아다
니는 맛도 재미있었다. 리가에 남아 있는 중세의 주택 건축물로는
"삼 형제의 집"이 유명한데 이집들은 형제처럼 어깨를 맞대고 세
워져 건축 당시의 모습을 그대로 유지하고 있었다.

　　　　리가의 옛 25개 성문 중 하나인 "스웨덴 문"은 슬픈 전
설이 전해지는 곳이었다. 옛 리가의 여자들은 외국인과 만나는 것
이 금지되어 있었으나 한 젊은 여자가 스웨덴 병사와 사랑에 빠져
밤에 이 문에서 몰래 만나곤 했었다고 한다. 그러던 어느 날 밤, 이
문 앞에서 스웨덴 병사를 기다리던 여자가 외국인을 만난 죄로 체
포되어 문 안쪽에 갇혀 죽임을 당하였는데 그 후 한밤중에 이곳을

지나면 여인의 슬픈 울음소리가 들린다고 한다. 리가에서는 자기가 만나는 사람이 올바른 배우자인지 확인하려면 자정에 이 문을 통과하면 알 수 있다고 하는데 문을 지날 때 연인들의 이야기 소리가 들리면 진정한 반려자를 만난 것이라고 전해진다.

리가 구시가의 중세의 거리는 19세기 말부터 20세기 초에 걸쳐 지어진 아르누보 건축의 보물창고다. 알베르타<sup>Alberta</sup> 광장 근처의 거리에는 옛 창고 건물이 많이 남아 있는데, 중세시대에는 맹수들이 악령을 쫓아낸다고 믿었기 때문에 창고의 입구 위에는 새나 맹수의 조각이 장식되어 있었고, 주소 대신에 '코끼리의 창고' '낙타의 창고' 등의 건물 이름으로 불렸다고 한다. 우리는 리가를 떠나는 날 아침에 호텔에서 우연히 산책을 하러 나갔다가 아르누보 건축물들이 즐비하게 서 있는 이 거리를 발견하게 되었다. 그곳에는 우리가 그동안 책에서만 보았던 아르누보 양식의 건물들이 거리 양쪽을 가득 메우고 있어서 놀랐다. 우연한 발견에 감탄을 하며 걷던 중, 한 건물 앞에서 마당을 쓸고 있는 한 부인을 만나게 되었다. 우리는 외부가 이렇게 아름다우니 내부는 어떨까 몹시도 궁금하여 혹시나 우리가 한국에서 온 여행객인데 내부를 보여줄 수 있느냐고 물었더니 그 부인은 친절하게도 안으로 들어가 보라고 하였다. 내부로 들어갔더니 그곳에는 계단부터 벽까지 온통 찰스 레니 매킨토시<sup>Charles Rennie Mackintosh</sup>의 아르누보 양식으로 장식 된 것이 아닌가! 우리는 감탄을 금하지 못하고 연방 사진을 찍어대었다. 리가를 떠나기 전 우연히 얻은 대 수확이었다. 그 부인에게 고마움을 표하고 우리는 총총 호텔로 돌아와 다음 행선지를 향하여 리가를 떠났다.

붉은 뾰족 지붕이
고풍스러운

발트의 창
탈린

　　라트비아의 리가를 떠나 우리가 도착한 곳은 탈린. 핀란드 만을 끼고 헬싱키와 마주 보고 있는 에스토니아의 수도 탈린은 유럽에서 가장 잘 보존된 중세 도시를 가지고 있어서 중세 광장과 미로와 같은 골목길들 사이에 옛 건축물들이 아름답기로 유명한 곳이다. 이런 연유로 탈린의 구시가는 1997년 유네스코 세계문화유산에 등록되었다. 발트 3국 모두 반세기 동안 소련의 지배를 받은 역사적인 공통점이 있지만 독립 이후 각 나라들은 저마다의 개성 있는 나라를 만드는 데 주력하고 있다.

　　탈린과 핀란드 헬싱키는 불과 80km밖에 떨어져 있지 않아서 탈링크 페리<sup>Talink ferry</sup>로 2시간이면 도착할 수 있다. 밤에 떠나는 페리를 이용하면 스톡홀름까지도 어렵지 않게 오갈 수 있다. 이렇게 좋은 위치에 있으면서 2004년 EU 가입으로 이제 에스토니아인들은 자신들의 나라를 노르딕 국가(덴마크, 스웨덴, 핀란드, 노르웨이와 같은 나라들)의 일부로 생각하는 경향이 있다. 그러나 에스토니아 국민의 25%가 러시아인이고 러시아어가 에스토니아의 제2언어다. 또한, 에스토니아는 지형적으로 강력하고 호전적인 이웃 나라들(독일, 덴마크, 스웨덴, 러시아)에 둘러싸여 역사적인 비운을 겪기도 했다.

덴마크인들이 건설하여 '덴마크인의 도시'라는 뜻인 탈린은, 독일인들이 건설한 리가와는 분위기가 많이 달랐다. 13세기 십자군 기사들에 의해 세워진 탈린의 구시가지는 13세기 중엽부터 독일인들이 들어오면서 한자동맹의 중심부로 번창하였는데, 구시가지 전체가 박물관이라고 할 만큼 중세의 분위기를 그대로 간직하고 있었다. 짙은 회색의 성벽과 망루, 뾰족한 붉은 지붕이 초록색의 숲과 어우러져 차분하면서 고풍스러운 분위기의 탈린은 이제 활기찬 중세 한자동맹 도시로 거듭나 '발트의 창'이 되었다.

탈린은 러시아, 덴마크, 스웨덴, 폴란드의 이권 다툼이 치열했던 곳이어서 13세기부터 도시 외곽을 성벽으로 쌓기 시작했는데, 대표적인 탑은 톰페아Toompea 언덕 남단에 솟은 49m의 '대포탑'이다. 독일어로 '부엌을 내려다본다'는 뜻의 이 탑은 46개의 탑 가운데 가장 큰 탑으로 탑 위에서 보면 아랫마을 집들의 부엌이 손에 잡히듯 보이기 때문에 붙여진 이름이라고 한다.

구시가지로 들어가는 6개의 문 가운데 하나였던 쌍둥이 탑의 비루Viru 문을 통과하면 탈린의 관광중심지인 시청사와 시청광장이 나타난다. 북유럽에서는 별로 남아 있지 않은 고딕 양식의 시청사 가운데 하나인 탈린의 시청사는 1404년의 모습을 그대로 간직하고 있었고 시청광장에서 동쪽으로 이어진 비루 거리가 바로 구시가지의 중심가로, 예쁜 가게와 레스토랑, 카페가 즐비해 사람들의 발길이 하루 종일 끊이지 않았다. 시청광장은 덴마크인들이 에스토니아를 지배하기 이전부터 시장의 역할을 하면서 죄인들을 기둥에 묶어 모욕을 주거나 기사들이 마상시합을 하던 곳이었다.

우리도 따끈따끈하게 뜨거운 여름 햇볕을 맞으며 시장에 가득 찬 수많은 관광객과 어울려 간식거리도 맛보고 손으로 직접 만든 옷도 사 입으면서 자잘한 재미를 즐겼다. 잠시 시청광장

중세의 분위기가
그대로 남아 있는
탈린의 구시가지

노천카페에서 시원한 생맥주를 마시려고 자리를 잡고 앉았는데 마침 일을 마친 스칸도라마의 운전기사와 가이드 마리아가 있기에 그 좌석에 합류하여 시끌벅적한 탈린의 초저녁을 함께 즐겼다.

탈린 시청광장에서 스칸도라마의 운전기사,
가이드 마라아와 함께 즐거운 발트 여행을 자축하다.

아르누보 양식의 그림이 그려진
탈린 시청광장의 카페 건물

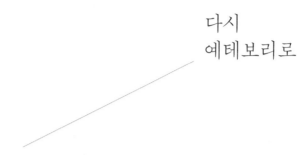

#
07.09.
FRI

꿈 같았던
발트 여행을 마치고

다시
예테보리로

 

탈린을 마지막으로 우리는 발트 여행을 마치고 스웨덴으로 돌아가기 위하여 저녁에 떠나는 탈링크 페리를 탔다. 페리를 타기 전 스칸도라마 버스는 와인, 맥주, 양주 등을 사 가려는 스웨덴 승객들의 편의를 위하여 스웨덴보다 주류가 훨씬 싼 탈린 대형 주류 창고 매장 앞에 버스를 댔다. 우리도 덩달아 다른 사람들을 따라 들어가 저녁에 페리에서 마시려고 3리터짜리 와인을 1박스 샀다. 2인 1실로 배정받은 탈링크 페리의 객실은 새하얀 시트가 덮인 침대 두 개와 콤팩트한 욕실이 딸려 있어 매우 깨끗하고 쾌적하였다. 우리는 갑판으로 나와 와인을 마시며 한여름의 백야를 바라보면서 발트 해를 조용히 떠가는 페리 여행을 느긋하게 즐겼다. 밤에 잘 때도 배는 별로 흔들리지 않고 고요히 떠갔다.

아침에 잠에서 깨어 갑판으로 나가니 어느새 배가 스웨덴 영토에 들어섰는지 새파란 바다 위 점점이 작은 섬이 떠 있고 그 위에 빨간색 스웨덴 전통주택들이 그림처럼 있었다. 아, 이처럼 신선한 공기를 언제 또 맞을 수 있으랴! 우리는 폐 속 깊숙이 신선한 공기를 마시려고 한껏 숨을 들이 마셨다. 낮이 되어 페리가 스톡홀름에 도착하자 우리는 다시 스칸도라마 버스로 옮겨 타고 스

발트 여행을 끝내고 탈링크 페리에서
신선한 아침을 맞다.

여행 중에 만난
발틱 국가의 농촌 마을

톡홀름에서 말뫼를 거쳐 한밤중에 다시 정겨운 예테보리로 돌아왔
다. 이렇게 스웨덴어를 하나도 모르면서 따라나섰던 발트 여행은
우리 네 사람의 아름다운 추억으로 남았다.

다시 또
가라면 힘들

노르웨이
피오르 여행

우리는 발트 여행에서 돌아와 집에서 며칠 쉬면서 피로를 풀었다. 그리고 이번에는 여행사 패키지가 아닌 자유여행으로 다시 노르웨이Norway 피오르 여행길에 올랐다. 나는 1990년 아주 오래전에 스칸디나비아 문화 탐방 팀에 합류하여 노르웨이 피오르 코스를 다녀왔지만 내가 직접 기획하지 않아서 잘 몰랐으므로 이번에는 인터넷을 여기저기 뒤져서 기차표, 숙소 등을 직접 예약하였다.

예테보리에서 오슬로까지 가서 거기서부터 피오르 여행을 시작해야 하므로 오슬로에 그전에 숙박해 본 적이 있는 하랄드샤임 호스텔Haraldsheim Hostel을 예약하였다. 그 호스텔은 언덕 위에 있는 곳인데 조용하고 시설과 가격도 괜찮아서 믿을 만하였다. 인터넷으로 숙소를 예약할 때에는 가봤던 곳이 아니면 걱정이 되었다. 교통 사정과 주변 환경이 어떤지, 숙소의 시설은 어떤지, 사진만 믿고 갔다가는 종종 실망하기 때문이다.

오래전 나의 기억을 더듬어 전차 종점에서 내려 언덕 위로 짐을 끌고 올라가니 지대가 높아서 언덕 아래로 시원한 마을이 모두 내려다보였다. 객실은 4인용으로 우리끼리만 있어서 그런데로 좋았다. 방에 짐을 풀고 오슬로 시내로 다시 나와 오슬로 항구와 시청사 건물, 피오르 등을 배를 타고 돌았다.

다음 날 새벽에는 오슬로 중앙역까지 나와서 베르겐으로 가는 피오르 열차를 타야 했으므로 짐을 모두 싸놓고 일찍 잠을 청했다. 피오르 열차는 오슬로를 출발하여 중간에 버스, 페리를 갈아타고 피오르를 관광하다가 마지막으로 베르겐행 기차를 타고 중앙역까지 도착하는 일정이었다. 중간의 버스와 페리를 갈아타는 일정에서는 재빨리 짐을 들고 옮겨 타야 했으므로 청년이 아닌 우리로서는 여간 힘든 일이 아니었다. 더구나 버스와 기차가 지정석이 아니라서 세계 각국에서 온 관광객들이 동시에 뛰어가서 올라타니, 가까스로 버스와 기차를 옮겨 탔다. 그러나 피오르를 요리조리 들락거리며 다니는 페리 여행은 놀랍도록 아름다웠다. 나는 15년 전에 와봤던 추억을 되돌아보았고, 다른 세 사람은 처음 보는 절경을 감탄하며 즐겼다.

드디어 베르겐 중앙역에 내려서 미리 예약해 놓았던 언덕 위의 몬타나 호스텔Montana Hostel까지 택시를 타고 찾아갔다. 그 호스텔도 내가 한 번 자본 곳이라 안심하고 예약하였다. 호스텔에서는 베르겐 시내가 모두 내려다보이고 시설도 아주 좋았다. 호스텔에 짐을 풀고 안도의 숨을 내쉬기는 했지만 우리에게 다시 이런 식으로 피오르 여행을 하라면 힘이 들어 못할 것 같았다.

베르겐은 시민들이 노르웨이에서도 자존심이 높기로 유명한 도시로 작고 깨끗하고 아름다웠다. 우리는 베르겐 시내에서 유명한 한자동맹 건물과 어시장 등을 돌아다니며 신선한 새우, 연어 등을 사서 시원한 맥주와 함께 점심을 즐겼다. 베르겐에서 2박을 하고 오슬로로 돌아가는 기차를 타려고 몬타나 호스텔을 떠나 시내로 돌아오는데 우리는 언덕에서 내려다보니 기차역이 바로 아래에 있는 것처럼 가까이 보였다. 그래서 내리막길이니 비싼 택시 대신에 걸어서 내려가자고 결정하고 트렁크를 끌고 걷기 시작했다. 그러나 언덕 위에서 내려다보았던 길은 생각보다 멀어 걷고 걸어도 기차역에 도달하지 않아서 결국 우리는 모두 지쳐버렸다. 그러나 우리의 무모함을 깨달았을 때에는 이미 되돌아갈 수도 없는 처지였으므로 그대로 강행군을 계속하여 가까스로 기차역에 도착하였다. 도중에 길을 물으려고 이야기를 나눈 현지인들이 우리가 걸어온 길을 듣고는 그렇게 먼 길을 어떻게 그 무거운 짐을 끌고 걸었느냐고 깜짝 놀랐다. 그래서 무지하면 용감하다고 했던가?

그런 우여곡절 끝에 우리는 다시 베르겐에서 오슬로로 돌아오는 밤기차를 무사히 탔다. 기차 안에서 간간이 눈을 뜰 때마다 차창으로 빠르게 지나가는 백야의 노르웨이 숲은 꿈결에 본 듯 잊을 수 없이 아름다웠다.

베르겐 어시장의
싱싱한 해산물

온갖 인간 형상의 조각으로 가득한
오슬로의 비겔란 조각 공원

# 07. 26.
MON

3인
여행팀의

귀국

7월 말이 가까우니 따끈따끈하던 날씨는 어느새 깨끗한 하늘을 드러내면서 17도의 서늘한 초가을 날씨로 돌아왔다. 어제 한 달간 우리 집에 짐을 풀고 발트 3국과 노르웨이 피오르로 함께 여행하며 즐겼던 세 분의 교수님들이 예테보리를 떠나 덴마크로 갔다. 그들은 거기에서 3일 정도 더 여행하고 서울로 귀국하는 일정이다. 아마도 지금쯤은 나의 안내도 없이 또 다시 낯선 코펜하겐을 익히느라고 분주할 것이다. 내가 2월에 여행 갔을 때 묵었던 코펜하겐 단 시티 호스텔<sup>Copenhagen Dan City Hostel</sup>을 추천하였는데 호스텔이 불편하지 않았으면 좋겠다.

어제는 코펜하겐행 기차에 떠나는 세 사람을 남겨두고 기차가 출발하기도 전에 내가 먼저 총총히 역을 빠져나왔다. 왜냐하면, 기차가 떠나는 걸 보면 나는 그냥 울게 될 것이 뻔했기 때문이었다. 지난봄 조재순 교수님이 맨체스터로 떠날 때처럼, 이번에도 떠나는 사람보다 남아 있는 사람이 더 슬프다는 생각을 또 했다. 어제는 날씨도 하루 종일 비가 뿌리고 한 달간 동거 후의 이별 기분도 서글퍼서 역에서 곧장 집으로 오지 않고 혼자서 기차역 앞의 노르드스탄<sup>Nordstan</sup>을 헤매다가 쓸데없이 꼭 필요하지도 않은 옷을 몇 벌 샀다. 떠나는 손님을 마중하고 나서 항상 하는 버릇이다. 그러고 나서 처음 집을 나올 때의 계획보다 장도 많이 보아 낑낑대며 비가 꽤 많이 내리는 오후에 집으로 돌아왔다. 돌아오자마자 다시 빨래하고, 청소하고, 다림질하고…… 그런데도 그들과 함께 지낼 때는 그렇게 후딱 지나가던 저녁 시간이 어찌나 긴지 재미없는 텔레비전만 틀어놓고 적막한 저녁을 지냈다. 혼자 먹는 저녁 식사도 맛이 없었다. 누구나 그렇겠지만 이처럼 외국에서 혼자 살 때는 항상 손님을 보내고 난 후의 첫날, 감정 수습이 안 되어 힘들다.

어느새 한 달간 나는 자다 깨어나 방바닥 가득히 세 사람이 누워 자는 모습을 확인하는 버릇까지 생겼다. 피곤하여 코 고는 소리도, 살짝 몸을 뒤척이는 소리도, 다른 사람 잠 깰까 봐 화장

무모하게 여행 가방을 끌고
장거리를 걸었던 베르겐의 길가가
왠지 더욱 그리워진다.

실에서 조심스레 물 내리는 소리도 안 들리는, 이 적막한 밤이 어쩐지 오래전의 낯선 일들처럼 느껴졌다. 우리 일생에서 성인이 되어 이처럼 한 공간에서 한 달이나 동고동락할 수 있는 기회는 쉽지 않을 것이다. 혼자 앉아서 그들이 컴퓨터에 저장해 주고 간 사진들을 천천히 다시 보았다. 수많은 야생화들과 철부지처럼 장난기 어린 인물사진들은 물론, 무심코 우리 눈을 스쳐 지나갔던 경이로운 세계들을 어찌 그리 놓치지 않고 카메라에 담아두었는지, 열심히 사진을 촬영해 준 곽인숙, 서귀숙 교수님의 수고에 감사했다. 우리가 그동안 그렇게도 많이 다녔는지 막상 사진을 보니 놀라웠다. 함께 다닐 때 다리 아프다고 투정하던 곳들도 나 혼자였다면 그렇게 많이 돌아다니지 못했을 것이다. 함께 감동을 나눌 친구들이 있어서 나에게도 더욱 값진 여행이었다.

**서울로 떠나기 전의 시내 산책**

가을의
불청객

Göteborg

우울함에서
벗어나기

우리 집의
귀염둥이

앵두의
죽음

　내가 지금 앵두의 죽음에 대해서 글을 쓸 수 있는 것은 앵두가 간지 이미 열흘이라는 시간이 흘렀기 때문이다. 앵두의 죽음을 접하고 처음에는 눈만 감으면 서울 우리 아파트 정원에서, 여의도 공원에서, 그리고 한강변에서 남편, 오디와 함께 넷이서 또는 민정이, 서정이, 때로는 경섭이, 민재까지 온 가족이 즐겁게 산책하던 모습이 하도 생생하여 차마 눈을 감을 수가 없었다. 일주일 정도는 앵두와 비슷한 강아지를 보는 것만으로도 나는 너무나 괴로웠고, 다른 강아지의 모습만 보아도 눈물이 저절로 주르르 흘러내려 감히 그 강아지를 똑바로 바라볼 수가 없었다. 눈을 감아도 앵두의 모습이 자꾸만 나타나 편히 눈을 감고 쉴 수도 없었다. 하도 눈을 안 감아 눈이 뻑뻑해도 앵두의 모습을 어둠 속에서 보는 것이 슬퍼서 눈을 감을 수 없는 것은 참을 수 없는 고통이었다. 앵두는 죽지 않은 듯 평상시처럼 옆으로 누워 평화롭게 자는 모습으로 억지로 부릅뜨고 있는 나의 눈에 생생하게 나타났다.

　어젯밤에는 꿈에서 비로소 앵두의 모습을 다시 보게 되었다. 앵두는 눈을 뜨고 움직이는 모습이었으나 실제의 앵두보다는 조금 더 컸고 얼굴도 조금 달랐으며 평소처럼 즐거워 보이지도 않았다. 아마도 어제 토요일에 오랜만에 가족들이 모두 여의도에 모인다고 했는데 앵두의 죽음 이후에 처음으로 모이는 모임이라 분명히 앵두의 이야기를 많이 했을 것 같다. 그래서 다시 앵두가 나에게 온 것이었을까?

8월 26일 아침 9시경에 집에서 남편으로부터 갑작스러운 전화를 받았다. 그 시간은 한국시각으로 오후 4시가 넘은 시간이었는데 8월 한 달간 예테보리에 휴가를 와있던 민정이와 나는 남편으로부터 예상치 않았던 앵두의 죽음 소식을 듣고 어찌해야 좋을지 몰라서 가슴이 찢어질 듯 아팠다. 눈물이 주체할 수 없이 흘러내려 우리 둘이는 하루 종일 눈이 퉁퉁 붓도록 엉엉 울며 아무것도 못 하였다. 그 충격은 이루 말할 수 없었다. 사실 내 주변의 누가 세상을 떠났을 때도 이처럼 말 그대로 '가슴이 찢어지게 아픈' 느낌은 없었는데 앵두의 죽음을 맞고는 정말로 가슴이 뻐근하도록 아팠다. 우리 옆에 되돌아올 수 없는 앵두, 다시는 볼 수 없는 앵두, 11년 동안 우리와 모든 희로애락을 나누었던 앵두의 모습이 빠르게 주마등처럼 지나갔다.

슈나이저와 말티즈의 혼혈종 앵두
우리 집의 귀염둥이

세상에 둘도 없는 단짝,
남편과 앵두

　　앵두는 슈나이저와 말티즈의 혼혈종인데 외모는 회색과
검은색이 섞인 슈나이저다. 체중은 6kg 정도여서 오히려 슈나이저
순종보다 작으니 더 귀엽고 지능은 영리하다. 그러나 암캐답게 깍
쟁이고 명랑하며 애교 있는 성격은 또한 말티즈를 닮았다. 남들은
잡종이라고 낮게 보았으나 우리는 오히려 앵두가 슈나이저와 말티
즈 두 종류의 장점만 타고났다고 자랑하였다.

　　우리 가족이 앵두를 처음 만난 것은 1999년이었다. 그
해 11월에 태어난 지 2주밖에 안 지나 손바닥 위에 올려놓을 수 있
을 정도로 작은 앵두를 서정이가 친구로부터 얻어와 몰래 작은 바
구니에 넣어 며칠 동안 민정이 방에 두었었다. 그때는 남편이 워낙
개를 싫어하여 기르지 못하게 하였으므로 집에 데려온 후에도 말
할 기회를 찾지 못하고 몰래 며칠을 숨겨두었는데 어느 날 눈치 없
는 천진한 앵두가 비실비실 잘 걷지도 못하면서 거실로 나와서 남
편의 발꿈치를 쫓아다니는 바람에 그만 들통이 나고 말았다.

남편은 처음에는 앵두를 다시 되돌려 주라고 호통을 쳤으나 차츰 자기를 쫓아다니는 어린 앵두에게 마음을 주게 되었고 드디어 남편과 앵두는 세상에 둘도 없는 단짝이 되었다. 전에 남편을 알았던 사람들은 아무도 남편이 그렇게 개를 사랑하게 될 줄은 몰랐다고들 했다. 그 이후로 앵두와 우리 가족과의 관계는 남다르게 돈독해졌고 세상에서 아마도 앵두처럼 사랑을 많이 받고, 마치 사람처럼 대우받으며 살아온 강아지도 드물 것이다.

앵두는 항상 우리 침대에서 남편과 같은 베개를 베고 잤다. 11년 동안 우리가 함께했던 앵두에게 얽힌 일화는 수없이 많으나 지금 다시 그 이야기들을 추억하여 기록하는 것조차도 가슴이 아파 자세히 적을 수가 없다. 아마도 한참 후에 시간이 좀 더 흘러가고 내 마음이 진정된 후에 차츰 적어볼 수 있을 것이다.


전화한 남편의 말로는 아침 6시경에 앵두가 목에 가시가 걸린 듯 켁켁대어 자다가 깨어났는데 거실을 맴돌며 괴로워하다가 그만 쓰러져 죽었다고 하였다. 이른 아침이라 병원에 갈 시간도 안 되어 기다리는 수밖에 없었는데 그렇게 손도 못 쓰고 어이없이 쓰러져 죽다니…… 물론 나이가 열한 살이나 되어 늙기도 했으니 아마도 자연사일 것이다. 그러나 남편은 자신이 병원에 빨리 데리고 가지 못해서 죽은 것으로 자책하는 듯하였다. 남편은 나에게 전화하는 한국 시각으로 오후 4시까지 아침에 죽은 앵두의 시체를 옆에 두고 울면서 어찌지도 못하고 당황하여 정신이 없어 보였다. 어떻게 앵두를 처리하겠느냐고 했더니 충주의 선산에 묻겠다고 했다. 마침 장마철인데 안정이 안 된 상태에서 운전은 어떻게 하려고 하는지 걱정이 되어 서정이에게 전화하여 아빠를 도와드리라고 하였다. 나중에 들으니 서정이가 애완견 화장터를 알아서 김포까지 함께 가서 잘 처리하였고 뼈는 내가 귀국하면 우리가 항상 산책하러 다니던 우리 아파트 단지 나무 밑에 뿌리는 것이 가장 좋겠다고 결론을 내렸다 한다. 이 모든 일은 서정이가 침착하게 처리해 주었다. 남편은 11년 동안 항상 같은 베개를 베고 자다가 이제는 아주 없어져 버린 앵두를 어떻게 받아들일까? 남편의 심정이 몹시도 걱정되었다. 앵두와 둘이 지내던 오디도 걱정되었다. 오디는 다섯 살로 아직 어리니 좀 더 오래 우리 곁에 있어 주겠지. 우리와 사는 동안 우리에게 많은 기쁨을 주고 간 앵두가 부디 좋은 곳으로 가서 후세에 다시 만날 수 있기를 기도한다.

어딘가에서 들으니 동물에게는 사람과 달리 영혼이 없어서 천국에 갈 수 없다고 한다. 그러나 나는 그 말을 믿을 수가 없다. 앵두와 오디처럼 우리와 깊은 교감을 나누고 지내던 동물들에게 영혼이 없다니…… 그들은 주인이 아무 말을 하지 않아도 그 느낌을 가슴으로부터 알고 대응해 주는데…… 혹시라도 내가 아프거나 고민이 있어서 침대에 누워있을 때는 아무 말을 안 해도 그들은 내 곁을 지키고 앉아 근심 어린 눈으로 나의 상태를 지켜봐 주었다. 분명히 앵두는 천국에 가서 좋은 자리에 앉아 우리가 오기를 기다리고 있을 것이다. 우리는 분명히 천국에서 앵두를 다시 만날 수 있을 것이라 굳게 믿고 나는 성당에 갈 때마다 아주 간절히 우리 앵두의 명복을 위하여 기도한다.

앵두가
보낸

텔레파시

민정이가 8월 한 달 동안 예테보리를 방문하여 모처럼 둘이서 5박 6일로 이탈리아 여행을 갔었다. 그날은 베로나Verona로 여행을 가기로 한 날 아침이었다. 아마도 앵두가 죽기 전 일주일 전쯤이었는데 우리는 호텔 방에서 둘 다 아침에 나쁜 꿈을 꾸고 잠에서 깨어났다. 처음에는 둘이 모두 차마 무서워 나쁜 꿈 이야기를 자세히 나누지 못하였다. 나중에 한 이야기지만 민정이는 꿈에서 앵두와 아빠를 너무나 나쁜 모습으로 봐서 기분이 석연치 않았고, 나는 저승사자가 나의 머리 위를 덮치는 듯한 느낌으로 밝던 하늘이 갑자기 어두워지는 꿈을 꾸고 비명을 지르며 잠에서 깨어났다.

그 날 우리는 베르가모Bergamo에서 베로나로 가는 아침 기차를 탔는데 기차 안에서 좀처럼 전화를 안 하는 남편의 전화를 받게 되었다. 용건은 내가 부친 소포가 집에 잘 도착했다는 것으로 앵두와는 전혀 관계없는 내용이었다. 전화를 받자마자 나는 무심코 "앵두에게 무슨 일 있어?" 하고 대뜸 물었다. 궁금한 것은 남편의 안부보다, 그리고 서울의 누구의 일보다 앵두의 안부였다. 왜냐하면, 내가 2월에 스웨덴에 온 이후로 웬일인지 앵두의 꿈을 여러 번 꾸었는데 그때마다 앵두는 나쁜 모습으로 나타났다. 꿈에서 앵두가 아궁이 마루 깊은 곳에 숨어 있어서 남편과 함께 겨우 꺼냈는데 털은 모두 빠지고 시커멓게 불에 그슬린 모습이었다. 나는 기분이 너무나 안 좋아서 오랫동안 그 꿈이 잊히지 않았다. 그 후에도 기억은 잘 안 나지만 몇 번인가 앵두의 꿈을 꾸었는데 모두 좋지 않은 꿈이었다. 다행히 2월에 내가 앵두의 나쁜 꿈을 꾼 후로 별다른 일은 일어나지 않았다. 그러다가 아침에 내가 느끼기에 저승사자를 상징하는 꿈을 꾸고 전화를 받았으니 앵두에게 무슨 일이 있지나 않은 지 가슴이 철렁 내려앉은 것이었다. 남편은 앵두가 백내장이 생겨 눈에 이상이 있을 뿐 별일은 없다고 했다. 우리는 전화를 끊고 나서 함께 "휴우~" 하고 한시름 놓았다. 그날은 그렇게 지나갔고 우리는 이탈리아 여행을 마치고 예테보리로 돌아왔다.

그 후로 일주일이 지나고 예상치 못한 날, 앵두가 죽음을 맞이하였다. 아마도 베르가모에서 민정이와 내가 앵두의 나쁜 꿈을 꾼 날, 앵두가 몹시도 아팠던 것 같다. 앵두는 지난 2월부터 갑자기 집에서 사라져 돌아오지도 않고, 어디에 있는지도 모르는 나를 매우 보고 싶어 했고, 그래서 우리에게 자기의 죽음에 대해 계속 텔레파시를 보낸 것 같았다. 얼마나 아팠을까? 불쌍한 앵두!

1999년부터 2010년까지 11년 동안 우리 가족의 황금기, 격동기에 우리와 함께 살다간 앵두. 그동안 앵두가 우리에게 주고 간 기쁨도 크지만 그렇게 서로 사랑했기 때문에 그만큼 헤어짐을 받아들이기도 힘든가 보다. 더구나 볼 수도 없는 곳에서, 볼 수도 없는 시기에 훌쩍 우리 곁을 떠나가 버렸으니…… 앵두를 나보다 더욱 사랑했던 남편의 마음이 어떤지 물을 수도 없지만, 자꾸만 그리워지는 앵두의 모습을 다시 한 번 생각해 본다. 혼자 남은 오디에게 가족들이 두 배의 사랑을 부어주기를 바라면서.

헬스클럽과  
은세공 코스

등록

선글라스는 원래 눈부신 햇빛을 가려주는 용도지만 나는 요즘엔 감정을 가려주는 용도로 편리하게 사용한다. 너무 슬프거나 우울하거나 수줍을 때 선글라스를 쓰면 자신감이 생긴다. 너무나 솔직하여 내 감정을 감추지 못하는 나와 같은 사람에게 선글라스는 얼마나 유용한 물건인지 모른다. 요즘 다른 사람이 나를 보면 앵두를 잃고 방황하는 슬픔이 모두 다른 사람 눈에 나타날 것 같다. 그런데 선글라스를 쓰고 나면 의연히 가려지니 한편으론 다행스럽다.

요즘 자꾸만 허약해지는 내 마음을 스스로 다그쳐 잡으려고 여러 가지로 애를 써 보고 있다. 시간이 필요하겠지만 자주 꾸는 악몽과 우울증에서 벗어나려고 우선 카타리나에게서 빌려온 책에서 읽은 대로 몸을 바쁘게 움직이고 새로운 일에 흥미를 가져보려고 내 생전 처음으로 집 앞에 있는 헬스클럽 피지켄Fysiken에 등록하였다. 그동안 생각만 하고 벼르고 있다가 지난주에 용감하게 찾아가 큰 맘 먹고 6개월짜리 회원권을 샀다. 살머스의 교환교수라고 했더니 친절하게도 살머스 학생 할인가로 해 준다기에 무척 싸게 샀다. 이 회원권으로 1주일 내내 헬스기구를 이용하고 여러 가지 강습 프로그램에도 무료로 신청하여 이용할 수 있다고 했다. 사실은 앞으로 내게 남은 기간이 5개월이지만 그래도 회원권이 최소 3개월 단위로 되어 있어서 다 못 쓰더라도 6개월 치를 사는 것이 이익일 것 같았다. 6개월 회원권이 한 달에 30,000원 정도니 한국에 비하면 매우 저렴하고 시설도 좋았다. 피지켄은 나의 아파트에서 바로 내려다보이고 큰길 하나만 건너면 갈 수 있는 곳이라 몇 시에 불이 켜지고 꺼지는지까지도 알 수 있을 만큼 가까워 다니기에도 편리하다.

나는 헬스기구를 접해보는 것이 생전 처음이라 어떻게 사용하는지 몰라서 첫날은 남들이 하는 대로 눈치를 살피다가 따라서 한 시간 동안 러닝머신, 노 젓기, 사이클, 팔 운동 기구 등을 차례로 사용해 보았다. 그런대로 땀도 나고 정신을 집중시키니 좋았다. 헬스센터 안에 샤워실과 사우나도 있어서 어떤 모습인지 궁금하여 아무도 없는 사우나에도 한번 들어가 보았다. 학교에서 돌아와 6시경에 이른 저녁을 먹고 밤 9시부터 10시 반 정도까지 헬스장에 있다가 샤워와 사우나를 하고 돌아오니 기분도 훨씬 나아지고 악몽에 시달리지 않고 잠도 잘 오는 것 같았다.

토요일 아침에는 필라테스Pilates 기초 강습이 있어서 55분 동안 거기에 참여하여 강사가 지도하는 대로 따라 해 보았다. 스웨덴어로 지도하니 말은 모르지만 옆 사람이 하는 대로 시늉만 따라서 해 보았다. 시간이 되는대로 찾아서 들어가면 좋은 강습이 많은데 그것도 역시 시간을 맞추려고 해 보니 나 스스로 스트레스를 받아서 서서히 조금씩 시도해볼까 한다. 적어도 강습 없이 헬스기구만 사용해도 큰 문제는 없을 것 같다.

그 외에 또 한 가지 평생교육학교에 은세공silver crafts 코스에 등록하였다. 내가 그동안 모르고 있었는데 대부분 8월 마지막 주부터 각 지자체에 여러 개의 성인교육 대학이 열린다. 고맙게도 8월 말에 민정이와 지훈이가 한국으로 떠나기 직전에 나의 정신건강을 위하여 무어라도 시작해서 몰두해 보라고 팸플릿을 하나 얻어다 주었다. 나는 영어회화 코스, 도자기 코스, 의상 리메이크costume remake 코스 등에 관심이 있었는데 리스베스의 도움으로 여러 학교를 검색하다가 마침 내가 스웨덴 아이디 넘버도 있으니 적당한 시기와 다니기 편리한 장소에 맞추어 메드보리아르스쿨란Medborgarskolan에 개설된 은세공 코스에 주 3시간 10회 코스를 신청하였다. 수강료와 은 재료비가 꽤 많이 들기는 하지만 10회 동안 지도받고 나면 무언가 스스로 은세공을 할 수 있을 것 같아서 은퇴 대비 코스 겸 용감하게(?) 신청해 보았다.

9월 15일부터 11월 중순까지 매주 수요일 오전 9시부터 12시까지 실습인데, 은세공은 처음이라 잘 모르겠고 더욱이 스웨덴어로 진행하니 나는 아무래도 강사에게 영어로 개인지도를 받아야 할 것이다. 은세공 실습실이 마침 샬머스에서 걸어갈 수 있는 가까운 곳에 있어서 수요일에는 오전에 실습을 끝내고 오후에 학교로 출근하면 편리하리라 생각한다. 은세공은 한국에서는 귀한 코스인데 스웨덴은 워낙 수공예가 발달되어 있어서 어느 대학에서나 대중적으로 개설된다.

우울함에서
벗어나기 위한

노력

　　요즘 카타리나에게서 빌려온 영국의 심리학자가 쓴 『우
울증의 이해와 퇴치 방법』에 대한 책을 읽으며 나 자신에 대하여
많은 것을 되돌아보게 되었다. 나의 서울 집과 가족생활, 사랑하
던 앵두의 죽음, 최근 부딪치는 나의 연구에 대한 장벽, 우리 대학
교에서의 학과분리 문제 등, 최근에 나에게 밀려온 많은 스트레스
와 상실감이 나의 우울증을 일으키는 원인이 아닐까 분석해 보았
다. 이의 퇴치를 위해서 알코올이나 약물에 의존하지 않고 벗어나
는 방법을 실행해 보려고 노력 중이다. 우선 인간관계에서는 책에
서 가르쳐준 대로 상대방이 변하기를 기대하지 말고 내가 변화해
야 문제가 풀린다는 말을 되새겨본다. 또한, 스스로 그 원인을 파
악하고 마음을 바꾸어 거기에서 벗어나려고 노력하는 것이 가장
좋은 치유법인 것 같다. 때때로 나와 카타리나는 이러한 모든 일에
대하여 이야기를 털어놓고 서로의 아픔을 나눈다. 나는 그녀의 배
려가 고맙다.

　　요 며칠 사이에 나 자신을 조금 바쁘게 만들어 앵두에
대한 슬픈 생각을 조금 잊었다. 책에서 배운 대로 지나친 감정몰
입에서 벗어나 약간의 거리를 두고 떨어져서 앵두의 죽음을 되돌

릴 수 없는 과거의 사실 그대로 받아들이려고 노력하니 조금은 마음이 편해졌고 이제는 감히 앵두의 사진도 다시 바라볼 수 있게 되었다. 어느새 3주가 지났으니 아마도 지나간 시간도 약이 되었을 것이다. 우울증 퇴치에 관한 책을 꼼꼼히 읽으며 가능한 한 실천해 보려고 노력하니 요즘에는 한결 악몽도 덜 꾸고 그런대로 기분이 조금 나아졌다. 요즘 나는 저녁 대신 매일 아침 헬스클럽에 가서 한 시간씩 운동하고, 샤워와 사우나를 하고 돌아와 평소보다 한 시간 늦게 10시에 학교에 간다. 그러나 내가 워낙 운동을 싫어하는 사람이니 문을 나서기까지는 여러 번 큰맘을 먹어야 한다.

또 한 가지 은세공 코스는 사실 아무것도 모르고 처음 해본 것이라 약간 걱정이 되었다. 어제 처음으로 실습실에 가보니 아침반이라 그런지 학생 일곱 명이 모두 여성이었다. 강사인 사라 루Sarah Lo는 민정이 나이 또래로 보이는 젊은 여성 작가로 HDK에서 은공예 디자인을 전공했다고 하였다. 내가 스웨덴어를 모른다고 했더니 영어와 스웨덴어를 동시에 섞어가며 진행해주어 다행히 큰 불편은 없을 것 같다. 어제는 첫날이니 공구 다루는 법, 재료, 기법 등에 대한 기초적인 설명을 해주었고 자기가 하고 싶은 디자인을 스케치하라고 하여 아주 쉬운 기법을 익히는 것으로 시작하였다. 나는 현대적인 디자인의 목걸이를 그렸더니 그건 좀 익숙해진 후에나 할 수 있으니 처음에는 간단한 반지를 한 개 만들어보라고 충고해 주었다. 그래서 내가 그린 그림대로 은 판을 톱질하여 갈고 구부리면서 반지를 만들기 시작하였다. 아마도 다음 주가 지나야 무언가 한 개를 완성할 수 있을 것 같은데 하여튼 흥미롭고 무척 기대된다. 잘 배우면 대단한 건 못 만들더라도 그동안 내가 집에 가지고 있던 액세서리 중에서 디자인이 마음에 안 드는 것들을 다시 고쳐서 만들 수 있으리라는 소박한 기대도 해 보았다.

나의 은세공 코스 첫 작품
- 반지와 귀걸이

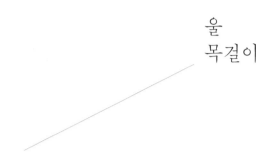

# 10.07.
THU

"영스 갱<sup>Jung's gang</sup>"의 표식,

울 목걸이

얼마 전에는 시내에서 우연히 "판도라<sup>Pandora</sup>"라는 취미 용품 가게가 있어서 지나가다 궁금하여 한번 들어가 보았다. 거기에는 그동안 소소하게 내가 필요로 했던 액세서리 부속품들이 끊임없이 전시되어 있어서 무척 반가웠다. 서울 동대문 시장의 액세서리 부품 가게보다 더 물건이 많았다. 요것, 조것 가지각색의 부품을 조금씩 사다가 심심한 디자인의 옷에다 붙여보기도 하고 티베트 산 알록달록한 울<sup>Wool</sup> 알맹이를 사서 울 목걸이도 만들어 보기로 하였다. 지난여름 서울에서 온 3인의 여행팀과 리가에 갔을 때 이 재료로 만든 똑같은 울 목걸이를 시장에서 매우 비싸게 팔아서 만져보다가 그만 사지 못했던 생각이 났다. 그래서 이번에는 내가 직접 만들어서 친구들에게 선물할 생각으로 재료를 넉넉하게 샀다. 무언가 내가 좋아하는 것을 만든다는 창작의 기쁨이 몰려왔다.

색색 가지로 울 목걸이를 만들어 민정이와 서정이, 그리고 지난여름 예테보리에 왔던 조재순, 곽인숙, 서정한, 서귀숙 교수님에게 각각 한 개씩 만들어서 소포로 보냈다. 받은 사람들이 모

>>>>>>>>>>>>   299

영스 갱의 표식,
티벳 울로 만든 목걸이

두 내 마음을 알고 좋아했으면 좋겠다. 내가 그 목걸이를 하고 샬
머스에 갔더니 보는 사람마다 예쁘다고 칭찬하여 리스베스와 마리
에게도 하나씩 만들어서 선물하였다. 그리고 며칠 후 고민정, 레나
와 훼르샬의 레나에게도 또 하나씩 만들어 선물하였다. 은세공 강
사인 사라 루도 내가 울 목걸이를 하고 갔더니 손수 만들었느냐면
서 아주 예쁘다고 칭찬하였다. 내가 친하게 지내는 스웨덴 친구들
과 한국 친구들에게는 모두 그 울 목걸이를 만들어서 선물하였으
니 이제는 그 목걸이가 "영스 갱Jung's gang"의 표식이 되었다.

재미있는
은세공

코스

나는 은세공 코스를 아주 즐겁게 다니고 있다. 처음 시
작할 때에는 일곱 명이었던 학생이 이제는 다섯 명 만 남았고 학생
들끼리도 몇 주 지나니 어느 정도 친해졌다. 연령대도 다양한데 모
두 나에게 친절하게 대해주고 서로들 남의 작품을 보며 이야기도
나눈다. 그러니 일주일의 세 시간은 너무나 짧다. 처음에는 모두들
초보자라 공구 사용법과 기초 기법을 배우느라고 선생님을 기다리
는 시간이 많았었는데 이제는 어느 정도 습득하여 각자의 디자인
을 하게 되어 세 시간이 마치 한 시간밖에 안 된 듯, 아쉽게도 빨리
흘러간다. 사라 루가 각자 하고 싶은 것을 해보라고 하니 다섯 명
모두 각기 다른 기법을 사용하면서 또 서로 배운다. 지난 4주 동안
나는 겨우 한 가지 디자인을 완성했는데 아마도 다음에는 좀 더 빨
리 진도가 나가리라 기대해 본다. 수업 중에만 워크숍을 사용할 수
있으니 가능한 한 수업 중에 부지런히 만들어야 한다.

아마도 다른 사람들도 그렇겠지만, 특히 사라 루는 외국
인인 내가 무엇을 하는 사람인지 매우 궁금한 것 같았다. 스웨덴
말도 잘 안 통하면서 내가 혼자서 응용을 잘하여 이것저것 만드는
것을 보고 무척 대견스러워하여 칭찬도 잘해준다. 그래서 처음에

는 나의 신분에 대하여 자세히 이야기하지 않다가 결국은 내가 샬머스 건축대학의 교환 교수로 1년간 이곳에 와 있다고 실토하였다. 그러나 아직 민정이가 HDK에서 가구디자인을 공부하였다는 사실은 말할 기회가 없었다. 그걸 알면 사라 루도 같은 학교 출신이니 더 반가워하겠지?

요즘에는 샬머스에서 논문을 쓰다가도 자꾸만 실버 작품을 만드는 아이디어가 생각나서 이것저것 스케치도 해보는데 내가 작품을 만들고 싶을 때마다 워크숍을 사용할 수 있다면 참 좋겠다. 수업료 이외에 은 판과 은선 등의 재료가 비싸니 나는 홀멘스Holmens에서 헌 은 티스푼을 싸게 사 가지고 자르거나 눌러서 재료로 응용한다. 다른 사람들은 새 재료를 학원에서 사서 쓰는데 나는 최소한 없는 것만 사고 나머지는 재활용품을 활용한다.

첫작품으로 한 달간 반지와 귀걸이를 한 세트 만들었는데 참으로 마음에 든다. 그리고 두 번째로는 호박과 실버를 곁들여 현대적인 목걸이를 만들려고 시작하였다. 반지도 몇 개 더 만들고…… 그리고 마침 민정이와 지훈이가 자기들 결혼 때 나에게 선물로 준 앤티크antique 앰버amber 목걸이가 줄이 끊어졌기에 모두 풀어서 신 디자인에 활용하기로 하였다. 앰버 알맹이가 많으니 귀걸이도 만들고 다른 은 재료와 섞어서 최신형의 목걸이를 만드는 중이다. 11월 중순에 실버 코스가 끝나는데 작품 몇 개 못 만들고 끝날 것 같아 아쉽다. 1학기 때 미리 이 코스를 알았었다면 더 길게 할 수 있었을 텐데……. 사라 루는 나의 아이디어가 동양적이면서도 신선하다고 칭찬을 해준다. 한국에 가면 숍을 할 거냐고 묻기도 한다. 그러나 나는 초보자니 그런 꿈은 꾸지도 않는다. 앞으로 더 많이 배워야 할 것이다.

지훈과 민정이의 호박을 재활용해 만든
목걸이와 재활용 실버의 재생 작전

새로운
연구 프로젝트

코하우징
연구

    어느새 예테보리는 깊은 가을이 되어 날씨도 매우 선선해졌다. 아침에는 6도, 한낮에는 12도 정도니 쌀쌀하기는 하지만 그런대로 창가로 나날이 변화하는 단풍을 보는 것이 아름답다. 대부분 흐리고 우울하던 9월의 날씨가 지나고 어느새 부츠에다 스웨터와 점퍼를 입고 다녀야 하는 기온이지만 하늘이 높고 쾌청하니 다행이다. 특히 운동을 가는 아침 시간에는 아파트가 조금 언덕 위에 있으니 현관문을 열면 찬바람이 세다.

    지금쯤 서울 우리 아파트에도 단풍이 아름답게 들었을 것이다. 남편, 앵두, 오디와 넷이서 함께 거닐던 아파트 정원 가을 풍경이 머릿속에 생생한데 이제는 앵두 없이 오디라도 잘 적응하고 남편의 기분도 좀 나아졌으면 좋겠다.

    그동안 복잡했던 주거학회 논문심사의 이의 제기서에 대한 결정 사항이 이메일로 왔다. 나의 논문 건은 편집위원회 소청위원회 결과, 결국 게재 불가로 결정이 나서 3개월 반 만에 끝이 났다. 학회 측에서는 내가 이의제기한 논문을 객관적으로 처리하기 위하여 제3의 다른 심사자에게 재심사 대상에 올리지도 않고 이

학교 가는 길에도
어느새 가을빛이 짙어져
낙엽이 수북이 쌓였다.

의제기 자체에 대하여 원천적으로 '수용불가'라고 판정을 내린 것이었다. 나는 재심사의 기회조차 주지 않고 기회를 차단한 결과에 대하여 개인적으로 수용할 수 없었고 불만도 많았지만 더 이상 왈가왈부하기 싫어서 포기하고 그 대신 다른 학회에 다시 투고하기로 하였다. 이번 일로 주거학회의 논문심사가 그처럼 불성실하게 이루어진다는 점에 대하여 실망이 매우 컸다. 그런 일이 있고 나니 오랫동안 애정을 가지고 일했던 학회였는데 이제는 손을 떼고 싶었다. 불쾌한 일은 빨리 잊는 것이 나의 정신건강에 좋을 것 같아 그 일은 그만 접기로 하였다.

2학기 들어서 새로운 연구프로젝트를 시작하였는데 스웨덴 전국에 있는 코하우징을 대상으로 설문조사를 하여 한국에 가지고 가서 결과를 분석할 생각이다. 지난 2002년에 샬머스에 있을 때 연구했던 주제의 후속편이라 그때와 현재의 10년 후의 변화를 보는 주제로 진행하고 있는데 이미 이언이 샬머스를 은퇴한 후라 그때처럼 손쉽지는 않지만 그래도 함께 설문지에 이름도 실리고 스웨덴 사람들의 개인적인 질문에도 응답해주므로 공동연구로 진행하고 있다. 설문지에 아무래도 누구인지도 모르는 한국인 연구자인 내 이름 하나만 있는 것보다는 스웨덴 연구자 이름이 함께 들어가는 것이 응답자들이 더 신빙성을 느낄 수 있을 것 같아 내가 이언에게 부탁하였다. 대부분의 작업은 내가 하지만 함께 의논도 하고 물어볼 대상이 있으니 그전보다 한결 마음이 놓인다. 설문지는 영어로 만들어 이미 복사해 놓았고 300부 정도를 배포하여 200부 정도를 회수하는 것이 나의 희망 사항이다.

우선 스웨덴 전국 40여 개 코하우징 단지에 일일이 편지를 내어 설문조사에 응해주겠느냐고 문의하였다. 그중 수락해준 코하우징 단지의 대표들에게 소포로 설문지를 우송하고 응답자들은 설문지를 개별적으로 학교로 재우송하는 방법으로 진행하고 있다. 의외로 스웨덴 사람들이 내 연구에 협조적이라 설문에 응해주겠다고 하는 코하우징 단지가 꽤 많아서 고맙게 생각하고 있다. 예정대로라면 10월 말까지는 설문지를 모을 수 있을 것 같다.

설문조사 비용도 적지 않게 들지만 샬머스에서 반을 지원해주고 내가 나머지 반을 지불하기로 마리와 의논하여 허락을 받았다. 그러므로 샬머스에서 설문지 인쇄비(A4용지 2,400장), 우송료, 응답지 반송봉투 등을 지원해 주고, 응답자가 반송하는 우표값(1인당 2,000원)은 내가 지불하기로 하였다. 아마도 비용이 100만 원 정도는 들 것 같지만 한국에서는 할 수 없는 귀중한 조사이므로 국제적 협력 연구의 기회를 아주 유용하게 활용하고 있다. 조사 결과는 겨울에 귀국하기 전까지 최소한의 컴퓨터 통계처리를 마치고 한국에 가서 영문으로 이언과의 공동논문으로 작성할 생각이다. 이곳에서 설문조사에 응해준 주민들이 그 결과를 궁금해할 것이므로 나중에 논문이 출판되면 각 단지 대표들에게 보내줄 예정이다. 이런 전체적 과정이 아마도 짧아야 2~3년 정도는 걸릴 것이다. 구체적으로 할 일도 생기고 시간이 모자랄 정도로 할 일이 많으니 참으로 마음이 뿌듯하다.

한 달간
대년이와 누린

예테보리의
자유

내 친구 대년이는 올해 자기 대학에서 연구 휴가를 맞아 빈Wien; Vienna에 있는 아들 집에 머물면서 훈데르트바서hundertwasser 연구소에서 연구하는 중이다. 연구년 동안 한 달간 짬을 내어 나와 함께 지내기로 하고 예테보리에 왔었다. 처음에는 빈의 아들 집에서 편히 지내다 올 텐데 우리 집이 불편할까 봐 걱정도 되었고, 요즘 날씨도 쌀쌀해지니 어디를 함께 여행할 마음이 동하지도 않았지만 반가운 친구라 둘이서 잘 지낼 것이니 크게 걱정하지 않았다.

대년이는 우리 집에 머무는 동안 혼자서 1박 2일의 스톡홀름, 그리고 일주일간 헬싱키와 탈린을 여행한 것 말고는 계속 예테보리에서 주중에는 각자 일을 보고, 주말에는 시내나 가까운 근교를 함께 여행하였다. 우리가 간 곳은 스카겐, 수채화 미술관water color museum, 알링소스, 에릭스베리 등이었다. 그러다가 한 달이 지나 어제 대년이가 빈으로 돌아갔다. 언제나 그렇듯 떠나는 사람의 자리는 처음에는 적응하기 힘들지만 그래도 올해에 하도 여러 번 이런 이별을 반복해서인지 나도 약간은 숙련이 된 듯하다.

어젯밤이 혼자 남은 첫날이었다. 저녁에 대년이 얼굴을 보며 영상통화를 하였는데 빈에 잘 도착했다고 한다. 빈자리가 허

대년과 함께 간 수채화 미술관 작업실
바다 위에 떠있어 경관이 좋다.

입장 스티커로 가득 찬
수채화 미술관의 간판

전하지만, 잘 도착했다니 안심이 되어 혼자서도 잘 잤다.

대년이와 나는 1967년, 대학교 1학년 때 동급생으로 만난 후 현재까지 33년 된 친구 사이다. 우연히 우리 둘은 전공도 주거학과 인테리어디자인Housing and Interior Design으로 같고, 대학교수라는 직업도 같으며 아이들 둘에 시집살이를 한다는 점까지도 같다. 서울에서 아이들은 물론, 남편들끼리도 만난 적이 있고 집안 사정까지도 거의 다 알고 지내는 '절친'이다. 우리는 전공이 같고 마음도 잘 맞아 지난 세월 동안 공동 연구와 공동 집필도 여러 번 함께 하였다. 그녀는 말로도 감정 표현을 잘하지만 글도 아주 잘 쓴다. 공동 연구나 집필을 할 때, 마지막 수정 단계에서 언제나 대년이는 참으로 훌륭한 글솜씨로 문장을 말끔하게 정리하여 읽기 좋게 만들어 주었다. 우리는 좋아하는 음식도 비슷하여 채소와 치즈도 잘 먹고 맥주와 와인도 무척 즐긴다. 미술, 디자인, 여행의 취미도 비슷하여 좋아하는 것도 잘 통한다. 우리는 가장 많이 함께 여행한 친구 사이다.

그런데 이렇게 한 집에서 한 달을 먹고 자며 긴 시간을 지낸 일은 처음이었기 때문에 서로에게 귀중한 시간이었다. 오랜 세월 동안 서로들 깊이 알지 못했던 친구의 새로운 점들을 발견하고 때로는 서로 부러워하기도 하고, 때로는 서로 비판도 하고 핀잔도 주었지만 오래된 친구 사이니 그런 일이 가능한 것이다.

이번 체류를 통해 나는 대년이가 그동안 내가 생각했던 것보다 훨씬 더 '바지런'하고 청소와 부엌살림도 '반짝반짝'하게 잘하는 사람이라는 걸 알게 되었고, 대신 기계나 컴퓨터에는 나보다 좀 느리다는 것도 알게 되었다. 매일 아침 일찍, 내가 학교 가기 전에 함께 헬스센터에 운동을 가느라고 바쁘기도 했지만 그녀는 비록 한 달간이라도 회원증을 끊어서 열심히 다녔다.

　　우리는 평생 '성실', 그 자체를 모토로 사는 사람들이므로 무엇이든지 일단 시작하면 끝날 때까지 열심히 하는 습관이 있다. 나는 운동을 고작 1시간만 가까스로 채우는 정도인데 대년이는 운동도 잘하여 1시간 반도 끄떡없이 해낸다. 수영을 잘하는 대년이가 나를 위해 수영도 차근차근 지도해 주었지만 정말로 나는 운동신경이 둔하여 혼자서는 물에 뜨지도 못한다.

　　오랜전 서울에서 1년간 실내수영장에서 수영강습도 받았고 코펜하겐에서 개인지도도 받았었는데도 아직도 내 실력은 고작 부판을 잡고 물에 뜨는 수준이다. 그동안 나는 수영을 못하니 혼자서는 수영장에 내려갈 엄두를 못 냈었는데 그래도 대년이 덕분에 용기를 내어 내 아파트의 지하에 있는 구내 수영장에도 처음으로 내려가 보았다. 깨끗하고 넓은 수영장에는 우리 둘밖에 없어서 지도받기도 좋았고 그 안에 작은 사우나까지 있어서 수영, 샤워, 사우나까지 마치고 엘리베이터로 곧장 방에 들어올 수 있어서 편리하게 지냈다. 그러나 대년이가 떠나고 난 후, 나 혼자는 다시는 수영장에 가지 않을 것 같다.

샬머스 캠퍼스를
오랜 친구와 거닐다.

# 비릿의
# 65회 생일파티,

## 오래된 여성
## 축구팀의 만남

카타리나가 비릿을 나에게 소개해준 것은 매우 오래전 내가 스웨덴에 처음 왔던 1995년이었다. 그녀는 카타리나의 오래된 여성 축구팀의 일원으로서 리사, 야파, 잉아, 또 다른 비릿 등과 일행이었다. 나는 전에도 비릿을 카타리나의 집에서 여러 번 만난 적이 있었는데 축구팀의 일행 중 가장 유머러스하여 언제나 나를 맘껏 웃겨 주었다. 그리고 그녀는 카타리나를 끔찍이도 아껴서 카타리나가 아플 때 때때로 카타리나 집에 잠깐만이라도 들러서 건강을 챙겨주는 걸 몇 번이나 보았다. 지금은 아니지만 그때는 골초였던 카타리나에게 담배를 피우지 마라, 술을 적게 마셔라, 식사를 제대로 해라, 등등…… 잔소리를 많이 하며 그녀를 걱정 해주었고 가끔은 전화로라도 챙겨주었다.

내가 예전에 비릿을 만났을 때는 와인도 맥주도 잘 마시는 사람이라고 기억하고 있어서 나는 이번에 선물로 와인을 사 가지고 갔는데 놀랍게도 그녀는 술을 안 마신다고 한다. 아마도 그동안 식습관을 바꾸었나 보다. 비릿의 집에 가 보기는 이번이 처음인데 작은 아파트를 깔끔하게 꾸며놓고 미혼으로 혼자 산다. 겉보기에는 왈가닥같이 보이는데 의외로 섬세하여 놀랐다. 우리는 다시금 어린아이들처럼 맛난 음식도 먹고 사진도 찍고 선물도 주고받으며 재미있게 하루를 보냈다.

카타리나가 새로 산 휴대 전화기로 처음 찍어본다며 비릿에게 각자 생일축하 인사하는 모습을 동영상으로 찍어서 나중에 이메일로 보내왔다. 세월이 지나서 60대에 들어선 지금까지도 쾌활한 왈가닥 여성 축구팀들의 모습은 여전하다. 지금은 여기저기에 흩어져 살지만 그들은 젊은 시절 축구팀이었을 때에는 모두 한 아파트의 여러 층에서 살았다고 한다. 그래서 마치 가족처럼 서로를 속속들이 알고 지낸 세월이 한평생이다. 카타리나의 축구팀처럼 좋은 친구들을 오래도록 가질 수 있다는 것은 얼마나 행복한 일인가! 나도 그들의 옆에서 가끔은 일원으로 참여할 수 있다는 것도 또한 카타리나가 나에게 전해준 행복이다.

내 창가를
밝혀주는

빨간색 삼각형
대림절 촛대

11월이 되니 지나간 여름의 추억은 먼 나라의 이야기같이 달라졌고 스웨덴은 어느새 한겨울로 접어들었다. 유럽은 지난 주 토요일에 서머타임이 끝나고 시간을 한 시간씩 뒤로 되돌렸는데 아직 몸이 적응이 안 되어 버릇처럼 매우 일찍 일어나지만 바깥은 너무나 깜깜하다. 우리의 신체 리듬을 생각하면 우리나라처럼 차라리 서머타임이 없는 게 더 나은 것 같은데 워낙 이곳은 여름에는 낮이 길고 겨울에는 밤이 기니까 할 수 없는 일이기는 하다. 한 시간이기는 하지만 하루아침에 몸이 적응이 안 되니까 처음에는 한 시간 시차가 있는 나라에 비행기 타고 와서 시차 적응을 하는 기분이다. 내가 이곳에서 겨울을 처음 보내는 것도 아닌데, 밤이 길어진다고는 하지만 이렇게 하루하루가 다르게 급속히 깜깜해질 줄은 몰랐다. 아마도 그래서 이곳에서는 11월 중순에 루시아 데이<sup>Lucia day</sup>를 만들어 촛불을 켜고 축제를 하나 보다. 아직 오후 5시도 안 되었는데 바깥은 어느새 칠흑처럼 깜깜하다.

서머타임을 생각하니 몇 년 전 겪었던 에피소드가 하나 생각난다. 내가 1995년 여름, 예테보리에 처음 이사 왔던 해에 그 당시 영국의 옥스퍼드 대학교로 연구년을 와 있던 우리 대학교의 오혜경 교수가 우리 집에 일주일간 머문 적이 있었다. 우리나라에는 서머타임이 없으니까 우리는 둘 다 무심코 그 여행 기간에 서머타임이 시작되는 날이 있는 줄을 꿈에도 몰랐다. 게다가 스웨덴어도 모르니 뉴스는 깜깜소식이었고……. 그러다 오 교수가 옥스퍼드로 돌아가는 날이 되어 여유 있게 나간다며 공항에 일찍 나갔는데 이미 체크인이 다 끝나서 가까스로 비행기를 탔다는 것이었다. 우리가 모르는 사이에 한 시간이나 앞당겨졌으니 하마터면 비행기를 놓칠 뻔하였다. 우리는 그 후에 전화로 우리의 실수를 이야기하며 여러 번 웃었다.

지난주에 시내에 나가서 나무로 된 빨간색 삼각형 대림절 촛대를 하나 샀다. 지난여름에 이 촛대를 좋아하시는 서정한 교수님이 귀국하실 때 집에 사두었던 촛대를 선물로 드렸다. 그 후 막상 짐으로 가져갈 것이 걱정되어 다시 사기를 망설였는데 밤이 길어지고 깜깜해지니 앞으로 남은 석 달만이라도 잘 쓰다가 가져가기로 하였다. 이 촛불을 켜놓으면 어두운 밤에서 내 방의 창을 올려다보면 따뜻해 보이고, 아무도 없는 빈방에 들어올 때도 마치 누군가 나를 반겨주는 것 같아서 좋다. 내가 처음에 스웨덴에 왔을 때, 이 촛불을 밤이 길어지는 11월부터 켜는 줄 알고 창가에 켜 두었는데 나중에 카타리나의 말을 들으니 12월 첫 주, 대림절부터 켜는 것이라고 하였다. 그런데 나는 그 따뜻한 빛이 좋아서 외국인이니 몰라서 그랬다고 핑계 대고 그냥 켜 두기로 하였다. 스웨덴 사람들은 보통 12월 첫 주부터 겨우내 창가에 이 촛불을 밝혀두었다가 2월 말이 되어서야 치운다. 게다가 밤에만 켜지 않고 24시간 계속해서 낮이나 밤이나 밝혀둔다. 샬머스 건축대학의 시설관리직원

11월부터 창가에 켜 놓은
대림절 삼각형 초

인 레나트는 나처럼 11월부터가 아니고 아예, 일 년 내내 그의 사무실에 이 대림절 초를 켜놓는다. 그래도 나는 등하교 시 어두운 길가에서 따뜻한 대림절 촛불이 켜 있는 그의 사무실 창문을 바라보는 것이 정겹다.

나는 겨울에 스웨덴이나 덴마크에 온 적이 여러 번 있었는데, 항공 시간 때문에 언제나 한밤중에 도착하였다. 그때마다 온 세상이 새하얀 눈으로 뒤덮인 도시에 집집마다 창가에 삼각형 촛대를 밝혀둔 것이 마치 동화 속 그림 같이 아름다웠다. 그러므로 나에게 스칸디나비아의 겨울 풍경은 이 삼각형 촛대를 빼고는 생각할 수 없다. 이 촛대의 촛불은 진짜 양초가 아니라 3와트짜리 작은 전구 일곱 개로 되어 있지만 멀리서 보면 마치 진짜 촛불을 켜 놓은 것 같다. 나는 겨울을 이곳에서 보내고 한국에 돌아갈 때마다 이 촛대를 사 모아서 이제는 서울 집에 네 개나 있다. 그중 두 개는 학교 연구실에, 나머지 두 개는 집에다 밝혀두는데 보는 사람마다 예쁘다고 감탄한다. 그런데 한국에는 이런 촛대가 없으니 3와트짜리 꼬마전구를 구할 수가 없다. 그래서 친절하고 자상한 이언과 셔스틴이 크리스마스 선물로 이 전구를 세트로 사서 깨지지 않게 비닐로 여러 겹 곱게 싸서 국제소포로 보내주기도 했다.

# 제성절
## 꿈에

### 나타난
### 앵두

이번 주 11월 6일은 스웨덴에서 제성절<sup>All Saints' Day</sup>, 미국에서는 할로윈데이<sup>Halloween Day</sup>라고 하는 날이다. 우리나라로 치면 추석과 비슷한 날로 돌아가신 부모님이나 조상 무덤에 찾아가 촛불을 밝히고 꽃도 장식해 놓는 날이라고 한다. 그러나 한국의 추석과 같이 전체 가족이 모이거나 음식을 함께 차려 먹는 등의 행사는 없고 개별적으로 부모님의 무덤에 간다고 한다. 어쨌든 공휴일이라 거리는 축제 분위기고 사람들이 멀리 떨어져 사는 가족을 찾아가는 모습도 간혹 보인다.

그런 이야기를 들어서인지 어젯밤 꿈에 나는 앵두를 만났다. 아마도 천국에 간 앵두가 제성절이라고 나를 찾아왔나 보다. 평소보다 더 어리고 토실토실한 앵두가 남편의 곁에 있어서 나는 실제인 줄 알고 반가워서 깜짝 놀랐더니 남편은 그 애가 앵두가 아니고 앵두의 동생이라고 하였다. 그러나 나에게는 앵두와 너무도 똑같아서 앵두를 보는 듯 반가웠다. 그전에 앵두가 살아있었을 때 서정이가 앵두의 형제가 있다는 이야기를 했지만 실제로 본 적은 없었다. '지금 다시 앵두와 똑같이 닮은 강아지를 입양하여 기른다면 어떨까?' 하고 가끔 생각도 해보고, 또 서정이도 그런 이야기를 하지만 그러면 앵두에 대한 슬픔이 좀 없어질까? 하여튼 하늘나라에서 제성절이라고 나에게 찾아와 모습을 보여준 앵두가 다시 그립다. 앵두가 우리를 떠나 하늘나라로 갔을 때, 우리 가족은 한참동안 앵두의 유전자를 가지고 복제 강아지를 만들고 싶다는 생각을 심각하게 했었다. 앵두를 닮은 강아지는 앵두가 아니고, 우리는 앵두 바로 그 자체를 원하기 때문에 앵두의 유전자를 복제한 강아지를 희망했던 것이다. 그 당시 영국에서 복제 양 사건이 있어서 세상의 화젯거리였기 때문에 우리도 더욱 그런 생각을 했는지도 모른다. 아마도 강아지를 길러보지 않은 사람들은 이러한 우리의 심정을 이해하기 어렵고 너무나 유난스럽다고 비웃을지도 모르겠지만.

## 2주간의
## 모로코 여행에서

### 돌아오다

나는 지난주 수요일 밤늦게 모로코<sup>Moroco</sup> 여행을 마치고 런던<sup>London</sup>을 거쳐 예테보리로 돌아왔다. 새로운 세계로의 여행도 좋았지만 이제는 집에 돌아오면 더 좋으니 평생 그렇게 세계 각국으로 돌아다니기를 좋아하던 나도 아마 나이가 들어가는가 보다. 가까운 유럽 여행도 요즘에는 여행 떠나기 전에 짐 싸는 것이 어찌나 부담이 되는지 이제 귀국하기 전까지 남은 기간은 꼼짝 안 하고 예테보리에 있으려고 한다. 지난 10월 말에 옥림이가 나흘간 예테보리에 짧게 머물렀는데 크리스마스 때 혼자 지내기 외로우면 자기 집에 와서 일주일만이라도 있다가 가라고 했지만, 그냥 집에 있는 것이 좋겠다고 생각했다.

11월 중반에 아무런 사전 정보도 없이 무작정 떠난 모로코 여행은 내 일생에서 쉽게 잊지 못할 만큼 인상적이었다. 나는 그동안 세계 여러 나라를 많이 여행하였으나 아프리카 여행은 이집트를 빼고는 못 가봤으므로 북아프리카에 있는 모로코가 몹시도 궁금하였고, 특히 대학에서 색채를 가르치는 나로서는 색채의 나라로 유명한 모로코를 언제가 한번 꼭 가보고 싶었다. 특히 지난

4월에 레나가 부활절 휴가 때 자기 친구와 둘이서 모로코로 여행 가서 렌터카로 이곳저곳 다닌 이야기와 모로코의 친절한 현지인들의 이야기를 들었을 때 더욱 가보고 싶은 생각이 들었다. 모로코는 한국에서는 너무 멀어서 가기 힘든 곳이니, 마침 나와 대년이가 각각 유럽에 있는 동안 모이기 쉬울 때, 이경희 교수님과 대학 동기인 박명희를 런던에서 만난 후, 런던을 기점으로 모로코에 다녀오기로 한 것이었다. 이경희 교수님이 워낙 여행 지식에 밝으시니 런던에서 출발하는 영국 현지 여행사 아처스 다이렉트<sup>Archer's Direct</sup>에 신청하여 매우 저렴한 가격으로 훌륭한 여행을 하였다.

모로코는 11월 중순인데도 이미 겨울로 접어든 스웨덴과는 달리 우리가 여행한 12일 내내 20도 정도의 온화한 기온에 매일 화창하였고, 푸른 녹음과 온갖 꽃들이 만발하였다. 모로코로 떠나기 전 우리는 런던에서 며칠간 개인 숙박 집인 "칩 런던<sup>Cheap London</sup>"에 머물다가 비행기로 모로코 마라케시<sup>Marrakesh</sup>에 들어가서 다시 마라케시에서 나오는 여정이었다. 마라케시 출발 시각이 워낙 새벽이라 그 전날 인터넷을 뒤져 동네에 있는 개인택시를 예약해 두었는데 깜깜한 새벽인데도 어김없이 택시운전사가 찾아와 우리를 공항까지 데려다주었다. 스리랑카<sup>Sri Lanka</sup> 출신의 이민자라는 그 택시 운전기사는 11월인데도 때아닌 폭설로 뒤덮인 런던 거리를 요령 있게 뚫고 가까스로 비행기 시간에 맞추어 우리를 스탠스테드<sup>Stansted</sup> 공항에 데려다주었다. 그는 어찌나 친절한지 우리가 런던으로 되돌아올 때도 역시 예약대로 공항에 마중을 나와 주었는데 늦게 귀가하는 우리가 저녁을 못 먹었겠다고 걱정하며 자꾸만 자기 집에 가서 반찬은 없지만 쌀밥을 먹여준다기에 그의 친절을 극구 사양하는 데 시간이 걸렸다.

모로코에서의 여행은 여기에 모두 적을 수 없을 정도로 훌륭하였다. 우리는 건물이 모두 붉은색으로 되어 있어 핑크씨티 Pink city라고 부르는 마라케시를 출발하여 테너리 tannery(가죽무드질 공장)로 유명한 페스 Fez, 옛 수도 라바트 Rabat, 사막의 도시 에르푸드 Erfoud, 거대한 하산 Hassan 2세 모스크가 있는 화이트 시티 White city, 카사블랑카 Casablanca 등등 여러 도시를 모로코 현지 가이드의 유식한 안내를 받으며 두루 여행하였다. 사막에서는 베두인 Bedouin의 원색 스카프를 사서 원주민 흉내를 내어 둘러쓰고 모래바람을 막아보기도 하고, 주거학 전공자로는 흥미로운 현지인의 진흙 주택 카스바 qasba를 방문하기도 하면서 새로운 문화에 감격하였다.

아틀라스 산맥을 넘으며
친구 박명희와 함께

대년이는 유식한
모로코 현지 가이드와
친구처럼 옆에 서다.

이경희 교수님과 지도를 읽으며
모로코 시내 탐방에 나서다.

여기에서는 동행이었던 친구 박명희의 양해를 받아 그
녀의 모로코 여행 후기 감상문을 추가해 보는 것도 좋을 듯하다.

꿈에 다녀온 것 같네요. 사진이 없었더라면……
정말 행복하고 꿈같은 시간들이었습니다.
"죽기 전에 해야 할 100가지 일들"이라고도 하지만 이를 줄
여서 10가지 일 중 하나에 해당되는 것 같네요. 체험 여행의 진
수를 맛본 것 같아서 정말 좋았습니다. 개성이 다양한 일행들이
었지만, 또 본질적인 부분에서 핵심적으로 동질적인 부분이 상
당히 많다는 점도 있었습니다.

일단 모로코 여행을 결정한 후에도 전혀 관심을 두지 못하
고 덩달이로 따라서 떠난 여행이었고 기대하지 않고 떠났던 여
행이라 더 즐거웠고 또 세 분과 함께해서 더욱 즐거웠습니다.
여행의 달인들 틈에 끼어 약간은 생소하기도 했던, 그러나
여행지를 구석구석 체험할 수 있었던, 남들에게도 자랑스럽게
이야기할 수 있는 체험이었네요.
매일 밤 호텔에서 마셨던 와인 한 잔, 맥주 한 잔, 그리고 즐
거운 담소. 서로 각자의 주장을 굽히지는 않았지만 상대방을 이

해하는 마음은 120%였었던 쟁점의 대화들……. 서로의 인생을 살아가면서 미처 얘기하지 못했던 경험들, 그리고 삶에서 묻어나는 생생한 체험들을 부담 없고, 가식 없이 얘기할 수 있는 친구들이 있어서 좋았습니다.

카사블랑카의 멋진 모스크에 경탄하고 바다 위에 떠 있는 모스크와 파도 그리고 낮 하늘에 떠 있는 달을 바라보며 감격했었던 일. 카사블랑카, 페스, 라바트, 그리고 마라케시 등 다양한 도시들을 돌며 카페에 나와 거리를 향해 앉은 남성들의 자세를 보고 우리도 과감하고 용기 있게 길거리 카페에서 거리를 향해 앉아 커피와 케밥을 주문해 먹었던 일. 마라케시 야시장에서의 바가지 쓴 저녁 식사, 끊임없는 화장실 사용의 바가지요금. 복잡한 길거리에서 현지인들과 부딪칠 때마다 약간의 두려움도 있었

지붕 위로 연결된
유네스코 문화유산
모로코의 전통 진흙 주택
1,000개의 카스바

지만 모두들 태연히 대응하는 그 용기들. 이러한 용기는 아마 우리가 나이를 먹었음에 기인한 것이 아닐까요?

끊임없이 이어지는 1,000개의 카스바라고 했던가요?

「카스바의 연인」이란 유행가 가사밖에는 아무런 내용도 몰랐던 내가 1,000개의 카스바를 지나면서 왜 아라비안나이트의 천일야화가 나올 수밖에 없었는지를 알게 되었습니다. 미로로 연결된 진흙 주택 카스바, 우리의 상상력을 확인해 주는 신비스런 카스바의 내부를 볼 수 있었다는 데 행복했습니다.

사하라 사막의 모래언덕을 낙타를 타고 올라가, 지는 해를 바라보며 인생의 무상과 지는 해의 아름다움을 느꼈지요. 우리의 인생도 이 지는 해처럼 아름다움과 안타까움이 함께하며 스러지리라는 생각을 하면서……

마라케시의 메디나 구석구석을 돌면서 무언가 건질만 한 추억거리를 찾아 나섰던 쇼핑 여행도 좋았습니다. 물론 별로 건져온 거 없이 시간을 많이 소모하기는 했지만 돌아와서 생각하니 가격이 비싼 것도 아니었는데 왜 그토록 짠돌이처럼 물건값을 깎아가며 눈요기 쇼핑만 하고 왔을까? 이제 와서 생각하니 하나하나가 다 소중한 추억 상품들이었는데……. 하여튼 이렇게 후회도 해 가면서 즐거운 여행의 추억을 다시 반추합니다.


우리는 모로코에서 밤늦게 런던으로 돌아와 하룻밤을 지내고 각기 자기 집으로 뿔뿔이 흩어져 돌아갔는데 나는 예테보리로, 대년이는 빈으로, 그리고 나머지 두 사람은 서울로 돌아갔다. 나중에 들으니 그날 대년이는 빈에 눈이 너무나 많이 와서 비행기가 한없이 연발하는 바람에 귀갓길에 무척 고생이 많았다고 한다.

대서양 바다 위에 떠 있는 듯 보이는
카사블랑카의 하산 2세 모스크

정교한 조각으로 장식된
하산 2세 모스크 외부

말린 장미꽃을 팔고 있는
향료 시장

말굽형 아치와 분수 중정을 가진
모로코의 전통 건축

신기한 물건으로 가득 찬
모로코의 전통 시장 메디나 입구

12월 1일 밤늦게 예테보리에 내리니 기온이 영하 13도
까지 내려가고 눈도 잔뜩 쌓인 겨울이어서 30도 이상이나 나는 갑
작스러운 기온 차에 적응하기가 쉽지 않았다. 그래도 집에 돌아오
니 어찌나 편하고 좋은지 안심이 되어 잠을 실컷 잤다. 그동안 조
용하고 점잖은 스웨덴 생활에 익숙해져서인지 시끌벅적한 모로코
가 재미있기는 했지만 한편으로는 사람이 너무 많고 특히 장사꾼
들이 어찌나 치대고 바가지를 씌우는지 나중에는 피곤하여 멀미가
날 정도였다. 흥정을 못 하는 나 같은 사람은 항상 손해만 보는 느
낌이라고나 할까? 그래도 "쇼핑의 대가"인 대년이는 어찌나 흥정
도 잘하고 물건을 많이 사는지 놀라웠다. 친구들끼리 넷이서 이렇
게 좋은 여행을 하기는 쉽지 않을 거라고 생각하며 때로는 눈치 안
보고 자기주장을 마음껏 하느라고 티격태격하기도 했지만 모두들
잘 즐겼다.

겨울에
찾아온

Göteborg

진정한
자유

헬레나,
셔스틴,
이언의


훈훈한
우정


12월에 접어드니 어느새 깊은 겨울이 되었다. 요즘 너무나 눈이 많이 와서 온 세상이 하얗게 뒤덮여 얼음길에 미끄러지지 않도록 살살 조심해서 걸어 다녀야 한다. 두꺼운 내복에 긴 부츠, 털모자, 털양말, 가죽 장갑 그리고 여름 동안 옷장 속에 깊이 넣어두었던 오리털 긴 코트를 다시 꺼내 입었으니 이제 귀국할 때까지 이 옷을 다시는 벗지 못할 것이다. 밤은 나날이 길어져 아침에는 9시나 돼야 밝고 오후 4시에는 이미 깜깜 절벽이니 매일처럼 자꾸자꾸 우리는 더 깊은 어둠의 골짜기로 빨려 들어가는 느낌이다. 정말로 언제까지 이렇게 어두워지려나 믿기지 않을 정도로……

아파트에서 내려다보이는
차가운 겨울 하늘

아파트 창가에
따뜻하게 매단 호롱불

오늘 헬레나가 점심초대를 하여 거의 반년 만에 운살라를 다시 찾았다. 헬레나가 초대해준 것은 옥림이가 우리 집에 4일간 머물 예정으로 다녀간 10월 어느 날, 둘이서 브랭외^Vrängö라는 작은 섬에 내려서 산책을 하던 때였다. 웬일인지는 모르지만 헬레나가 미리 12월 7일로 날짜를 정하였고 이언과 셔스틴이 함께 가기로 약속한 뒤 꽤 오랜 시간이 흘렀다. 그동안 나는 런던은 물론 모로코까지 여행을 다녀왔을 뿐만 아니라, 연구 자료수집으로 분주해서 그 약속을 거의 잊을 뻔했는데 이언이 일깨워주었다. 이언과 셔스틴이 오기 전 아침에 나는 시내에 나가 헬레나가 좋아하는 튤립 꽃을 색색 가지로 한 다발 사서 잘 포장해서 두었다가 선물로 가지고 갔다. 라일락이 만발했던 지난봄과는 달리 이번에는 흰 눈이 잔뜩 쌓여서 운살라로 가는 길이 매우 다르게 보였다.

헬레나는 성격이 시원시원하면서 마음이 따뜻한 사람이다. 오늘 나를 초대해 준 것도 아마 내가 한국으로 돌아가기 전에 식사를 한번 대접해 주려는 배려일 것이다. 그녀는 크리스마스 때마다 나를 자기 집에 불러서 전통적인 크리스마스 음식을 차려서 대접해 주었고 묀달에 있는 교회의 크리스마스 자정 예배에도 아이들과 나를 함께 데리고 가 주었다. 그럴 때 나는 헬레나의 집에서 하룻밤을 자면서 크리스마스트리 장식을 하고 준비해 온 작은 선물들도 교환하면서 아이들과 함께 스웨덴의 전통적인 크리스마스 디너 준비를 도왔는데, 특히 잊히지 않는 음식은 커다란 돼지 뒷다리를 굵은 실로 꽁꽁 묶어서 은근히 오랜 시간 오븐에 구워 만든 수제 햄, 큰 연어를 통째로 익힌 훈제연어, 다양한 치즈 종류, 그리고 찐 감자 등이었다. 내가 처음 보는 이러한 스웨덴식 크리스마스 전통음식은 내가 한국에서 어릴 때 크리스마스카드에서 그림으로만 보아왔던 바로 그런 것들이어서 마치 내가 동화 속에 있는 듯한 착각이 들었다.

오늘 비로소 헬레나의 남편인 레나트가 50대의 나이로 18년 전 갑자기 심장마비로 사망하였을 때, 비탄에 빠진 헬레나를 다시 일으켜 세워준 것이 셔스틴과 이언이라는 사실을 알게 되었다. 내가 이언의 소개로 묀달에서 헬레나를 처음으로 만난 것은 레나트의 사망 이후 2년 정도 지난 때였으니 아직도 그녀가 어린 세 딸을 홀로 기르며 비탄에 빠져 있을 때였다. 나는 앨범에서 젊은 얼굴의 그녀의 남편, 어린 딸들과 아빠와의 다정한 모습들도 보았고 딸들의 입양서류와 입양 당시의 사진들도 보았다. 그러나 당시 내가 헬레나에게 특별히 해줄 수 있는 일은 아무것도 없었고 그저 이야기를 들어주는 수밖에 없었다. 그때 나는 헬레나의 큰 슬픔을 지금처럼 깊이 이해하지 못하였다.

남편과 사별하고 갑자기 혼자 남겨져 비탄과 의욕 상실에 빠진 헬레나를 위하여 셔스틴이 약속한 것은 매일 한 번씩 전화를 하겠다는 약속이었으며, 그 약속은 6개월간 하루도 빠지지 않고 지켜졌다고 했다. 그때의 통화 내용은 별로 중요한 이야기도 아니

헬레나와 셔스틴의
훈훈한 우정 이야기를 듣다.

헬레나를 슬픔에서 건져 준
오랜 친구 이언과 셔스틴

고 그저 그날그날의 일상적인 이야기를 묻고 비탄에 빠져 의욕상
실로 망연자실한 헬레나를 움직이게 하는 것이었다고 한다. 셔스
틴이 헬레나에게 가만히 앉아 있지 말고 부엌에 나가서 케이크를
구우라고 말하면 아무 생각도 없이 그녀는 그렇게 부엌일을 하였
고, 다시 다음 날 또 전화하여 다른 일을 하도록 부탁하면 또 그렇
게 하였다. 그렇게 꾸준히 6개월을 반복한 것이 그들의 일이었다고
한다. 그러면서 차츰 헬레나는 슬픔을 서서히 극복하고 아이들이

남아 있는 일상으로 되돌아오게 되었다고 한다. 어느 날 운살라에 혼자 있는 헬레나에게 이언과 그의 아들 요한이 자전거 여행을 하다가 들러 마당에 텐트를 치고 하룻밤을 묵어간 적이 있었는데, 그때 외로웠던 헬레나는 그것이 그렇게도 고맙고 좋았다고 하였다. 이러한 그들의 우정 이야기를 들으니 눈시울이 젖어왔다.

헬레나는 8년 전부터 파트너인 예스터를 만나고 있다. 그는 80세 정도로 보였는데 굉장히 교양 있고 점잖은 신사였다. 스웨덴 사람들에게는 삼부<sup>Sambo</sup>(동거)라는 이러한 생활 방식이 보편적이고, 이것은 사회에서 공식적으로 인정하는 거의 부부와 같은 관계다. 그러나 한편, 삼부는 법적인 결혼 관계가 아니기 때문에 각자의 개인 생활과 자녀, 집, 재산 등은 최대한 인정하며 계속 함께 살지 않고 평일에는 따로 살다가 주말에는 번갈아 서로의 집을 오가며 살기도 한다. 헬레나가 예스터와 삼부관계를 시작한 이후에 나는 그녀를 몇 번 만난 적이 있었다. 그녀가 예스터를 매우 사랑하고 행복해 보여서 왜 그와 결혼하지 않느냐고 물었더니 자기의 일생에 결혼은 한 번이면 충분하다고 생각하니 더 이상은 안 한다고 하였다.

헬레나는 내가 떠나기 전 함께 사진을 찍으며 나를 품에 꼭 안아주었다. 오늘이 내가 예테보리를 떠나기 전 마지막 만남이라 더욱 따뜻하게…… 헬레나는 어찌나 따뜻한 사람인지!

빛을
기다리는

루시아
데이

지난주 토요일에는 리스베스 린달이 나를 자기 집에 초대하여 가족들과 함께 루시아 케이크<sup>Lucia cake</sup>를 굽는 행사에 초대해주어 재미있게 보냈다. 스웨덴에서는 11월 중순에 루시아 데이라는 날이 있어서 소녀 중에서 빛의 요정 "루시아"를 선발하기도 하고 생강가루를 많이 넣고 밀가루를 얇게 밀어 구운 페파카코르<sup>Pepparkakor(ginger cookie)</sup>와 루시아 케이크를 구워서 뜨겁게 데운 글뢰그<sup>Glögg</sup> 와인(달콤한 와인을 데워 견과류를 섞어서 먹는 연말 음료)과 나누어 먹으며 즐긴다. 선발된 루시아는 머리에 촛불로 된 왕관을 쓰고 길고 흰 드레스를 입고 들러리들과 함께 나와 노래도 하고 행렬도 한다. 이러한 행사는 가정뿐만 아니라 공공기관에서도 행해져, 샬머스에서는 루시아 데이 아침에 건축대학 건물 로비에 페파카코르와 루시아 케이크, 와인, 주스, 기타 음료 등을 차려놓고 정해진 시간에 맞추어 교직원들이 팀별로 나와 노래도 부르고 춤도 추면서 출근길에 잠시 동안 즐기고 헤어지는 전통이 있다. 이날은 아무나 지나가던 학생, 교수, 직원이 모두 그 음식을 나누어 먹으며 행사에 참여할 수 있다. 몇 년 전 샬머스에 왔을 때 우연히 출근하다가 처음으로 루시아 데이 축제 행사를 보았던 나는 우리나라에는 없는 그러한 행사가 학교 안에서 열리는 게 무척 신기했었다. 그 후에 몇 번 더 샬머스에서 루시아 데이를 맞았다. 그날은 심지어 시내 길거리에서도 아이들이 작은 바구니에 집에서 구운 페파카코르를 가지고 나와 아무에게나 나누어 준다. 처음에는 그것이 파는 과자인 줄 알고 극구 사양하였는데 나중에 알고 보니 누구에게나 무료로 나누어 주며 즐기는 축제 행사였다. 루시아 데이는 빛이 귀한 북유럽에서 겨울을 기리기 위하여 만들어진 축제인데 어찌 보면 우리나라의 동지 행사와 비슷하다고나 할까? 여름에는 미드서머 축제, 겨울에는 루시아 축제 등과 같이 스칸디나비아에서는 빛과 연관된 축제가 사회 전체적으로 중요하게 자리 잡고 있다.

루시아 데이에는 크리스마스 때와 마찬가지로 집에서 가족들끼리 모여서 페파카코르나 루시아 케이크를 구우며 즐긴다고 하는데 마치 우리나라의 추석 송편을 빚는 일과 비슷하다. 어른이고 아이고 각자 솜씨대로 케이크를 만들어 굽는데 특히 처음 만들어 보는 나와 리스베스 린달의 다섯 살짜리 손자의 케이크 모습이 가장 우스웠다.

샬머스 건축대학 로비에서 열리는
루시아 데이 기념 행사

따끈한 와인과 페파카코르가 차려진
샬머스의 루시아 데이 음식

리스베스 린달의 집에서
가족들과 함께 즐긴
루시아 케이크 굽기

　　몇 년 전 남편과 헤어져 혼자 사는 리스베스 린달은 결
혼한 딸과 사위, 손자, 손녀, 그리고 아직 대학생인 아들을 모두 초
대하여 함께 케이크를 만들었다. 아들인 막스는 지난봄에 이 집에
방문했을 때 한 번 만난 적이 있었고 나머지 식구들은 그날 처음
만났는데 딸의 나이가 서정이 나이고 아이들의 나이도 서정이네
아이들과 비슷하여 친근했다. 그녀는 다섯 살짜리 아들과 8월에 낳
았다는 어린 딸이 있었는데 이름이 "다알리아"라고 하여 내가 잘
아는 꽃이라 쉽게 기억한다. 다알리아는 처음 보는 나를 보고 낯도
안 가리고 방글방글 잘도 웃었다. 가족들이 모두 어찌나 다정하게
잘 대해주는지 마치 내 집에 돌아온 듯 즐겁게 지냈다.

　　크리스마스 와인과 맥주도 마시고, 특별히 리스베스 린
달은 내가 왔다고 빵 대신 전기밥솥에 흰밥을 해서 치킨 스튜와 함
께 대접해 주었는데 마치 한국의 쌀밥과 똑같았다. 역시 그녀는 어
머니가 일본인이라 그런지 동양적인 감정이 전해져서 더욱 친밀했
다. 내가 돌아올 때 집에 가서 두고 먹으라고 함께 구운 루시아 케
이크도 넉넉하게 싸주어서 며칠간 커피를 마실 때마다 그 가족들
을 생각하며 잘 먹었다.

# 무소식이

희소식

우리 가족에게는 한 가지 특징이 있다. 꼭 필요한 일이 있을 때 말고는 서로들 자주 전화를 안 한다는 사실이다. 어쩐지 우리 식구들은 전화 통화 하는 것을 부담스러워 한다. 오히려 문자나 이메일, 편지를 통하여 근황을 알고 지내지만 전화를 할 때는 혹시라도 상대방이 전화 받기 어려운 상황일지 모른다고 배려하다 보니 그것이 습관이 된 것 같다. 나는 평생 교직에 있어서 평소에 수업 중이라고 또는 회의 중이라고 전화를 쉽게 받을 수 없었고, 건축회사에 근무하던 남편도 낮에는 회의로 바쁜 적이 많아서 그런 습관이 몸에 뱄나 보다. 그러다 보니 하나의 좋은 점은 "무소식이 희소식"이라고 믿는 불문율이다. 그래서 때로는 아무 일 없이 안부 전화를 하면 모두들 무슨 큰일이 있는 건 아닌지, 무슨 사고가 났는지 깜짝 놀라기까지 한다.

외국으로 여행을 가면 다른 사람들은 한국에 전화하기에 정신이 없다. 잘 도착했다, 어디를 가는 중이다, 언제 귀국한다. 집 단속 잘해라 등등…… 그러나 많은 부분은 외국에 있는 동안 꼭 필요하지 않은 내용들이다. 그리고 외국에서 한국으로 전화하는 일은 시차 때문에 또는 휴대 전화기가 없던 때라 공중전화기를 찾기 어려워 그리 쉬운 일은 아니었다. 그래서 나는 한국 집으로 전화하기에 연연해 하지 않는다. 그건 우리 가족 사이에는 "무소식이 희소식"이라는 불문율이 있기 때문이다. 어떤 사람은 그러한 모습이 가족 간에 너무 정이 없어 보인다고 하지만 그런 건 아니고 어쩌면 서로 신뢰하기 때문일 것이다.

지난 11월 모로코 여행 중에 갑자기 현지 텔레비전에 BBC 긴급 뉴스로 북한의 남한 침공에 대한 뉴스를 접하였다. 온종일 그 뉴스는 되풀이해서 톱뉴스로 올라왔기 때문에 우리 네 명 일행은 너무나 놀라고 겁이 나서 금방 한국전쟁이 터지는 줄 알았다. 외국에서 집에도 못 가는 것이 아닌가? 가족들과 뿔뿔이 헤어져 영영 못 만나는 것이 아닌가? 이런저런 여러 가지 걱정을 했었다. 더욱이 나는 서울 집에 알리지도 않고 스웨덴에서 직접 모로코로 왔으므로 하도 걱정이 되어 집에 긴급 전화를 하였더니 남편은 오히려 태연하게 "북한은 항상 그렇지. 이런 일이 한두 번인가?" 하고는 대수롭지 않게 응답하였다. 그 말을 듣고 우리도 잠시 마음을 안정시키고 여행을 잘 마치고 돌아왔다. 그러나 북한의 서울 침공 사건 이후에 한국 소식이 궁금하여, 일단 한국을 떠나면 한국을 거의 잊고 지내는 나도, 요즘에는 나답지 않게 가끔 한국 야후의 인터넷 뉴스를 읽어보는데 그 이후로 별다른 일은 없고 그저 전에 그렇듯이 위협하고, 언쟁하고 그러는 정도인가 보다.

그 사건 이후로 외국에서는 한국이 정세가 불안한 나라로 더욱 깊게 인식되었다. 마노까지도 덴마크에서 나에게 이메일로 걱정스런 편지를 보내주었고 이곳 스웨덴 친구들도 만날 때마다 모두 나를 걱정해 준다.

어느새 기온은 매일 영하 10도 가까이 되니 차 없이 걸어 다녀야 하는 나는 몹시 춥다. 그래도 다행인 것은 아파트 실내가 20도의 실내온도로 자동 조정되어 있어서 보조 난방 기구를 사용하지 않아도 실내에서는 춥지 않게 지낼 수 있다는 것이다.

11월 중순 이후로 항상 눈이 오고 얼음도 두껍게 얼어서 길을 걸어 다니는 것도 아주 조심조심 다닌다. 언덕이 많은 이곳에서는 한눈을 팔거나 다른 생각을 하다가는 그만 미끄러지기 십상이므로 매우 위험하다. 더구나 나 같은 외국인은 병원에 입원하는 것도 복잡하니까 그저 조심하는 수밖에는 없다고 생각하며 살고 있다. 지난봄에 보니 이런 얼음 길이 4월이 되어야 겨우 녹는 것같았다. 그 이전에는 얼음이 녹은 길을 보기가 어렵다. 아마도 이곳은 겨울이 일 년의 절반은 되는 것 같다.

계속 쌓이는 눈

며칠 전 스웨덴 북부에는 눈이 너무 많이 와서 교통사고도 많이 났고 병원에는 골절환자가 늘어났으며 예테보리공항도 폐쇄되었다고 뉴스에서 떠드니 겨울에는 기차건, 비행기건 눈 때문에 여행도 기약하기가 어렵다. 마치 한국에서 장마 때문에 여름철 여행이 불확실한 것과 마찬가지이다. 그래서 나는 1월 25일에 귀국하기 전까지 꼼짝 안 하고 예테보리에서 지낼 생각이다.

지난주에는 스칸디나비아에서는 최초로 스톡홀름 시내에서 알 카에다의 폭탄사건이 있어서 스웨덴 전체가 술렁이고 있다. 세계 어느 곳에 가나 모슬렘 이민자들이 많고 그들이 있는 곳에는 또 폭탄 사건이 이어지니 모슬렘<sup>Moslem</sup> 이민이 많이 늘어난 스웨덴도 이제는 예외가 아닌 듯하다. 10월에는 예테보리 중심가 노르드스탄에 폭탄테러가 난다는 소문이 자자하여 경찰이 긴장하고 한동안 떨었었다가 그냥 아무 일 없이 지나갔다. 그러다 드디어 스톡홀름에서 터지고 말았다. 시내 중심지에 세워둔 자동차 두 대가 연속으로 폭발했는데 그중에 남자 한 명이 불에 타서 사망했다고 한다. 세계 어디에서나 알 카에다 집단의 테러사건은 사람들을 공포에 떨게 한다.

귀국

준비

　　한국으로 돌아갈 날이 다가오니 짐 나르기가 걱정되어 어제는 소포 꾸러미 몇 개를 쌌다. 여름 동안 무성하던 제라늄도 추워지니 이제는 꽃도 안 피고 겨우 연명만 하고 있다. 그래서 창가에 두고 보았던 화분들은 오고 갈 때마다 카타리나와 학교 연구실에 가져다주었다. 또 몇 개는 전부터 내 연구실의 꽃을 감탄하던 옆 방의 리타에게 주었다.

　　카타리나는 요즘 건강이 안 좋아 10월부터 벌써 3개월이나 직장을 쉬고 약을 복용하며 집에 있는데 의사가 2월 초까지는 직장에 나가지 말라고 했다고 한다. 그녀는 스트레스를 견디지 못하여 직장에서 4시간만 일해도 너무나 피곤하며 모든 일에 의욕이 없는 증세라니 참 안되었다. 딸 프리다가 근처에 살기는 하지만 아이들과 생업으로 분주하게 살고 있으니 자주 만나지도 못한단다. 단지 카타리나의 벗이라면 수줍고 덩치 큰 강아지 벤노 뿐이다. 내가 걱정이 되어 어쩌다 주말에 가볼까 하고 연락을 해도 혼자 있는 것이 낫다고 해서 11월 초 이후에는 못 만났다. 이번 크리스마스에는 리스베스가 초대해 주었으니 연말은 카타리나와 지내볼까 혼자서 생각 중이다. 내가 이번에 한국에 돌아간다면 다시 스웨덴에 오기는 힘들 것이니 그전에 카타리나를 자주 만나 두어야겠다.

지난주에 짐을 정리하여 5kg짜리 소포 세 박스를 서울로 부쳤다. 직접 들고가려던 유리컵도 귀찮아서 그냥 싸버렸더니 혹시나 깨지지 않을까 걱정이 된다. 어느새 도로가 얼음판이 되니 우체국까지 무거운 소포꾸러미를 들고 버스를 타고 가서 부치는 일도 예사롭지 않다. 앞으로 두 박스 정도만 더 부치고 나머지는 세컨드핸드 숍에 보내고 이언과 카타리나에게서 빌려온 물건들을 되돌려주면 그런대로 정리가 될 것이다. 어떤 때에는 아직도 한 달이나 남았는데 왜 이리 벌써부터 떠날 준비로 바쁜지를 생각해보지만 짐만 보면 걱정이 앞서니 할 수 없다.

내가 서울로 떠나는 1월 25일에는 이언이 내 아파트로 차를 가지고 와서 짐을 싣고 공항까지 데려다주겠다니 그것만도 다행이다. 이곳에서 나는 리스베스, 헬레나, 카타리나, 셔스틴 그리고 이언에게는 항상 여러 가지로 신세를 지며 살고 있다. 막상 서울에 돌아갈 생각을 하니 한편으론 빨리 집에 돌아가고 싶기도 하고, 한편으론 돌아가서 부딪칠 일들이 걱정이 되기도 하고……. 여러 가지로 복잡한 마음이다. 이제는 아이들과 오디가 많이 보고 싶다! 어제는 오랜만에 오디를 꿈에 만났는데 앵두가 떠난 뒤에 아마도 행복하지 않은 것 같다.

리스베스
집에서의

크리스마스
파티

　　이번 크리스마스에는 내가 혼자서 지낼까 봐 걱정이 되
는지 리스베스가 24일에 나를 초대해주었다. 톰, 트래드, 레나와
볼프강, 그들의 딸 야니, 고민정과 폴, 그들의 꼬마 아들 필립까지
모여서 저녁 식사를 하였다. 혼자 사는 외국인에게는 가족 없이 지
내는 명절이 보통 날보다 더욱 쓸쓸한 날이니 그걸 미리 헤아려 나
를 챙겨준 리스베스가 고마웠다. 우리는 각자 집에서 음식을 한 가
지씩 해 가지고 갔고 작은 선물들도 준비하여 교환하였다. 나는 한
국식 불고기를 해 갔고 리스베스는 오븐에 칠면조를 먹음직스럽게
구워서 식탁에 올려놓았다. 스웨덴은 겨우내 밖에 눈이 쌓여 있으
니 해마다 당연히 "화이트 크리스마스"다. 바깥은 칠흑같이 어둡
고 추운데 따뜻한 실내에 가득 켜놓은 촛불이 더욱 포근
한 느낌을 주었다.

리스베스와 트래드가 준비한
나의 크리스마스 선물

저녁 식사를 끝내고 얼마 전부터 리스베스와 레나가 나에게 한국으로 돌아가기 전에 김치 담그기 강습을 하라고 하여 걱정하다가 오늘 하기로 결정하고 미리 재료를 준비해 갔다. 한국 사람인 내가 김치를 못 만든다고 실토를 할 수도 없으니 정 안 되면 몇 년 전에 한느의 집에서 만든 것처럼 어떻게든 해 보기로 마음먹고 실습에 들어갔다. 레나는 보면서 진지하게 메모했고 볼프강은 옆에서 사진과 동영상까지 찍었다. 나는 나중에 혹시라도 김치를 제대로 담글 줄 아는 사람이 이 동영상을 본다면 엉터리라고 평가할까 봐 걱정되었다.

요즘에는 한국 김치가 유럽에서도 인기다. 스웨덴에 있는 일본 식당에 가도 일본인들이 버젓이 불고기, 한국 김치와 비빔밥을 메뉴로 내놓고 있다. 얼마 전에 이언, 모간과 셋이서 점심을 먹으러 학생들이 많이 가는 샬머스 앞 작은 스시 집에 갔는데 메뉴에 버젓이 김치와 비빔밥이 있었다. 주인이 일본 사람 같았는데, 이언이 한국 생각이 난다며 스시 대신에 비빔밥을 주문해서 셋이서 모두 따라 했더니 고추장이 약간 맵기는 했지만 의외로 맛이 좋았다. 오히려 샬머스에서 동료들이 나의 귀국 디너파티를 해준 한국식당 '야미 야미<sup>Yami Yami</sup>'의 음식 맛보다 더 좋았다.

리스베스가 오븐에 구운
칠면조 요리로 크리스마스를 축하하다.

스웨덴의

연말
불꽃놀이

　　연말인 12월 31일에는 레나와 볼프강이 리스베스를 비롯
하여 다른 친구들과 함께 나까지 저녁 식사에 초대해 주어서 잘 지
냈다. 각자 음식을 한 가지씩 해 가지고 모이니까 초대하는 집에서
도 부담이 적고, 또 가는 사람도 덜 미안하니 좋았다. 그러나 처음
예정과는 달리 리스베스는 덴마크로 스벤을 만나러 갔고, 트래드
는 아프리카 여자친구를 만난다고 모임에 안 와서 사실은 내가 처
음 만나는 레나와 볼프강의 친구들과 어울리게 되었다. 그래도 모
두들 친절하게 대해주니 스스럼없이 이야기하며 먹고 즐겼다.

레나와 볼프강이
초대해준 연말 파티

**불을 밝힌 릴라보멘의
연말 풍경**

　　한국에서는 보통 1월 1일 첫 새벽에 동트는 모습을 보러
동해로 가는데 스웨덴에서는 12월 31일 밤에 가족과 친지들이 모여
서 식사하고 늦게까지 놀다가 자정에 불꽃놀이를 하는 게 전통이
었다. 불꽃놀이로 말할 것 같으면 세계에서 한국보다 더 잘하는 나
라가 어디 있으랴! 특히 해마다 가을이면 현란한 대규모의 세계불
꽃축제가 열리는 여의도 한강 변에 사는 나는 이미 국제적 수준의
불꽃놀이에 익숙한 터라 스웨덴 사람들의 불꽃놀이는 시시하다.
그들은 불꽃놀이를 우리나라처럼 대형 기관에서 주관하는 것이 아
니라 개인들이 각자 작은 불꽃놀이 기구를 가게에서 사서 마당이
나 공원에서 터트리며 노니, 그 규모는 비교할 바가 아니다. 그래
서 나에게 스웨덴 불꽃놀이는 별로 큰 감흥이 없었다.

2001년 연말에 나는 샬머스 게스트하우스의 입주 실수로 갑자기 예정에도 없이 연말연시를 프뢰룬다<sup>Frölunda</sup>에 있는 이언의 집에서 보낸 적이 있었다. 그때 연말 디너를 하고 늦은 밤에 이언과 셔스틴이 나에게 불꽃놀이를 보여준다고 차를 타고 릴라보멘<sup>Lillabomen</sup>에 나갔었다. 그때 바람이 불고 몹시도 추웠는데 바닷가에 떠 있는 오래된 동인도 회사 무역선 큰 배에 온갖 불꽃 장식을 하고 사람들이 바닷가 여기저기서 작은 불꽃놀이를 했던 기억이 난다.

　　그런데 새해가 무슨 해인가? 12간지가 없는 스웨덴 사람들은 우리 동양의 12간지에 대하여 매우 흥미로워한다. 소띠, 쥐띠, 닭띠 등으로 동물 이름과 연관 지어 자기의 출생년을 가르쳐주면 매우 재미있어한다. 게다가 띠에 따라 개인의 운명이 영향을 받는다는 우리 식의 팔자 이야기까지 해주면 더욱 신기해한다. 그래서 스웨덴 사람들이 새해가 무슨 해인가를 묻는데 사실 나는 잘 모르겠다.

연말연시,

진정한
자유

어제 오랜만에, 거의 한 달이 넘어서 민정이, 지훈이와 얼굴을 보며 영상통화를 했다. 서울 집에서 1월 1일 신정을 지낸 이야기도 들었는데 이번에는 아이들이 내 생각보다 고생은 좀 덜한 것 같아서 걱정하던 마음이 좀 풀렸다. 우리 집은 남편이 5남매의 장남이고 집안 대소사에서 최고령 연장자이신 92세 시어머님이 함께 계시니 명절이나 제사, 생신 등 집안 행사 때에는 항상 우리 집에 찾아오는 손님이 많고 그만큼 일도 많다. 특히 내가 이번처럼 장기간 외국에 나와 있을 때도 그런 행사를 생략한 적은 절대로 없기에 나를 대신하여 두 딸과 동서가 애를 많이 쓴다. 평소에도 민정이가 나를 대신하여 일주일에 한 번씩 매주 여의도 집에 가서 아빠와 할머니를 챙기고 큰일 때마다 장녀 역할을 하니 미안한 마음이 크다.

요즈음 계속해서 연일 눈이 퍼붓고 바깥은 아직 연말연시 휴가에서 완전히 벗어나지 않아 '고요함' 그대로다. 나는 어제까지 집에서 거의 2주 동안 동굴 속 도사처럼 칩거하고 앉아서 논문만 썼다. 이제 겨우 요약문을 끝내서 가까스로 인터넷으로 학회

막바지에 오른
연구와 논문 마무리

에 제출하고 오랜만에 홀가분한 마음으로 앉아 있다. 이런 날씨에 밖에 안 나가고 따뜻한 방 안에 편히 앉아서 논문에만 매달릴 수 있는 날도 머지않았으므로 지금의 상황을 매우 고맙게 생각하며 일하고 있다. 자다가 눈을 뜨면 아침이고, 옷도 안 갈아입고, 세수도 안 하고 책상에 그대로 앉아서 일을 시작하면 어느새 하루가 후딱 지나간다. 여기에서는 전화도, 찾아올 사람도 없으니 설령 세수를 안 했다고 해도 아무 문제 없다. 너무나 자유롭다. 나는 이러한 자유가 정말로 좋다. 그러나 끊임없이 일하다가 지루하여 혼자서 홀짝이며 마시는 와인이 하도 많이 늘어서 약간은 걱정이지만 그래도 와인 덕분에 기분이 좋아지니 일의 능률은 좀 오른다.

얼마 전 우연히 샬머스 소식지에서 2011년 10월에 한국 대구에서 매우 큰 국제학회 IAPS가 열린다는 내용을 보았다. 나는 이왕 영어로 논문을 내야 하니 귀국한 후 그 학회에서 발표할까 생각하고 일하기 시작한 것이다. 이곳에서는 서울에서처럼 연말연시에 집안일에 매달릴 필요가 없으니 두문불출하고 집 안에서 논문만 붙잡고 앉아 있었다. 논문을 두 개 만들어 하나는 이언과 공동으로, 또 하나는 마리와 공동으로 제출하였다. 그동안 고맙게도 곽인숙 교수님이 영상통화를 하며 내 논문의 통계분석에 대하여 여러 가지로 도움을 주었다. 제출한 요약문을 읽어 보더니 이언과 마리가 모두 좋아하였다. 2007년에 한국에 왔었던 두 사람이 잘하면 올가을에 다시 한국에 올 수도 있을 것 같다. 적어도 은퇴한 이언보다는 현직에 있는 마리는 좀 더 가능성이 높을 것이다. 한국을 "전생의 자기 고향"이었다고 믿는 마리는 원래 기회가 닿으면 한국에 교환교수로 오고 싶어 하는데 이번 기회에 학회에 참석한다면 한국의 건축과 교수들과 좋은 연결고리가 될 수 있을 것이다.

지금은 호주 멜버른 대학교<sup>The University of Melbourne</sup>의 건축과 교수가 된 중국인 칭화나 레바논 베이루트의 노트르담 대학교 University of Notre Dame 건축과 교수가 된 레바논인 하니를 한국의 대학교수들과 연결해 준 것도 2003년 가을, 제주도에서 열렸던 아시아 건축학회에서였다. 그 인연으로 칭화는 성균관대학교 건축과 이상해 교수님의 초청으로 한국에 두 번의 연구 휴가를 왔었고, 하니는 우리 학과의 초청으로 레바논 주택건축에 대한 특강을 한 적이 있었다. 그 후에도 칭화나 하니는 개인적으로 한국에 여행을 오면 우리 집에 두세 번 머문 적이 있어서 우리 가족들과는 친밀한 사이가 되었다. 나는 당사자들끼리는 서로 잘 모르지만 중간에서 서로에게 필요한 사람들을 연결해주는 것을 좋아한다. 아마도 이러한 나의 성향이 현재 나의 국제적 인적 네트워크의 원동력이 되었을 것이다.

2007년 한국을 방문했던
스웨덴 친구들과 우리 집에서 가진 모임.
그때는 앵두와 오디도 함께했다.

# 내 힘에
부친

## 이삿짐 싸기
스트레스

샬머스에서의 1년간 연구 실적을 정리할 겸, 내 논문 결과를 발표할 세미나 날짜가 내일로 결정되어 귀국하기 전 마지막 금요일까지 마음이 바쁘게 생겼다. 21일 저녁에는 이언이 자기 집에서 송별회를 해준다고 하니 그동안 친하게 지냈던 사람들과 석별의 정을 나누기로 했다. 이번에 귀국하고 나면 다시는 스웨덴에 장기 체류할 일이 없을 것 같아 한편으론 무척 섭섭하고 아쉽다.

1년간의 자유로운 생활을 마무리하고 1월 25일에 귀국하려니 미리 소포도 모두 부쳤고 대강 남은 짐은 세컨드핸드 숍에 보냈다. 세컨드핸드 숍에 안 쓰는 물건을 가져다주는 일도 차가 없는 나에겐 쉬운 일이 아니다. 내가 내 힘으로 한 번에 들고 갈 수 있는 무게의 한도가 있으니, 그리고 그것도 버스나 전차를 타고 가야 하므로 물건도 여러 번에 나누어 가져가야 한다. 같은 아파트에 사는 이웃 학생 중에서 이런 물건들이 필요한 사람이 있을 때 직접 전해줄 수 있다면 얼마나 좋을까? 아니면 공동 창고에 그런 물건을 놓아두는 장소가 있다면 서로 주고받기에 편리할 텐데 그런 곳도 없으니 아쉽다. 나도 처음 이곳에 정착할 때 막상 자질구레한 가재도

빌려온 물건은 되돌려주고
남은 물건은 세컨드핸드 숍에 가져다 준다.

내 힘에 부치는
이삿짐 싸기

구가 많이 필요하여 빌리기도 하고 사서 쓰기도 했는데 이제는 물건을 처분하고 떠나는 것이 큰일이기 때문이다. 사실은 시내 상가에서는 요즘 환절기 대폭 할인 기간이라 싼값에 디자인 좋은 물건들을 사고 싶은 마음이 굴뚝 같았지만 그만 접기로 하였다. 욕심을 버리면 마음이 편하니 이쯤에서 마감하자고 결심하였다. 그 덕분에 집 안이 그전보다 훨씬 넓어 보인다.

　　나에게는 잊지 못할 이삿짐 싸기에 대한 노이로제가 있다. 그것은 1994년부터 1996년 2월까지, 내가 코펜하겐과 예테보리에서의 2년간의 생활을 마감하고 굴드헤덴의 아파트에서 서울로 귀국하기 위해서 이삿짐을 쌀 때 일어난 일이었다. 그때에도 지금처럼 혼자서 살았고 2년이 지나고 보니 처음 코펜하겐에 올 때 2개였던 트렁크가 점점 늘어나 혼자서는 도저히 들고 갈 수 없는 지경이 되었다. 나는 그동안 가족을 동행하고 미국에서 연구 휴가를 보낸 동료 교수들이 귀국할 때 어렵지 않게 이삿짐을 컨테이너 화물로 들여오는 것을 보았기 때문에 이삿짐에 대하여 크게 걱정하지 않았다. 그래서 나도 컨테이너로 화물을 부칠 생각을 하고 이왕 그렇게 된 걸 어쩔 수 없다는 마음으로 짐을 싸기 시작하였다. 당시에는 한국에서 구할 수 없었던 신기하고 멋진 스칸디나비아 디자인의 물건들이 나를 강하게 유혹하여 무게가 나가는 유리 촛대, 철제 촛대, 묵직한 도자기 그릇, 세컨드핸드 숍에서 산 싱거 재봉틀과 이케아에서 산 신품 재봉틀, 두꺼운 모피코트, 여러 벌의 스웨터, 부피가 큰 여러 개의 긴 털 부츠를 모두 샀다. 그리고 이케아에서 접을 수 있는 8인용 검정색 원형 식탁과 검정색 테이프로 엮은 안락 의자 2개, 고흐Gogh의 그림에서 나오는 짚방석이 깔린 민속풍의 원목 의자 6개, 데 스틸 작가의 디자인 의자 1개까지 샀다. 이렇게 큰 물건들을 살 때는 카타리나와 이언이 가게에서 나의 짐들을 차로 아파트까지 실어다 주었다.

　　나는 화물 운송 계약을 위하여 컨테이너 운송회사를 수소문하여 찾아갔다. 지금은 정확히 기억도 안 나지만 부피가 1m × 1m × 3m로 된 3m³이었고 비용은 200만 원 정도로 큰돈이었던 것 같다. 스웨덴의 직원은 나의 컨테이너가 예테보리 항구를 떠나 한국의 부산항으로 들어와, 다시 서울의 집까지 차로 운반해 주는 데 3개월이 걸린다고 했다. 당시의 스웨덴은 지금보다 한국과의 교류가 훨씬 적었기 때문에 생각보다 무척 오래 걸렸다. 그러나 실제로 내가 의뢰한 화물값은 고가품이 없어서 운송비보다는 훨씬 저렴하였다. 포장을 자기

사고 싶은 스칸디나비아
디자인의 스웨터

사고 싶은
스웨덴의 전통촛대

들이 해줄 경우에는 수수료가 또 그 만큼 추가된다고 하였다. 나는 감히 포장까지 맡길 수가 없어서 직원의 설명 대로 내가 싸보겠다고 하였다. 그래서 녹다운<sup>knock-down</sup> 포장으로 집으로 운송되어온 이케아의 가구들은 풀지 않은 채로 그대로 싣기로 하고 나머지 물건들을 학교에서 틈틈이 구해다 놓았던 빈 상자에 차곡차곡 정성껏 쌓았다. 매일 퇴근 후에 수없이 많은 상자에 이리 저리 짐 꾸러미를 들어 올리며 혼자서 포장하는 것은 내 힘에 부쳤다. 특히 책도 많아서 더욱 무거웠다. 나는 거의 일주일 정도 밤마다 혼자서 짐을 쌌다. 그렇게 짐 싸기가 힘든 줄을 나는 그때 절실히 알았다. 겨우 겨우 3m³의 부피에 맞추어 짐을 싸놓고 출국하기 전날 아침에 이삿짐 회사의 인부들이 오기를 기다렸다. 그들은 내 방에 들어오더니 내가 일주일간 싸놓은 짐은 파손될 우려가 있어서 도저히 컨테이너에 실을 수 없다고 하였다. 나는 이제 새로 짐을 쌀 수 있는 기운도, 시간도 더 이상 없었다. 그다음 날 새벽 4시에 한국행 비행기를 타러 아파트를 나서야 했기 때문이다. 하는 수 없이 최후의 선택은 비싼 돈을 지불하고 그들에게 포장을 다시 맡기는 것뿐이었다. 그렇게 포장비를 지불할 줄 알았다면 일주일간 이 고생을 안 해도 될 것을…… 후회가 막심했지만 이미 쏟아진 물이었다.

화물을 모두 보내고 나니 내가 그동안 정들어 살았던 아파트는 너무나 썰렁했다. 그런 을씨년스런 방 안에서 그날 밤을 거의 뜬눈으로 지내고 비행기에 들고 갈 트렁크를 챙겨서 새벽같이 공항으로 떠났다. 고맙게도 카타리나가 정확하게 새벽 4시에 차를 가지고 와서 나를 공항까지 데려다주었다. 카타리나와의 헤어짐은 너무나 슬펐다. 그때 공항에서 카타리나를 떠날 때 우리는 앞으로 다시 만날 수 있을지 기약이 없었기 때문이다. 물론 그 후에 나는 국가연구비를 받아서 여러 번 다시 샬머스에 오게 되어 스웨덴을 결국 제2의 고향으로 만들었지만 그때는 나의 앞날을 몰랐다.

1994년 한국을 떠날 때 여행사에서 싱가폴 항공이 가장 싸다고 해서 1년짜리 티켓을 구매해왔었는데 처음 출국할 때의 예정과는 달리 체류기간이 연장되어 티켓도 한번 더 연장하였다. 비행기 좌석에 앉아 겨우 안도의 숨을 내쉬고 기내식을 먹으면서 와인도 한 잔 마신 후, 나는 화장실을 가려고 일어나서 사람들 뒤에 줄을 섰다. 그때 갑자기 어지러우면서 나는 그만 비행기 바닥에 "벌러덩" 넘어져 기절하고 말았다. 나는 의식이 몽롱해져 거기가 어딘지 전혀 기억이 나질 않았다. 내 앞뒤에 줄 서 있던 사람들이 놀라서 승무원을 부르고 응급조치가 취해졌는데 나는 아무것도 몰랐다. 누군가 기절한 내 팔의 소매를 올리고 혈압을 재면서 자꾸만 나의 이름을 물었다. 얼마만인지 정신이 들어 깨어나니 나의 혈압이 무척 낮아서 위험했었다고, 그래서 쓰러진 것이라고 했다. 나를 응급처치해준 사람이 나에게 평소에 약물을 복용하는지, 과로했는지 등등 여러 가지를 물었다. 아마도 승객 중에 의사가 있었나보다. 나는 어젯밤까지 이삿짐을 싸느라고 매우 과로했다고 대답했다. 친절한 여승무원은 나를 이코노미석에서 일등석의 빈자리로 옮기고 좌석을 길게 펴서 눕혀주었다. 어둡게 커튼을 치고 환승지인 싱가폴에 도착할 때까지 편히 쉬라고 도와주며 자주 들러서 안부를 체크하였다. 나는 차츰 의식이 돌아왔고 환승지인 싱가폴에 도착하여 비행기에서 내렸을 때, 승무원은 나에게 혹시라도 5시간의 대기 시간 동안 무슨 일이 있으면 꼭 공항 의무실에 가서 도움을 받으라고 당부하고 헤어졌다. 혼자서 일주일 내내 이삿짐을 싸다가 비행기에서 과로로 기절한 내가 한심하였지만, 그때는 아무에게도 도움을 청할 수가 없는 처지였다.

이러한 비행기에서의 기절 사건 이후로 나는 여행할 때 내가 감당할 수 없는 무거운 짐은 절대로 만들지 않겠다는 스스로의 규칙을 세웠다. 그것은 1달러 팁만 주면 포터가 승객의 짐을 호텔방까지 날라다 주는 패키지여행에서도 마찬가지였고, 장기간 외국에 체류하러 떠날 때도 마찬가지였으며, 그리고 1년 이상의 외국 장기 체류 후 귀국할 때에도 이삿짐은 절대로 컨테이너로 부치지 않겠다는 규칙까지 세웠다. 그 일 이후로 나는 언제나 여행을 할 때면 짐 싸기에 무척 스트레스를 받는다. 남들은 대수롭지 않게 생각하는 무게도 겁이 난다. 비행기 이코노미석의 20kg의 짐도 나에게는 혼자 다루기 버겁기 때문이다.

그러나 한편으로 "여행할 때 내가 감당할 만큼의 짐만 싸기" 규칙은 1990년 내가 스칸디나비아 문화기행의 일원으로 참가하여 이곳 스칸디나비아 땅을 처음으로 밟았을 때 우리를 리드해 준 이철욱 씨의 영향도 크다. 그는 직업적인 여행 가이드라기보다는 여행을 즐기고 사랑하는 진정한 의미의 여행 마니아였는데, 나는 그에게서 많은 여행 기술을 배웠다. 여행이 호화로운 호텔, 맛난 음식, 재미난 기념품 쇼핑으로 이루어지지 않아도 좋다는 것을 배우게 되었고 그 이후로 혼자서도 배낭여행을 즐기는 취미를 가지게 되었다.

서울로 돌아갈 이삿짐을 싸며 느낀 스트레스를 적다 보니 어느새 나의 기억이 20년 전 첫 외국 여행을 추억하고 거기에서 얻은 경험과 철학까지도 되돌아보게 되었다. 나는 이제 네덜란드 항공KLM으로 1월 25일 낮 12시 반에 예테보리에서 출발하여 다음 날 26일 낮 12시 반에 서울에 도착하는 귀국길에 오른다. 이로써 2010년 1년간 여러 가지 정신적인 충격과 추억, 보람으로 지냈던 나만의 스웨덴 생활도 어느덧 끝이 난다.

스웨덴 사람들의 라이프 스타일

God
morgon 굿 모론
예테보리

**초판 1쇄 발행일** 2015년 3월 25일

**글 · 사진** 최정신
**펴낸이** 박영희
**편집** 배정옥 · 유태선
**디자인** 김미령 · 박희경
**마케팅** 임자연
**인쇄 · 제본** 에이피프린팅
**펴낸곳** 도서출판 어문학사
　　　서울특별시 도봉구 쌍문동 523-21 나너울 카운티 1층
　　　대표전화: 02-998-0094/편집부1: 02-998-2267, 편집부2: 02-998-2269
　　　홈페이지: www.amhbook.com
　　　트위터: @with_amhbook
　　　페이스북 페이지: http://www.facebook.com/amhbook
　　　네이버 블로그: http://blog.naver.com/amhbook
　　　다음 블로그: http://blog.daum.net/amhbook
　　　e-mail: am@amhbook.com
　　　등록: 2004년 4월 6일 제7-276호

ISBN 978-89-6184-365-2　　03920
**정가** 18,000원

이 도서의 국립중앙도서관 출판예정도서목록(CIP)은 e-CIP홈페이지(http://www.nl.go.kr/ecip)와
국가자료공동목록시스템(http://www.nl.go.kr/kolisnet)에서 이용하실 수 있습니다.
(CIP제어번호: CIP 2015006909)